2023年度教育部人文社会科学研究规划基金项目：
“数智时代”中国特色社会主义意识形态网络引领力
提升研究（项目编号：23YJA710024）

廖 佚◎著

“数智时代”思想意识工作网络引领力的提升研究

中国纺织出版社有限公司

内 容 提 要

思想政治工作能树旗帜、领航向、塑人格、培品行、正三观、提素质、增实力，是党的工作的重要组成部分，是经济工作和其他一切工作的有力保证。新时代，宣传思想与意识形态工作更是被提升到一个新的高度。

本书内容丰富，理论通俗易懂，实践紧跟发展，案例新颖可鉴，展现了较高的研究能力和优秀的创新思维。全书围绕行政事业单位思政工作和高校思政教育展开论述，重方略、精细节、讲实效，希望广大受众能够从本书中获益。

图书在版编目（CIP）数据

"数智时代"思想意识工作网络引领力的提升研究 / 廖佚著. -- 北京：中国纺织出版社有限公司，2024.6

ISBN 978-7-5229-1780-1

Ⅰ. ①数… Ⅱ. ①廖… Ⅲ. ①计算机网络—应用—政治工作—研究—中国 Ⅳ. ①D64-39

中国国家版本馆CIP数据核字（2024）第097856号

责任编辑：赵晓红　　责任校对：王蕙莹　　责任印制：储志伟

中国纺织出版社有限公司出版发行

地址：北京市朝阳区百子湾东里A407号楼　邮政编码：100124

销售电话：010—67004422　传真：010—87155801

http://www.c-textilep.com

中国纺织出版社天猫旗舰店

官方微博 http://weibo.com/2119887771

北京虎彩文化传播有限公司印刷　各地新华书店经销

2024年6月第1版第1次印刷

开本：710×1000　1/16　印张：18

字数：257千字　定价：99.90元

前言

党的二十大报告提出“建设具有强大凝聚力和引领力的社会主义意识形态，巩固壮大奋进新时代的主流思想舆论，加强全媒体传播体系建设，推动形成良好网络生态”。思想建设在党的建设中具有引领性、贯通性、支配性的作用，能保持党的先进性和纯洁性、不断增强党的战斗力和创造力。提升数智化背景下中国特色社会主义意识形态网络引领力，是应对国内外思想意识形态领域复杂情势的对症之方，是紧扣时代脉搏、顺应人工智能发展趋势的紧要之举，是加强新时代思想意识工作的务本之策。

全书围绕“数智时代”思想意识工作网络引领力的提升研究，共设五章，分别为“第一章　智能化与思想意识工作引领力的学理研究”“第二章　基层单位思想意识工作方式方法探赜”“第三章　新时代基层单位文化建设的探索与实践”“第四章　‘数智时代’提升思想意识工作引领力的探索与创新”“第五章　‘数智时代’高校提升思想意识工作引领力的理论与实践创新”，从理论到实践，分析了基层单位和学校思想工作的现状，提出了数智化背景下加强宣传思想政治工作的方法和举措，为行政事业单位和高校开展宣传思想与意识形态工作提供了有益借鉴。

本书内容充实丰富，紧跟时代步伐和形势要求，既有理论上的研究创新，又有实践上的深入探索。结构合理，层次清晰，重点突出，论述严谨翔实，语言通俗易懂，体现了作者较强的研究能力和创新思维，能开阔受众的视野，服务宣传思想与意识形态工作，广泛凝聚奋进新时代、奋斗新征程的强大精神力量。

笔者在撰写书稿过程中，得到了许多专家学者的指导和支持，如李康辉老师、叶宏老师、吴政清老师、王景芳老师等为专著提供了诸多有价值的参考；

同时，黄硕波、刘柏豪、吴若彤等研究助理兢兢业业、持续发力，在此表示感谢。由于时间仓促，笔者水平有限，书中所涉及内容难免有疏漏之处，希望各位读者多提宝贵意见，以便进一步修改，使其更加完善。

作者

2023年11月

目录

第一章

智能化与思想意识工作引领力的学理研究

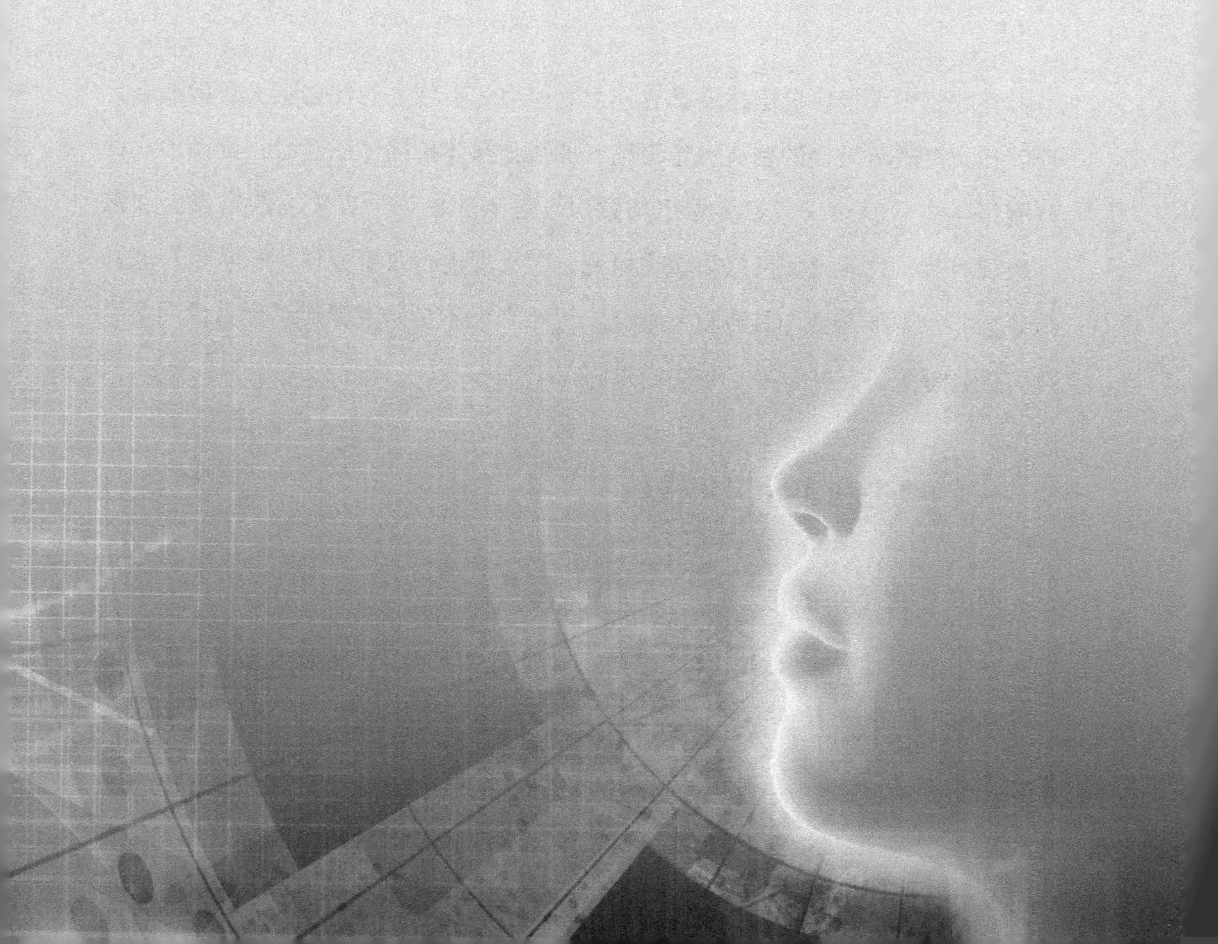

习近平总书记指出，我们正在进行具有许多新的历史特点的伟大斗争，面临的挑战和困难前所未有，必须坚持巩固壮大主流思想舆论，弘扬主旋律，传播正能量，激发全社会团结奋进的强大力量。

第一节 “数智时代”思想意识网络引领力研究文献综述

党的二十大报告提出建设具有强大凝聚力和引领力的社会主义意识形态，巩固壮大奋进新时代的主流思想舆论，加强全媒体传播体系建设，推动形成良好网络生态。新时代，宣传思想与意识形态工作成为学界关注的重点。加强“数智时代”思想意识网络引领力研究，对于促进行政事业单位和学校开展宣传思想与意识形态工作具有重要意义。近年来，不少研究者对思想意识网络引领力进行理论研究并取得了一些成果。

一、理论和实际应用价值

（一）理论价值

夯实数智化背景下提升社会主义意识形态网络引领力的理论基础。

通过揭示数智传播对意识形态网络引领力的影响机理，探讨数智化背景下中国特色社会主义意识形态网络引领力的构成要素和评估体系，提出主流意识形态网络引领力的提升路径，进一步丰富党的意识形态引领力理论。

（二）应用价值

提供数智化背景下提升社会主义意识形态网络引领力的路径选择。通过提出富有针对性的数智化背景下提升中国特色社会主义意识形态网络引领力的对策及建议，为中宣部、教育部、国家网信办等相关部门的意识形态工作和舆论引导工作提供理论参考与实务借鉴，促进党的意识形态工作前瞻性布局，把握时代趋势，占领数智传播制高点。

二、国内外相关研究的学术史梳理及研究动态

（一）国内相关研究的学术史梳理及研究动态

我国于1994年接入互联网，1997年范真祥开始研究西方意识形态网络渗透问题，开启了思想意识形态网络引领的这一重要领域，此后国内研究先后经过了“初始、加速、深入”三个时期。1997—2010年属于研究初始期；2011—2017年进入研究加速期，一些学者开始从智能化视角研究思想意识形态网络引领问题；党的十九大以来在高层推动下这项研究明显升温，提升中国特色社会主义意识形态网络引领力研究步入深入期。国内相关研究围绕三条主线展开。

1.中国特色社会主义意识形态网络引领力的内涵研究

唐志龙（2008）提出社会主义意识形态的引领力由指导力、整合力、凝聚力和感召力构成。夏春涛（2017）认为，实质是党的思想引领力。刘小海（2019）认为，中国特色社会主义意识形态的引领力主要表现为马克思主义在全社会的牵引动力。刘永志（2020）提出中国特色社会主义意识形态网络引领力包含网络鉴别力、网络管控力、网络凝聚力和网络协同力。方鹏飞（2022）认为，它是在引导人民坚定共产主义信念、强化道路认同和制度认同的基础

上，形成对全体社会成员的感召、动员、说服能力。在内涵阐释上存在多种说法，但共识性不强，规范性不够。

2.数智背景下社会主义意识形态网络引领力的问题研究

韩庆祥（2017）认为，在"互联网＋""手机移动端""量化设计"成为核心性特征的信息化时代，意识形态工作要加快完成从传统向信息化时代的转型。张志安（2018）提出，算法推荐、机器人写作、个性化推荐、语音机器人等人工智能技术被日益频繁地应用于新闻传播领域的选题策划、信息采集、内容生成和产品分发等环节，给新闻舆论与意识形态工作带来重大影响。刘瑞生（2018）提出，算法是智能化媒介的核心技术，应超越技术层面达致社会层面认识"算法革命"。学界对算法推荐等智能应用的关注则更多是从传播伦理角度切入，而从意识形态引领的视角关注不够充分。王贤卿（2020）认为，智能算法推荐技术及其信息过滤机制会产生"回音室"效应，极大地阻碍了主流意识形态的传播，弱化了人们的价值认同。武豹（2021）认为，算法推荐中存在的"信息茧房"效应、把关缺位漏洞、技术狂欢图景和资本裹挟逻辑不断销蚀主流意识形态的整合力、渗透力、感染力和引领力。杨爱华（2022）认为，智能技术在资本的驱使下将最大限度地为资本增值服务，从而引发一系列意识形态问题。在问题研究上技术层面关注较多，但深层次原因探析不够。

3.数智化背景下社会主义意识形态网络引领力的提升路径研究

张耀灿（2016）提出，应加快推进网络意识形态治理大数据战略、完善网络意识形态治理的大数据舆情应急机制、构建网络意识形态安全大数据保障机制等。骆郁廷（2016）认为，网络意识形态引领产生、存在、发展以强化吸引力为前提，以提高广大网民判断能力为侧重，以帮助网民作出正确选择为目的。郭铁成（2017）提出，从党群合作、需求导向、快速反应等方面探索智能型的意识形态工作体系构建。李艳艳（2019）提出，应短期与长期相结合、刚柔并济、点面结合。邓杭（2019）提出，从引领、管理、矫正等角度加强智能算法推荐的运用管理。方正（2020）提出，必须加快重构媒介环境，建立智能传播的制度规范、基本伦理和舆情预警机制。蒋博（2021）认为，必须破除传统意识形态治理思维，树立智能化思维，打造智能化意识形态治理人才队伍。罗丽琳（2022）认为，可综合运用大数据技术，精准捕捉意识形态风险点，推动意识形态引领决策科学化。关于提升路径，既有宣传部和网信办等实务部门专家重视，也有传播学和意识形态领域的学者关注，其中不乏真知灼见。此外，王海涛、王延隆、郭明飞、吴小玉、刘伟兵、左路平、段海超等专家学者从战略与宏观视角研究阐述了社会主义意识形态网络引领力相关问题。

（二）国外相关研究的学术史梳理及研究动态

近年来相关研究主要体现在两个方面。

1.关于中国意识形态网络引领力的研究

西方国家把中国发展壮大视为对其资本主义制度模式和价值观念的挑战，美国主流媒体和学者频繁炒作中美在人工智能领域和5G网络的竞争，提出“中国网络威胁论”“中国网络攻击论”，探索对中国开展网络思想文化渗透的路径方法，研究成果从宏观上与“国强必霸论”“中国威胁论”等论调相呼应。Matthew（2018）认为，华为、腾讯、阿里等巨头企业代表了中国在互联网领域综合影响力的崛起，中国价值观在世界的引领能力明显增强。Joseph Nye（2020）认为，中国力图在互联网领域打破既有秩序，互联网发展态势较西方更为蓬勃，使得欧美网络话语权遭遇严重挑战。

2.数智传播背景下意识形态网络引领研究

（1）数智传播给意识形态网络引领带来的影响。Ernesto Laclau（2015）指出，算法能够使正常信息与带极化内容的信息获得不成比例的可见度，而后者可以使民粹主义获得病毒式传播并衍生大量网络极化群体。C.W.Anderson（2016）提出，智能算法传播模糊了人与机器的边界，融合两者的优势进行新闻传播，其精准性和预测性有了质的飞越。Kevin Kelly（2016）认为，人工智能技术借助大数据获取、神经网络算法优化、并行计算的廉价化获得迅猛发展，深度影响着新闻生产的流程、互动模式以及媒介格局。Yuval Noah Harari（2020）提出了对大数据霸权的隐忧，认为随着生物技术与智能技术加快融合，“掌控一切的权威可能从人类转移到计算机手中”。Mikko Vesa（2021）认为，智能代理程序创造了一种新型意识形态状态，在这种状态下，权力和控制是通过大数据算法施加的。Norbert Bolz从“算法取代”的角度探讨了智能化条件下人的主体性问题，认为人的判断力或将被算法取代。

（2）数智传播背景下意识形态引领的对策。David Howarth（2016）提出算法的设计需要民主正当化其过程，如采取以利益相关者的参与形式开放源代码，增加公共认证环节，增加透明度与社会监督。N.Srnicek（2017）认为，智能时代大数据的价值已从原始数据更为“有效数据”，对其进行有效处理并加入价值引导元素，使智能算法作用更为显要。Kirill Telin（2018）认为，网络空间治理亟须公民参与，公民参与度与意识形态合法性呈正相关。Pedersen（2019）探索利用用户对算法的理解反向思考算法本身对现实世界的影响，并指出算法可以视为一种文化。Soroush Vosoughi（2020）提出了利用区块链技术打击网络政治虚假新闻的核心机制与制度安排。Arjun Goswami（2022）认为，数字鸿沟带来的关键挑战是如何设计有效的伙伴模式。

（三）简要述评

国内学界对中国特色社会主义意识形态引领力基本内涵、重大意义以及数智化背景下提升路径等方面作出了宝贵的探索，国外对中国特色社会主义意识形态网络引领力问题的直接研究不多，但可从其加强本国主流意识形态网络引领的探讨中获得启示，同时对其研究结论还须加以过滤性认知和批判性分析。总体而言，前人奠定了良好理论基础，但尚不能完全适应现实需要，有待深入拓展。

（1）中国特色社会主义意识形态网络引领力的宏观研究丰富，但多将其作为虚词笼统言之，对其科学内涵、构成要素、衡量标准及评估体系等具体研究相对滞后。

（2）分别论述数智媒体、中国特色社会主义意识形态和网络引领的资料都比较丰富，但把三者结合起来进行耦合性研究的成果较少。

（3）研究方法比较单一，以理论性和经验性描述研究为主，实证分析及案例分析等比较缺乏。

第二节　“数智化”与“智能传播”学理研究

随着信息科技的迅猛发展，人类正加速迈进一个以信息化、数字化和智能化为主要特征的“数智化”时代。因此，如何理解“数智化”和“智能传播”，是我们要明晰的基础性问题。

一、“数智化”的相关概念界定

对数智化背景下思想意识形态问题展开研究，首先要从技术生态的微观层面出发，在把握“数智化”的基本概念及其特征的基础上，达到能够科学理解思想意识形态引领力建设的时代背景、媒介环境、技术结构等的目的。

（一）“数智化”的基本概念

随着纳米科技、物联网、智能互联、虚拟现实等智能化技术全面应用于社会生活各领域，人们的生产方式、文化传播形式、日常生活模式等方面发生了显著变化。

“智能”一词最早源于拉丁语“intelligentia”，意指“理解能力”。根据对这一原初词义的追溯，法国学者费尔南多·伊弗雷特将“智能”定义为“理解事物和事实的智力水平，并且可以通过发现它们直接的关系而得到一种合理的知识性解释”。学者徐宗本通过辨析“智能”与“智能化”的相互关系，认为智能化是“使对象具备灵敏准确的感知功能、正确的思维与判断功能、自适应的学习功能、行之有效的执行功能”。孙伟平直接将智能化定义为一种新型的技术形态，认为“它以信息科技、智能科技的发展和应用为核心，由知识创新所主导”。美国学者布雷特·金则认为，智能化意味着一场广泛的社会变革，表征为信息、智能和建议本身的颠覆，智能基础设施及各种各样的分布式、嵌入式设备的出现，从根本上增强了人的行为能力并重新定义了人类的生活状态。相较于信息化和数字化而言，尽管智能化的技术基础仍是大数据、算力和算法，但由于其对数据要素的组合效率和自主化应用程度更高，因此能驱动更高等级的任务，从而将低效率的信息交互从技术循环的回路中移除，其在信息传播领域引起的迭变，不可逆转地改变着思想观念的生产、消费与传播样态。

“数智化”是一个新的概念，最早于2015年由北京大学的一个课题组提出，是“数字智慧化”＋“智慧数字化”。一是“数字智慧化”，即在大数据中加入人的智慧，使数据增值；二是“智慧数字化”，即运用数字技术，将人的智慧进行管理；三是把这两个过程结合起来，形成人机一体的新生态。随着时间的推移，“数智化”的概念也在不断地丰富与扩展。本人认为，数智化是使事物在智能互联网、大数据、物联网和人工智能等技术的聚合下，具有能满足人们多样化需求的属性。

（二）“数智化”的主要特征

1.数据海量化

大数据和数据算法技术的发展，使极高效率的数据存储、数据分析、数据处理成为可能。目前，人类所能够处理的数据单位已从TB、PB级攀升至EB、ZB级，数据体量之庞大、数据来源之广泛、数据类型之复杂远超以往。

2.场景虚拟化

传感技术和电子仿真技术的成熟使“虚拟现实”的应用领域不断扩展。在智能化背景下，虚拟场景能够营造高度沉浸式的视听环境，正逐渐成为人们现实交往空间的重要补充。特别是近年来，“元宇宙”概念及其应用横空出世，预示着数字传播媒介将进入新的发展阶段。

3.人机协同一体化

智能机器人是人工智能技术发展的一个重要趋向，它由传感器和执行器结合而成，聚合了机器学习、神经网络、大数据算法、认知科学等一系列智能科技要素，具备听说读写甚至是理解和决策的能力。随着人工智能技术日益成熟，在制造业、服务业甚至是文化产业中出现了越来越多的智能机器人，人机共生正成为智能化时代的重要特征。

4.交互智能化

智能化时代的信息交互界面发生了翻天覆地的变化，与传统的“用户输入—平台输出”模式不同，智能化设备所提供的交互界面更加人性化，用户能够在极短的时间内获得精准化、定制化的信息服务。此外，5 G传输和物联网的联结甚至使交互界面趋于消失。例如，在智能家居、智能驾驶等场景中，用户在进入时设备就完成了自动关联，交互效率得到极大的提高。

二、智能传播的概念界定

我国研究者对智能传播概念的相关研究可以追溯到2015年前后。在这一时期，我国学者对于智能传播的概念研究主要集中于两个方面：一方面，关注智能传播技术对于信息生产和流通的影响。耿旭、刘华云将智能传播定位为基于大数据和算法的智能传播模式。另一方面，从宏观角度理解智能传播。程明教授与赵静宜教授指出，智能传播包括信息处理、传播、反馈过程都将智能化。上述学者对于智能传播的定义都肯定了智能传播中机器写作、AI主播等现实应用的重要性，但对于大数据、算法和算力等底层构架的认识不够深入。

一项传播技术的出现不仅会对现实社会产生重大影响，而且会对学术研究产生重大影响。智能传播是伴随人工智能、大数据、深度学习、机器学习等技术发展而出现的新传播技术。因此，我们应该更加积极主动地了解、思考与反思这一新产物的技术变革与社会影响。

学术研究应当从其概念出发。虽然关于智能传播的学术史仅短短十余年，但是不妨碍总结智能传播的相关概念，梳理智能传播的发展史，从而总结智能传播的技术特征。

总体而言，学术界普遍认为智能传播是其以人工智能技术为核心、以移动互联网为主干、以智能终端为关键的传播媒介。清华大学陈昌凤教授认为，智能传播将更加突出"人"的主体性因素；多数学者认为，智能传播是一个动态的概念，即智能媒体的概念会随着技术发展与社会进步而不断变化。今天所定义的智能媒体可能会变成明日黄花。但是无论其属性如何，其技术属性应当得到肯定。从根本上说，智能传播是人们利用人工智能技术媒体属性的一种传播方式。

三、智能传播的发展历程

（一）Web1.0 时期（1994—2000）

Web1.0 时期可以追溯到1994年英国人 Timberners-Lee 所开发的Web1.0技术，其主要特征是大量使用静态HTML页面技术来进行信息聚合。这一阶段的网络技术将用户产生的"微内容"进行汇总与聚合。HTML技术实现了信息之间的互联互通，使得用户生产的"微内容"得以进入公共空间，而产生巨大商业价值。在百度、Google、搜狗、必应等智能搜索引擎的推动下，Web1.0信息聚合作用更加明显，这使得技术工具在无形之中产生了巨大的话语权，具有了部分媒体属性。然而，需要值得注意的是，Web1.0的媒体属性仅限于信息的聚合与汇总上，却并未满足人们的社交需要。

（二）Web2.0时期（2001—2014）

Oreilly公司的创始人兼首席执行官奥莱利指出Web2.0技术具有用户数量越多，软件使用越流畅的特点。从这个描述可以看出Web2.0技术鼓励用户之间的相互交流，提倡价值观之间的相互碰撞，支持用户自有资源之间的相互共享。

其典型特征就是挖掘用户自身产生的信息资源，形成流畅的信息渠道，进而实现信息传播的“泛中心化”特征，强化了信息渠道自下而上的树状结构。

（三）Web3.0时期（2014年至今）

从产业界与学界的相关研究中，笔者发现Web3.0技术具有以下两个方面的特征：一方面，微内容的高效聚合。Web3.0技术将内容信息进行语义分析，使得用户可以检索出其语义特征。同时，对于用户特征的个性分析技术也日益成熟，这些技术的进步使个性化、精准化、快速化的搜索结果成为可能。另一方面，传播格局的分裂化。Web3.0技术将实现PC、Mac、智能手机、平板电脑，电视机顶盒甚至监控摄像头、录音笔、打印机等设备都能接入互联网。与以往的Web2.0技术只能通过PC接入互联网相比，Web3.0技术使得各种终端设备的用户都可以享受互联网生活的便捷。

第三节　“智能传播”的技术逻辑及现实应用

智能传播是人工智能技术延伸到信息传播领域的产物，它以最大限度开启人脑动能为基础，凭借超级大数据，计算机技术加以辅助，融入数学、生理学、哲学、心理学等多门学科，应用于信息传播的各个环节，包括智能机器人写稿、人工智能“场景再造”、新闻素材智能转换和内容的个性化推荐等。

一、智能传播的技术逻辑

智能传播技术的产生使得信源密度、受众广度、介体效度和反馈精度得到大幅提升。因此，本文将从以下四个方面为切入点对智能媒体的技术逻辑进行梳理。

（一）万物皆媒：智能传播的信源密度提升

人工智能技术进步使得传统意义上的“非媒体”与“媒体”的界限逐渐模糊，甚至在未来这样的界限会消失。物体的媒体能力依赖于安装在物体上的传感器。通过传感器，以往难以收集的人流、物流、财流和自然界的相关信息都唾手可得，甚至用户的生理数据与心理数据都会得到准确测量。这种反馈维度的增加可以更加真实、准确、快速地收集信息，也使得信息生产的实时调节、精确产生与智能推荐成为可能。

（二）人机共生：智能传播的受众广度提升

尽管与传统媒体已有数万年的历史相比，智能传播可以被称为“新生儿”，但是同智能媒体的海量受众相比，传统媒体的受众可谓九牛一毛。智能传播的技术进步使得用户能从多个平台获取信息。宋美杰教授曾经畅想过这样一个世界，早上去化妆间，用户可以一边化妆一边使用“魔镜”浏览今日天气情况与昨天晚上发生的热点事件；中午上班时，无人汽车能主动接送用户去指定的地点，并且用户可以在车上完成视频直播、语音通话等一系列操作……。

总之，人机共生的技术特征使得传播媒体的范围将从公共空间逐步拓展到私人领域。在未来，甚至私密生活都将成为传播范围的一部分。

（三）自我进化：智能传播的介体效度提升

介体即中介，智能传播的介体是指在智能传播过程中，运用先进技术影响受众的各种方式与手段。例如，谷歌、微软等科技巨擘正在探索利用人工智能自我编程的方式来解决人类专家不足与算法技术不完美等问题，以到达提升传播介入程度的目的。一方面，人工智能自我编程成为可能。这使得对于人工智能专家的需求大幅降低。谷歌的工程师杰夫·迪恩指出，机器学习技术可以分析数据、执行特定任务甚至完成自动编程任务。某些新创公司设计了各种各样的辅助技术软件，使得开发人员在开发人工智能技术时更加便捷。另一方面，人工智能技术的自我进步解决了单一算法无法满足用户偏好的问题。人工智能技术通过分析历史记录，获取用户偏好，发现关联信息，从而获得更优化的推荐信息给用户。以网飞公司的推荐系统为例，推荐算法能够通过分析用户浏览影片库的行为过程，拾取特征向量，总结现有知识，预测未来趋势，从而使得计算机也具有拟人态思维方式，能从原始数据中学习并发现人类的行为模式。

（四）效果量化：智能传播的反馈精度提升

信息爆炸时代的一个悖论就是，人们虽然拥有海量数据，但是难以准确获得所需信息。海量信息增加了用户获取信息的难度，人们更加难以依赖经验常识来对信息进行评析。因此，需要依据数据模型对信息进行筛选成为必选项。在实践中主要有三种推荐模型：用户画像算法、协同过滤、排序式推荐。

二、智能传播的现实应用

智能传播作为计算机科学的一大分支，已经在传播行业的上游、中游与下游，即新闻写作、新闻分发与新闻反馈等环节产生重大变革。基于人工智能技术的“机器新闻写作”“智能算法推荐”“信息精准核查”等现实应用虽然尚未全面普及，但已经具有雏形，未来必将影响传播链条上的各个主体。

（一）机器新闻写作

在机器新闻写作的技术设计中，海量数据是基础，智能算法是核心，强大算力是关键，智慧系统是动力，能够借助人工智能技术自动生成新闻稿。

从实践来看，机器新闻写作具有三个方面的优势。

（1）时空拓展，机器写作使得7×24小时不间断工作成为可能。机器写作稿件的日均产量更多，对于热点的追踪更快。因此，更能满足用户追求新闻热点的需求。

（2）写作成本降低，机器写作使得新闻生产的成本大幅降低。虽然实现机器写作技术，需要对包括程序设计、代码实现、人员安排、设备购买等基础设施进行大量投资，但是一旦完成相关的基础设施部署，就能进行连续不断的数据处理和无穷无尽的内容输出。尤其对于那些较少依赖人主观评价的信息播报，如天气预报、地震预警、球赛比分提示等。与人类记者相比，机器写作将更有速度优势。

（3）客观中立写作态度，减少了传播环节中的主观因素。机器写作通常以无情感、无立场的中性立场出现在用户的推送流中，给人以超然的全局视角。

（二）智能算法推荐

目前，在信息传播领域出现了所谓的“信息过载”的困境，即使用者在面对海量信息时出现了信息难以选择的现象。新闻传播行业引入算法推荐技术，将最大限度地解决信息过载的困境。从实践来看，智能传播技术具有以下三个方面优势。

（1）智能推荐系统通过整理、汇总、分析海量数据，为信息传播提供数据支持。算法推荐的技术前提是数据收集、数据整理、数据分析与数据汇总，这些技术能为传播行业的从业者所掌握，帮助他们形成对于了解时事动态、舆情变化的洞悉能力。

（2）智能推荐系统通过精准推送符合用户需求的相关内容避免网络信息过载的现象出现。面对海量信息，智能算法可以根据用户个性、地理位置等特征针对性地投放信息。

（3）智能算法推荐系统实现了信息时代以用户为中心的传播理念，为传播形式与传播内容的革新提供方向与动力。智能算法推荐突破了传统传播理念以传者为中心的传播原则，实现了以用者为中心的原则，让用户主导信息的传播形式与传播内容。这一全新传播思路促进了传播业者在形式、内容等方面作出改变。

（三）信息精准核查

信息时代，验证信息是否可靠是一个急迫的问题。面对这样的困境，智能传播可以发挥以下技术优势。

（1）信源分析，寻找假新闻传播源头。通常情况下，假新闻来自那些权威度较低的信息源头。智能传播技术可以对信息源头的消息历史进行分析，对信息可靠程度进行判断。相较于人类编辑而言，智能传播技术在精度、广度与速度上有明显优势。

（2）信道判断，解析假新闻传播链条。智能传播可以针对某一条信息从生产和传播的过程进行跟踪分析，解析传播链条中假信息的来源。

（3）用户验证，交叉检验信息真实性。智能传播技术能通过综合分析多个受众反馈，交叉检验信息的真实性。

第四节　社会主义思想意识工作的内涵与特征探析

增强社会主义思想意识形态引领力始终是我党思想宣传工作的价值旨归和实践目标。在辨析思想意识引领与凝聚价值共识关系的基础上，研究社会主义意识形态引领力的主要特征，阐释社会主义意识形态网络引领力的内涵要义，是加深对思想意识工作理解认知的题中之义。

一、加强思想意识引领与凝聚价值共识的关系辨析

目前，全球化程度不断加深、利益格局不断变化，机遇与挑战并存。当前，我国改革进入深水区，在多个方面取得多项重要成就的同时，价值追求的多元化现象、享乐主义、拜金主义等不利于个人和社会发展的价值观念蔓

延……因此，我们必须坚定信心、凝聚力量、攻坚克难，持续为经济社会发展贡献力量。

在数字技术逐步成熟并进一步普及的背景下，任何个人及群体都可以低门槛或无门槛地进行信息传播以及价值观念输出，这样低成本的、快速度的传播方式加剧了社会公众价值观念多元化的趋势；而社会的发展需要各方精诚合作、汇聚力量以推动社会前行。如何处理二者带来的价值共识难题是思想政治教育者面临的重要任务。

我党通过长期不懈奋斗，在从一个胜利走向另一个胜利，取得了举世瞩目的成就，其重要法宝之一就是思想政治教育。回溯党的百年奋斗史，思想政治教育一直贯穿其中，新时代，我们的发展建设同样离不开思政教育。

在长期的历程中，思想政治教育通过不断的优化完善，各方面都取得了长足的进步，积累了大量的宝贵经验。由于思想政治教育的引领性、聚合性等特征，以思想政治教育凝聚广大人民的价值共识既正确又合理；同时，以思想教育的方式推动凝聚共识工作的开展，会把一些典型的经验通过教育提升到普遍性的高度，体现出价值观的普遍性。

因此，思想政治教育的教育目标、教育内容等，与新时代凝聚价值共识目标的要求完全契合。

二、社会主义意识形态引领力的主要特征

（一）科学性

这是其本质特征，源于马克思主义理论自身的科学性。与西方资产阶级意识形态不同的是，社会主义意识形态建构于对人类历史发展规律的科学认知之上，因此，它能够从复杂的、多样的社会矛盾之中，通过科学辨析，查寻到改造社会的力量、洞察到社会发展的趋势。从实践来看，自我党成立以来，主流意识形态始终是引领党和人民进行革命、建设、改革的科学理论体系，对凝聚

广大民众的共识、推动经济社会发展一直起着积极作用。

（二）现实性

马克思曾指出："理论只要能说服人，就能掌握群众。"社会主义意识形态引领力的作用对象是人民群众和大众心理，它科学、准确地揭示了现实社会关系的实质，始终为社会主义文化建设指引前进方向，并且能够最大限度地满足广大民众的精神文化需求。

（三）时代性

理论方面，在推进马克思主义中国化的过程中，我党结合实际，对主流意识形态进行与时俱进的丰富与创新，从而逐步探索出一些重要的理论成果；实践方面，社会主义意识形态引领力善于从历史实践中汲取经验，能够在深入分析时代背景、剖析社会矛盾的基础上持续调整理论形态，从而使理论不断趋近实践，并指导实践；同时能够做到勇于回应重大时代课题，我们可以清楚地看到，提升社会主义意识形态引领力的要求是在"实现中华民族伟大复兴的战略全局和世界百年未有之大变局"的背景下提出的，这本身就突显出时代特征。

（四）包容性

包容性是社会主义意识形态引领力得以彰显的重要内生动力。中华人民共和国成立以后，毛泽东明确提出："实现百花齐放、百家争鸣的方针，并不会削弱马克思主义在思想界的领导地位，相反的正是会加强它的这种地位。"在当下，世界各国文化交往频繁，我们可以看到，资产阶级思想文化中不仅只存在糟粕，其实也有精华的存在，因此，当前我们在正视非主流意识形态依然存在和相互交融的基础上，可继续保持开放、包容的姿态，进行批判式吸收。

三、社会主义意识形态网络引领力的内涵释义

"引领力"由"引""领""力"三字组成。"引"具有牵引、招来之意，也是"导"的意思；"领"则为引领、领导的含义；"力"作为物理学术语，为"物体之间相互作用，引起运动加速或形变"。因此，"引领力"是指在某种规约下牵引或带领其他事物发展前进的一种能力或者力量。

党的十七大报告提出："要增强社会主义意识形态的吸引力与凝聚力。""吸引力"一词突出了意识形态作为文化软实力的价值意蕴；党的十八大报告指出："牢牢掌握意识形态工作的领导权和主导权"，强调了社会主义意识形态在当代中国的主导地位，凸显意识形态作为上层建筑是统治阶级思想意志的反映这一基本取向；党的十九大报告指出："建设具有强大凝聚力和引领力的社会主义意识形态，使全体人民在理想信念、价值理念、道德观念上紧紧团结在一起。"从"吸引力"转换为"领导权"，再次转变为"引领力"，不仅体现出新认识、新部署、新要求，更是丰富和提升了主流意识形态本身的理论魅力。

自1990年以来，"网络"一词已成为世人熟知的词语。20世纪90年代，关于"网络"的衍生词大量涌现，法国学者皮埃尔·布尔迪厄提出"网络场域"，荷兰学者狄杰克在*De Netwerkmaatschappij*中首次使用"网络社会"的概念；后来，西班牙社会学家曼威·卡斯特在其著作《信息时代：经济、社会与文化》中对"网络社会"作出凝练；"网络场域""网络社会""网络时代"等迅速成为学界重视的话题与研究热点。新时代，我国的意识形态工作在党的领导下获得长足发展，并取得了一系列成果；与此同时，西方国家利用他们的"技术优势"和"资本优势"等，使得非马克思主义意识形态、反马克思主义意识形态等得到传播。

综上所述，"数智时代"主流意识形态的功能发挥得益于网络引领力度，二者相辅相成。因此，"社会主义意识形态网络引领力"建设应指主流意识形态依托特定的网络技术、传播机制等，在网络场域内逐步形成网民对政治制度、价值理念、政策体系等的认同与践行。

第五节　思想意识工作网络引领力的效能与提升意义

在规模庞大、高速传播的互联网浪潮中，厘清社会主义思想意识引领力的构成要素，深入了解社会主义思想意识引领力的效能，探析新时代提升社会主义思想意识网络引领力的意义，是加强思想意识工作、推进研究工作的务实之举。

一、数智化背景下社会主义思想意识引领力的构成要素

（一）数智化背景下社会主义思想意识引领力的主体要素

数智化背景下，为了及时适应以数字化、智能化为特征的现代网络舆论环境，我国不断加快数字化政府建设，并取得了很好的成绩，新型技术被大量地、广泛地应用于政府管理、公共服务等诸多领域。与此同时，这样建立在数字化基础上的政府机构，既是行政管理部门，也是主流意识形态的宣传主体。

“数智时代”，提升社会主义意识形态引领力是非常复杂、烦琐的一项大工程，因为这既需要顶层设计，也需要基层一步步扎扎实实来落实。从宏观意义上讲，各级领导干部和共产党员共同承担着维护党的意识形态话语权、教化民众的重大任务，是主流意识形态引领力建设的重要主体；从微观意义上讲，各级党政部门的思想宣传工作者队伍是社会主义意识形态引领力提升的重要微观主体，因为他们运用各种设备与工具，从事意识形态具体工作，推进主流意识形态引领力的提升。

（二）智能化背景下社会主义思想意识引领力的客体要素

社会主义意识形态的客体是指意识形态引领活动的接受者和受动者。数智时代，社会主义意识形态引领力的客体要素日趋复杂，其中既包括在信息时代成长，能够熟练运用数智化设备的“Z世代”群体，也包括由于各种因素限制

而被排除在智能化技术外的“非智能化群体”。

“Z世代”更注重声像和场景体验，因长期受到信息技术的影响，他们乐于接收以图像、影音、视频等形式传递的讯息。数智化背景下，意识形态引领客体乐意与引领主体所提倡的价值观念进行互动，这既给主流意识形态引领力的提升带来了机遇，也给社会舆情防控带来了考验。

同时，非智能化群体的思想政治工作也不能松懈，我们的宣传思政工作既要充分兼顾对非智能化群体的辐射效应，又要尽量避免“数字鸿沟”。这就需要我们两边都要抓好抓硬。

（三）智能化背景下社会主义思想意识引领力的媒介要素

众所周知，网络是当今世界最重要的传播媒介，虽然很多地方的人们还是习惯以电视、报纸等媒介为主，但是随着数智技术的日益发展，提升社会主义意识形态引领力的媒介形式将以智能媒介为主。

根据联想集团在世界互联网大会上的言论，智能互联网是聚合了人工智能、大数据、物联网等智能化技术，能够实现智能互联、云端传输、大数据信息处理等多项功能的媒介终端，它能更加智慧、精确地捕捉和分析信息并进行判断，以及提供相关的服务。

二、数智化背景下社会主义思想意识引领力的效能解析

（一）增强政治认同

“数智时代”，新技术的运用虽然给生产生活带来了高效便捷，但是，也给西方意识形态带来了利好，他们加剧了对我方的侵蚀。值得高兴的是，“数智时代”主流意识形态网络引领的科学性、合理性等，使广大民众从中领略到中国特色社会主义的魅力。习近平总书记在全国宣传思想工作会议上指出：“宣传思想阵地，我们不去占领，人家就会去占领。”在东西方价值观激烈交锋的网络战场上，我们只有通过社会主义意识形态的引领，中国特色社会主义

制度的优越性才能有效凸显。因此，当前，主流意识形态的科学引领成为坚定四个自信、增强政治认同的内生动力。

（二）维护社会稳定

值得高度注意的是，当前，网络空间中，西方世界的资本主义思潮对我方强势入侵，正在消解着社会主义意识形态网络引领的人民性特应，而人民性特征被逐渐消解的后果是主流价值的传播效应、主流价值的话语体系被一步步分化。习近平总书记曾强调："网信事业发展必须贯彻以人民为中心的发展思想，把增进人民福祉作为信息化发展的出发点和落脚点。"因此，主流意识形态网络引领的首要任务是把"为人民谋幸福"作为基本目标。主流意识形态网络引领的人民性即坚持人民立场、关注人民利益、回应人民需求，正是基于这种人民性特征，主流意识形态才能够在纷繁复杂的网络空间里，成为凝聚中国力量、维护社会稳定的重要元素。

（三）引导网络文化价值观

宽广的网络空间，容纳了各种不同的文化价值观，这些不同的文化价值观反映着不同群体的精神状态和价值追求。值得注意的是，网络主体通过巨大的信息量，能够接触到各种不同特点的文化，这些文化通过各种网络平台传达的思想、道德、价值理念等，潜移默化地影响着广大受众的精神世界，这种影响既可能形成正确的引导，也可能对其产生一种误导。而主流意识形态网络引领的导向功能就是要对网络这一虚拟空间进行辐射，从而占领精神高地，引领网络文化价值观向着正确的方向正确的发展。

三、数智时代提升社会主义思想意识网络引领力的意义

（一）夯实主流意识形态主导地位的需要

随着媒介大融合的深入，主流意识形态传播的精准性以及有序性遭到弱

化，多元化的信息主体打破了传统媒体的单向度传播形式。当前，西方凭借资本及技术优势，极力向我国开展意识形态渗透，一系列裹挟着资本主义色彩的谣言，大肆地攻击我国社会，起着贬低社会主义意识形态的作用。因此，打赢这场没有“硝烟”的战争，成为新时代主流意识形态网络引领工作的重中之重。基于此，习近平总书记多次强调网络意识形态安全和建设网络强国的重要性，提升主流意识形态引领力成为维护主流意识形态主导地位的当务之急。

（二）发展中国特色社会主义的必要条件

1.提升引领力有利于坚定文化自信

习近平文化思想，是新时代党领导文化建设实践经验的理论总结，丰富和发展了马克思主义文化理论。当代中国，文化自信的理论与实践内核是对主流意识形态的自信。在多元文化思想交织碰撞的背景下，一些西方势力借用各种新媒体荼毒网络，妄图“西化”我们的思想、“分化”我们的思想……这加剧了意识形态的矛盾和冲突。因此，提升主流意识形态网络引领力，是坚定文化自信、提升文化软实力的必然要求。

2.提升主流意识形态网络引领力，有利于中国梦的实现

中国梦是对主流意识形态的话语内容的创新，本质上与主流意识形态的内涵、功能等深度耦合。当下，互联网传播一定程度上影响了主流意识形态的影响力与凝聚力，而中国梦作为当代中国主流价值的重要表达，打破了时空维度的影响，激励着亿万民众共同的情感共识，凝聚着广大民众共同的理想信念。因此，提升主流意识形态网络引领力，是“数智时代”引领价值方向、坚定正确价值观念的重要意蕴。

（三）满足人民日益增长的精神文化需求的客观要求

智能传播在为大众文化注入丰富内容的同时，也在一定程度上反映出人们精神世界的贫乏。当前网络空间里鱼龙混杂，各种思想观念交相碰撞，相比以前而言，人们较容易在网络空间中迷失方向。

面对这样的冲击，一方面要积极提升民众的数智素养，帮助人们正确看待网络空间，正确认识和理解网络空间中的信息，培育人们清醒辨别的能力，避免疏忽与盲目的跟风，因为这样会得不偿失；尤其是要关注青少年，青少年是祖国的未来和希望。

另一方面要培育民众的人文素养。要深入推进社会主义核心价值观培育工作，以专家讲座、巡回授课、实践活动等各种活动推动社会主义核心价值观入脑入心，号召广大民众在为实现共产主义理想的不懈奋斗中实现人生价值；我们要高度重视民众的力量，激发民众的能动性和创造力，针对意识形态斗争，我们要把社会主义意识形态网络引领力的建设重点聚焦在满足民众的利益诉求、引领民众的思想信念、凝聚民众力量的共识上，并形成强大的引领合力，在不断努力奋斗中获得胜利。

第六节　网络引领的特性浅析

深入探究数智媒体与主流意识形态网络引领相互耦合的内在特征，对不断增强主流意识形态网络引领力、化解网络意识形态风险、构建清朗网络空间具有重要的意义。

一、技术特性——有削弱消解，更有格局重塑

（一）消解

1.削弱网络传播主导力

在纵横交错的网络空间内，信息权力的转移和分化，以智能算法技术为基础的智媒体平台的兴起，使主流媒体的中心地位被削弱；网络媒体带来的“技

术赋权”极大激发了人们的话语热情和表现欲望，冲击着主流意识形态原本叙事的完整性，阻碍了主流意识形态对网络群体思想观念、价值理念和情感共识引领的有效发挥。同时，在交互式传播机制下，网络场域内对一些事件的报道或讨论容易形成多人跟随、一呼百应的场景，而智能算法则逐步取代了传统媒体的“把关人”角色，网络信息传播逐渐呈现出开放、自由的趋势。

2.削弱网络传播凝聚力

网络已经成为现代社会重要的影响源。一方面，多元化的话语主体改写着话语的分配格局。多元化的话语形式使以往“单向度”的话语生产模式与表达方式发生了变化……话语平台以及载体已成为意识形态呈现与表达的重要渠道。另一方面，由于算法推荐技术的广泛运用，一些媒体平台会披上具有迷惑性的外衣，向广大受众传播各种非主流价值观，甚至是传播出一些错误价值观等，这会逐步拉大广大受众与事实的真相或主流价值之间的距离，当这种距离不断变大时，便促使了网络价值观的分化。

（二）重塑

1.资本运作拓展着主流意识形态的网络传播格局

虚拟社会中，部分网络媒体沦为资本的洗脑工具；但是，资本是通过媒体平台向公众输送特定的思想文化观念的，因此，我们可以通过强大的国有资本，来对网络媒体进行有效控制，这不仅能够有效控制无序传播，还能够逐步化解主流价值观与人们思想文化现实需要之间的矛盾，提升广大民众对主流意识形态的认同感。尤其是让现代化建设的伟大成就、党的创新理论等都要在媒体网络中得到更广泛的传播，让正能量充满网络。

2.资本介入变革着主流意识形态的网络话语格局

西方国家通过培植网络大V、网络水军等对我国进行着西方价值观的强行渗透，操控话语议题为资本服务，可见新型传播技术对舆论领域具有极强的渗透力。对此，我们在舆论工作中是可以进行借鉴的，国有资本掌握主流媒体平台，通过新型传播技术传播信息，一方面能够有效及时地和广大民众进行沟通，增强民众对国家和社会的认同感；另一方面，我们要对舆论工作手段进一步拓展，这样能增强对舆论的把控能力，提升工作效率，引领网络舆论走向。

二、文化特征：虽有冲突但是更有契合

（一）数智媒体的多元价值传播与主流意识形态网络引领的冲突

1.碎片化削弱系统性

网络媒体的碎片化削弱着主流意识形态网络引领的系统性。碎片化传播是数智时代媒体运行的典型特征，智媒体迅速发展并影响着社会各领域，新技术所构建的虚拟空间逐渐成为主流价值与多元文化价值“过招”的主要阵地……网络群体价值观良莠不齐，给主流意识形态的引领工作带来了较大影响。

2.平权化削弱权威性

传统媒介“把关人”的角色已被弱化，所有传播者可以借助各种媒介平台发表观点……各种信息碎片化地汇聚到一起，各种不同的声音不断出现。与此同时，西方国家利用各种方式随意炒作，大肆输入包含西方价值理念的电影、电视剧等，加紧展现西方生活方式、价值理念，这些都极大影响着主流意识形态的权威性。

（二）数智媒体的文化引领与主流意识形态网络引领的契合

1.媒介的深度融合提升了主流意识形态的网络引领力

数智传播技术的发展创新了信息的生产模式、传播方式等，同时加剧了对传统行业的渗透，推动其变革。因此，我们可趁媒介深度融合之机，全力打造合而为一的全新媒介生态，从而扩大主流价值辐射范围，提升网络引领力。

2.数智技术搭建起广阔平台

数智传播的去中心化、开放性等特征改变了传统的媒介格局，赋予了广大群众表达权，极大增强政府与民众的双向互动。数智媒体搭建的信息平台使民

众进入了一个泛文化的传播时代，为所有人提供了分享不同文化信息的机会，这与主流意识形态网络引领方式的多样化等高度契合，使得主流意识形态网络引领的群众基础极大增强。

三、价值特征——着眼现实更能展望未来

（一）现实的考量

1.数智媒体的开放性扩大了主流意识形态的影响力

当前，主流意识形态信息传播的渗透力极大增强，对思想观念、行为实践的影响更加深刻，为展示中国形象、输出中国经验提供了良好的契机。无论是“一带一路”，抑或是“人类命运共同体”，都是社会主义意识形态提出的正确理念，充分展示了社会主义中国的宽广胸怀和责任担当。

2.数智媒体的大众化增进了价值认同

主流意识形态具有引导和教化社会大众思想和行为的作用。当前，社会存在多元价值取向，随着新技术的接入，将现实社会延伸到网络空间，能够扩大正面宣传教育的辐射范围与主流文化的影响范围，有利于弥补网络价值观良莠不齐的现实境况。运用智能媒体开展的大众化意识形态教育，能激发广大群众的价值共鸣和自觉认同，取得良好效果。

（二）未来的发展

1.维护主流意识形态主导地位的迫切需求

当前，西方国家向我国进行强势性的意识形态渗透。因此，防范网络领域意识形态安全风险，提升主流意识形态网络引领力，是当前工作的重点所在。这就需要我们不断加强网络空间的主流价值引领，大力培育和践行社会主义核心价值观，引导广大群众在社会主义核心价值观引领下不断进步发展。

2.能有效契合网络媒介高速发展

当前，新技术开辟了主流意识形态传播与交流的话语空间与平台，每个人都可通过新媒体、自媒体、微媒体平台开展对话与交流，这就吸引了更多网民了解和认同主流意识形态的价值意蕴。我们借助数智媒体的技术优势，将主流意识形态的价值表征建立在全民参与、共同表达、共享的基础上，长期坚持，取得良好的效果。

第七节　社会主义思想意识引领力的社会功能研究

思想意识不能脱离社会，我们研究社会主义思想意识引领力，需要深入研究其社会功能，这样才能更好地使其服务于社会的发展进步。

一、凝聚和整合

长期以来，资本主义文化形式及价值观念等，通过数智媒介强势向我国社会输入，同时，随着我国的改革逐步深入，一些非主流意识形态借机发力，冲击着我们的主流价值观。

一般而言，任何社会要实现和谐、良性发展，都必须对多元的乃至互相敌对的价值观念进行整合，但这一项重要任务只有占统治地位的意识形态才能担当。而主流意识形态引领力的凝聚、整合功能并不表现为消灭其他价值观念，也不是要把异质的文化观念进行机械的拼合，而是要求在坚持马克思主义一元指导地位的基础上，把一些分散而相近的社会意识形式转化整合起来，使其凝聚成为全体人民认同的精神力量；同时坚决与反马克思主义价值观念展开斗争，不断筑牢全体人民共同奋斗的思想道德基础。

二、批判和辩护

在资产阶级社会，意识形态只为资本主义剥削制度和资本家集团的阶级压迫辩护，并没有顾及广大人民群众的根本利益及广大民众对美好生活的追求。而具有强大引领力的社会主义意识形态则始终反映广大民众的总体意愿，并将党和国家为了广大人民群众的根本利益及对美好生活的追求而制定的一系列政治、经济政策以更有效的方式传递给人民群众，从而帮助广大民众坚定共产主义的伟大理想。此外，社会主义意识形态引领力的功能发挥也辐射影响到了社会现实中，大家要意识到，其在发挥辩护功能的同时，也在不断对社会现实中的不合理部分进行批判和修正。

总言之，在与各类非社会主义意识形态的斗争中，社会主义意识形态的引领力将持续增强，这样才能更好地为中国特色社会主义伟大实践提供理论指导。

三、服务和建构

意识形态属于上层建筑的一部分，既由经济基础决定，又对经济基础和上层建筑的其他部分产生一定的反作用。因此，社会主义意识形态在被各种生产关系、社会关系塑造的同时，也相应地影响着、建构着社会存在。

一方面，具有强大引领力的社会主义意识形态通过宣传、教育、引导等方式，使广大民众能够更好地接受、认同党的政策，并自愿投身社会主义现代化建设的伟大事业中。另一方面，社会主义意识形态从党和人民群众的实践中不断汲取建设经验、总结升华，从而增强其在理论层面的引领力，为经济社会的建设发展提供指导。

四、满足人民精神文化需要

以往，社会主义意识形态主要通过多层化传播，表现形式包括政策宣传、理论教育、新闻报道等。而随着数智化技术的广泛运用，人民群众接触外界信息的工具、途径增多，大家提升精神文化水平的意愿更为强烈。

在数智技术的驱动下，各类非主流价值观念、亚文化形式借助数字化设备呈现，令人眼花缭乱。为此，我们要着力丰富社会主义意识形态的理论内核，借助数智化技术，创新主流意识形态传播方式，为人民群众提供具有较强凝聚力和引领力的意识形态内容，构筑广大民众对于美好生活的理想愿景。

五、应对多元文化冲击

加强社会主义意识形态引领力建设，是有效应对国内外非主流意识形态冲击的重要举措。通过弘扬中国化的马克思主义理论成果，巩固社会主义思想文化阵线，确保中华民族伟大复兴的正确航向。

与此同时，基于智能化与经济全球化深度融渗的实情，要处理好多元文化之间的复杂关系，不能仅依靠意识形态管控，更要注重社会主义意识形态理论本身的创新发展，即只有重视社会主义意识形态引领力的提升，善于用理论说服人、打动人，才能真正将持不同观点的知识分子和人民群众吸引到中国特色的社会主义旗帜下。同时，还要深刻理解数智化背景下各类思想文化的特征、规律等，以此更加有效地提升社会主义意识形态的引领能力。

六、推动马克思主义时代化、大众化

在数智化背景下提升社会主义意识形态引领力，对于推进马克思主义中国化、时代化、大众化具有特殊意义。一方面，数智化技术是属于社会生产力范畴，马克思主义理论范式能对其进行“社会—历史”分析，剖析其带来的社会影响；另一方面，作为与时俱进的发展体系，马克思主义理论也要与数智化要素相融合，使社会主义意识形态焕发出新的时代光彩。

因此，在数智化背景下提升社会主义意识形态引领力，要运用马克思主义社会—历史分析逻辑，深刻解析社会主体可能滑向"物质主义""享乐主义"的原因，同时借助数智化技术在内容和形式上推陈出新，用具有强大创造力、感召力的社会主义意识形态，引导大众聚焦现实生活本身，共同推动发展进步。

第八节 数智传播对高校思想工作的冲击探因

高校思想工作是思想政治工作的重要组成部分，高校是培养人才的重要阵地，数智时代，信息传播无孔不入，给高校的人才培养也带来了很大冲击。

一、"万物皆媒"造成大学生主流思想意识培育活动的主体理念碎片化

（一）限制于传统教学定位，高校思政理论课承担"主阵地"的作用有限

在传统教学思想的束缚下，一些高校思政教师仍将思政课当作一种意识形态说教课。还有一些教师对思政实践活动不重视、少关心，甚至认为有无实践活动对思政课堂不重要。在面对数智传播这个新技术时，一些思政教师表示，难以针对技术发展让大学生很好地主动感知、领悟与内化相关思政教育内容。

（二）限制于"责任绩效"理念，高校专业课堂承担"协同体"作用有限

高校专业课具有成为主流意识形态培育活动协治者的天然优势。各类专业课的任课教师是与大学生接触时间最多和对大学生专业课程影响最大的群体，承担着知识传授和技能提升的重要责任。专业课教师可以结合自身的专业优

势，引导大学生辨清数智传播技术缺陷、识别意识形态潜在斗争。但是，少数具有海外留学经验的专业课教师对于“学术研究无禁区，课堂讲授有纪律”的教学准则理解不准确，对传播过程中加强意识形态管理存在消极认识。

（三）限制于“商业利益优先”理念，数智媒体难以发挥其“把关人”的作用

例如，抖音、快手等数智媒体是大学生接收信息最多的平台之一，也是大学生对外发声的重要渠道之一。与传统媒体不同的是，大多数智媒体的背后不是政府部门，而是追求商业利益的互联网公司。互联网公司从事传播行业主要遵循商业逻辑与技术逻辑。一方面，互联网公司主要关注数智媒体的市场属性，重视点击率、流量转化率等客观标准，而对媒体引导人、培育人的价值属性鲜有关注；另一方面，互联网公司极力鼓吹技术至上，试图将影响人们价值观念的信息量化为数量特征并将这些数量特征应用到数智算法进行综合运算。商业公司这种技术思维使得数智媒体越来越工具化。数智媒体主要功能不再是成为社会价值的“把关人”，而成了信息传播的媒介。商业思维与技术思维挟持下的数智媒体会过分倚重效率。不论是唯流量论还是技术中心论，均把数智技术当作追求效率的工具，而忽略了自身作为大学生主流意识形态培育“把关人”地位，逃避公共利益与社会责任，忽视了人文精神的培养。

二、“人机共生”造成大学生主流思想意识培育的客体模糊化

从事社会科学研究的学者将德国生物学家德贝里的共生思想迁移到社会科学研究中，取得了丰富的理论成果。笔者将借助人机共生的研究视角，重点关注人机共生现象所导致的培育客体模糊现象。

（一）数智传播技术的介入使得传统教学体系中“师—生”关系转变为“师—生—机”关系

数智传播技术的应用使得“以教师为主导”的教育体系转变为“以技术为主导”的教育体系。人类教师被动地以“技术的持有物”的状态存在，被逼促着关注技术、运用技术。在实践中，人类教师通常会形成对数智传播技术的路径依赖，进而出现人类教师被数智传播技术牵着鼻子走的怪象。

（二）数智传播技术的介入使得大学生被降格为“客体”，严重颠倒了培育活动中的主客关系

数智传播技术以海量数据为基石，以各种数字化系统为主干，以各种移动设备为手段。大学生在面临知识与能力方面的问题时会优先求助于数智传播平台上已有经验。但是数智传播技术难以实现与人共情，更难以发挥主流意识形态培育活动所要求的以理服人和以情动人。

（三）数智传播技术的介入使得主流意识形态培育活动陷入技术决定论的逻辑陷阱

由于数智传播技术拥有强大的计算能力，友好的操作界面和便捷的采集技术等优势，能够满足教师对课前准备、课中互动与课后反馈环节的需求。但是，数智传播技术只能分析出事物及行为的相关关系，只能借助逻辑语言来表述客观知识，却难以深入大学生内心进行情感联动。即使数智传播技术具有深度学习技术，也始终难以拥有完全的抽象理解能力和高超的情感动人能力，较难适应大学生抽象而丰富的情感变化。这就会导致数智传播技术通常站在审视的角度，以局外人的角色评判大学生，忽视大学生的心理状态与情感变化。

三、“评价量化”会弱化大学生思想政治教育的意识形态属性

评价量化是通过采集大学生在使用数智传播平台时所产生的数据痕迹来分

析人们的生理需求、思想动态与观念变化。借助评价量化，人们似乎找到了能够科学把握与准确预测思政教育过程的“金钥匙”，但评价量化技术不能简单地迁移到思政教育活动中，否则会导致思政教育的意识形态属性被弱化。

（一）教育者的话语权威受到挑战

1.话语权威逐渐转向话语平权，依赖于信息资源优势地位形成的“灌输”路径被打破

思想政治教育活动主要依靠“灌输理论”，即认为思想观念教育必须是受到“信息差”影响，并认为这种“信息差”将会由信息优势的一方传递到信息劣势的一方。在数智传播背景下，教育者所拥有的观念优势被削减，受教育者在数智传播技术帮助下甚至具有评价教育者以及教育过程的权力。

2.被动接受逐渐转向主动参与，基于对话交往的德育模式被知识本位的智育理论取代

量化技术强化大学生在思政教育活动中的主体作用。大学生不再是培育的被动参与者。依赖于传统智育模型下的教育模式已经无法符合当前德育活动中“双主体”的新情况。

3.话语空间逐渐从“单一”扩展至“多维”，评价量化机制的出现放大了“广场效应”

数智传播技术的出现打破了以线下为主导培育空间的模式，借助打分机制与评论机制，大学生可以很方便地在博客、贴吧、抖音、快手、微信等数智传播软件发表自己的意见，而这些评论通常以负面的形式、消极的内容存在。

（二）流量思维导致大学生思政教育的内容异化

数智传播技术现在已经是大学生信息交互、观念交换与精神交往的主要渠道。随着数智传播技术的不断进步，流量思维的不断延伸与大学生使用时间的不断延长，各个数智传播平台均出现了不同程度的内容异化。就目前而言，数智传播背景下因流量思维导致的内容异化主要体现在以下三个方面。

1.出现软性历史虚无主义内容

软性历史虚无主义是指以文字、音乐、图片、短视频等为手段，以传播历史虚无主义为目的的一种特殊意识形态。数智传播技术的流量至上推荐逻辑极大地推动了软性历史虚无主义的精准传播。数智媒体通过海量收集、系统分析每一个用户在线行为留下的数据痕迹，迎合受众的感性喜好，避免推送受众不喜欢的信息，以此博取点击量。这种错误思想以碎片化的形式切入与大学生日常生活密切相关的微观话题，将草根化、情绪化的话语融合进与正史息息相关的宏大叙事。它以娱乐的形式戏说正史、以虚构的叙事重塑民众的历史记忆。

2.出现庸俗、媚俗内容

数智传播平台为了实现提升用户数量和扩展数据容量目的，通常会降低内容审核的标准。用户很容易在数智传播平台发布作品。这导致许多数智传播平台存在“三俗”内容。

（1）视频内容有低俗现象，过度煽动用户情绪。结合笔者使用抖音与快手等短视频应用的实践经验与调研后，发现有用户将经过编造的相关矛盾事件上传到数智传播平台，配以丰富的情感冲突、偏激的主观评价、戏剧化的字幕、富有节奏感的配乐，以刻意煽动情感氛围为目的，刺激用户产生点赞、评论等行为。

（2）视频内容有流俗现象，引导用户产生趋同行为。一些数智传播平台博主为了迎合少数用户的另类追求，对于一些优秀人物或正面事件进行恶搞，这些恶搞视频虽然能带给用户短暂的快乐，但却给被恶搞的人及家属带来了极大的情感伤害，不仅违反了相关的法律法规，更会对大学生思政教育产生不良效应。

（3）视频内容有媚俗现象，滥用相关符号引发联想。符号是指在人际交往中的一种非语言形式，具有丰富的象征意义。在数智传播平台上越来越多博主由于过度追求播放量、互动量，随意使用相关符号，这类内容利用了人们的联想心理，将某些符号刻意地放大，以获得较大浏览次数与较高的转发量，比如过度利用身体符号获得用户关注已经是数智传播行业追求高额经济利益的

“不二法宝”。这些滥用符号、引发过度联想的劣质内容，严重影响大学生的三观。

3.出现过度娱乐化的内容

“向上”“向美”“向真”本是教育工作者的使命与追求，然而在数智传播背景下存在着“过度娱乐化”不良风气，甚至某些网络内容更是涉及低俗内容，不断触碰人们的伦理底线。

第九节　数智传播助力高校思想政治教育研究

数智时代，智能传播拥有信息传播便利、推送智能、反馈及时等诸多优点，能帮助高校思想政治教育提升精确性、时效性、引导性及创新性等，助力思政教育的发展。

一、数智传播是高校思想政治教育的重要载体

（一）数智传播是高校意识形态教育重要载体的理论依据

数智传播可以作为高校意识形态教育的重要载体。一方面能够给培育主体与培育客体的互动提供一个平台；另一方面，根据“基本需求层次”理论，数智传播满足了“归属与爱的需要——社交需要”。正因为如此，我们可以根据大学生的兴趣所在，选择客体所偏好的载体。

（二）数智传播是大学生社会主义核心价值观培育重要载体的现实可能

对于思想政治教育活动来说，具有技术优势的载体是不可或缺的，学界需

要加强对最新载体的研究，探寻其技术可能，规避其技术风险以提升社会主义核心价值观培育的实效性。

二、思想政治教育对数智传播的引领作用与指导作用

（一）主流意识形态的引领作用要体现在数智传播相关内容中

思想政治教育肩负铸魂育人的重要使命，《高校思想政治工作质量提升工程实施纲要》的总体目标中指出，思政工作以立德树人为根本，以理想信念教育为核心，以社会主义核心价值观为引领，以全面提高人才培养能力为关键。网络世界泥沙俱下、鱼龙混杂，既有金玉良言也有污言秽语，在数智技术的驱动下，主流与非主流意识观念、主文化与亚文化形式借助数字化设备呈现，让受众眼花缭乱。大学生正处于三观形成时期，思想并不成熟，眼界并不宽广，人格尚未健全，数智传播的无门槛与去中心化，会使大学生们真伪难辨、无所适从，这就需要思政教育发挥树旗帜、领航向、塑人格、培品性、提素质、增能力的功用，让数智传播不偏离航向，让立德树人走深走实。

（二）主流意识形态的指导作用要贯穿到数智传播发展过程中

《新一代人工智能发展规划》指出：要“利用智能技术加快推动人才培养模式、教学方法改革，构建包含智能学习、交互式学习的新型教育体系”；《高等学校人工智能创新行动计划》指出：要“抓住提高人才培养能力的核心点，在数字校园的基础上向智能校园演进，探索基于人工智能的教育教学新模式”。现阶段大学生以“00后”居多，作为网络原住民，他们的成长伴随着智能传播的产生与发展；对于思想政治教育活动来说，具有技术优势的载体是不可或缺的；但是在数智传播技术的发展过程中存在某些负面影响，尤其产生了某些价值观问题。这就需要思政教育活动发挥其作用，在关注数智传播技术发展的同时弘扬正能量，将思政教育贯穿到数智传播发展过程中并落到实处。

三、运用数智传播助力高校思想政治教育的必要性

（一）推动数智传播健康发展的现实需要

在网络世界里，各种思想观念碰撞，多元价值冲突已渐成常态，而数智传播技术理应以传播科学正确的知识与积极进步的价值观念为首要目标，这样才能触发大学生的内心并真正得到认可，同时能推动数智传播技术自身的健康发展。

（二）推动思想政治教育教学发展的必然要求

高校思政教育要保持旺盛的生命力就必须进行创新，而在数智时代，数智传播的个性推送能满足高校思政教育的精准性，机器写作能提升高校思政教育的时效性，数智审核能优化高校思想政治教育的引导性，且对高校思政教育创新创优予以有效支撑。

四、个性推送满足高校思想政治教育的精准性

相较于编辑推荐、口碑推荐等传统推送模式，个性推荐提供了一种更“适合你”的内容传播模式。这种“适合你”的推荐模式能够提升价值观培育活动的精度。

（一）提升内容分发精度

基于大学生使用习惯和态度倾向的行为数据，“个性推荐”能够较好地为大学生们推送量身定制的内容。这种以个人偏好为基础的传播模式使得思想政治教育精准滴灌模式具有了现实可操作性。

（二）提升价值引导精度

传统思想政治教育引导模式虽然能借助深度访问、实际调查等手段调研大

学生的政治态度，但是不够精细，更缺少实时调节的技术可能。个性推荐技术能借助收集大学生点赞、评论等使用痕迹，精准分析用户的喜好，预测用户的行为。当用户不断收到不同于自己观点的信息时，会不断反省自身进行思考，逐步改变倾向、调整立场。因此，个性推荐能在一定程度上对大学生的政治态度作出更为精确的引导。

五、机器写作提升高校思想政治教育的时效性

机器写作可以通过自动收集数据、聚合信息、制作内容，这不仅提升了传媒内容模式的创新程度，而且能促进价值观培育的时效性。

（一）利用首因效应

首因效应是指个体在建立价值观时受到“第一印象”的影响较大。机器写作技术的出现打破了时间和空间的界限，为思想政治教育活动提供了即时的教育素材。一般而言，“机器写作”的速度快于人类用手写作，那么，以“机器写作”来完成党建与思政内容的写作编辑，实现实时传播，是能够不断让广大同学加深“第一印象”的。

（二）逆转广场效应

广场效应来源于人们对社会事件或社会现象的不满情绪。机器写作的介入使得思想政治教育活动引导舆情的速度加快。有学者认为，政府引导舆论的最佳时间为舆情事件发生后的4小时内。机器写作使得信息传播的时效性空前加强，为后期的信息澄清和观念引导做了充分的铺垫。

（三）抑制波纹效应

波纹效应来源于未能对不良行为进行及时处理。笔者在浏览微博热门话题时发现，有某网络博主发布题为“在大学里娱乐”的观点，随即有超过3000余

次的转发、5000余次的评论，评论区居然有很多网民认同该观点。抑制波纹效应的关键就在于对负面信息进行提前抑制，机器写作的介入，可以使得负面影响降到最低，这就能使得“波纹”不再持续放大。

六、数智审核优化高校思想政治教育的引导性

数智审核是指数智传播平台在信息审核环节时使用人工数智技术，对文字、视频等内容把关，其目的是为了确保守住道德底线，不碰法律红线。我们举一反三地思考，若将这些数智审核技术引入到价值观培育活动中，就能增加培育活动的引导性。

（一）文本审核过滤不良信息

文本识别技术一般而言，是以关键词为基础，对文本语境做相关性分析，并根据之前所设定的审核标准将疑似案例转交到专业编审人员手中来进行鉴定。这种“人工+人工数智软件”双重过滤的模式是比较合适的，它能极大地降低信息误判的概率。众所周知，在数智传播平台之中，“文本”是最常见的传播形式，那么，我们通过对文本内容进行内容审核和质量把关，可以有效地引导和提升大学生价值观。

（二）视频审核引导价值情绪

在视频审核过程中，一般而言，平台审核员会将时长过少、无时效性、内容没有营养等视频内容作为低质内容进行下架处理，尤其是涉及猎奇、暴力等违规视频。在推送机制中，审核员通常会优先筛选具有价值意义的视频，长此以往，就使得用户在日常使用数智传播平台时潜移默化地树立正确的价值观念。

七、自我进化创新高校思想政治教育方式方法

数智传播的一大特征就是传播技术的自我进化，具体来看包括算力提升、算法进步、数据结构优化等三个方面。

（一）算力提升，促进沉浸式培育

算力即是计算能力，当前多数数智传播技术以云计算技术为主要方式提升数智传播平台的计算能力。云计算技术是一种追求海量资源共享的技术模式。将云计算技术广泛应用于大学生社会主义核心价值观培育环节中具有集中分散资源，统整各方优势的特点。传统思政课堂通常依赖于理论性灌输来引导学生进行逻辑思考与主观判断，进而内化理性认识的路径模式来培育大学生社会主义核心价值观。而云计算模式使得以多媒体为载体的培育模式成为可能。在云计算技术辅助下，思想政治课可以构建以培育价值观念为主要内容，以文、图、声、光、电等各种媒介为主要形式的全媒体培育新路径。这种新路径能统整思想政治教育老师的理论优势，还能统整图文采编、设备管理、后期制作等多方面技术优势以规避大学生对于思想政治的心理抵触。

（二）算法进化，提升精确纠偏能力

数智传播背景下培育主体可以通过不断优化计算方法的方式实现"小雨滴灌式"价值纠偏模式。数智传播背景下，分析大学生阅读资讯倾向和个性化偏好的数据不断增加。因此，个性化推荐算法不断优化，为不同用户推送呈现符合个体价值偏好的内容成为可能。数智推荐算法助力使得精确式纠偏成为可能。首先，便携式数智设备会收集用户最近阅读的点赞、记录、关注、点赞、评论等数据。其次，数智算法对"用户画像"进行素描，并推送相关内容，这样用户就能收到个性化信息推荐。最后，大学生可以针对某些公共议题进行定点推送，针对某些错误倾向进行定点修正，从而更好地提高纠偏的精确性。

（三）数据积累，提升动态引导能力

大数据技术的进步为动态引导大学生的思想观念提供了重要便利。一方面，大数据能够全面收集大学生群体思想和行为的海量数据痕迹。相较于具有明显结构化特征的“小数据”，大数据一大特征就是数据结构混杂。这使得大数据在数据分析时以相关分析取代因果分析，以概率分析取代回归分析，以海量数据取代随机数据，明显提升对对象分析预测的能力。就主流意识形态教育活动而言，大数据技术的介入使得主要依靠定性描述分析的主流意识形态教育活动成为一种客观化、具体化的数量计算。另一方面，大数据技术能够动态描绘主流意识形态教育活动的个体肖像。大数据技术除了能够整体地把握培育对象的思想动态，还能将静态的教学目标转化为动态的培育指标，因势而行，因数而动，极大提升主流意识形态教育的针对性。

第二章

基层单位思想意识工作方式方法探赜

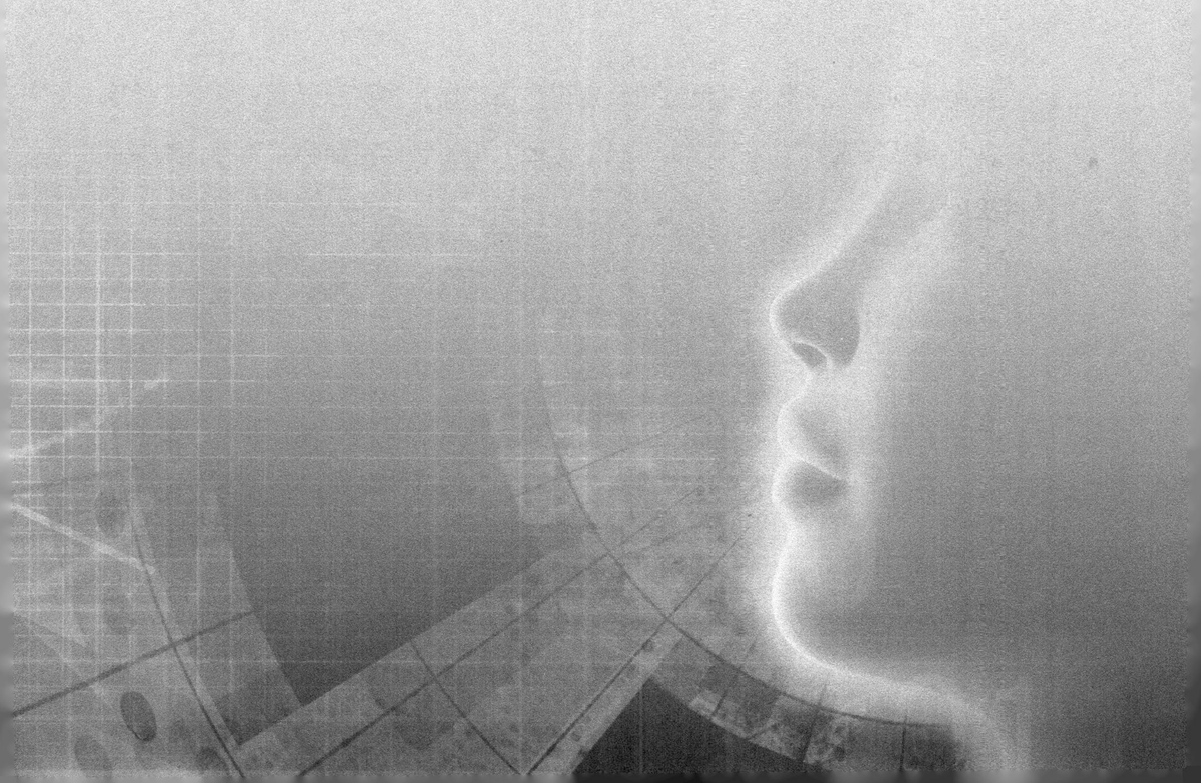

习近平总书记指出，坚持人民性，就是要把实现好、维护好、发展好最广大人民根本利益作为出发点和落脚点，坚持以民为本、以人为本。要树立以人民为中心的工作导向，把服务群众同教育引导群众结合起来，把满足需求同提高素养结合起来，多宣传报道人民群众的伟大奋斗和火热生活，多宣传报道人民群众中涌现出来的先进典型和感人事迹，丰富人民精神世界，增强人民精神力量，满足人民精神需求。

第一节　学习贯彻思想及意识形态工作会议精神的路径探析

从中央到地方，高度重视思想及意识形态工作，多次召开意识形态工作会议，基层须从“真”“深”“实”三个方面入手，学深悟透会议精神，躬身实践解决问题。

一、学习领会会议精神要“真”

路线方针的贯彻、会议精神的落实，在于认识水平的提高，在于思想理论的自觉，学习上级会议精神是实现这一重要前提的有效途径。

（一）要干部带头真学

把学习贯彻意识形态工作会议精神作为树牢宗旨意识、践行目标任务的重要抓手，作为改造主观世界的重要举措，采取集中辅导与自主学习相结合的方式，沉下身、静下心来认真学习相关内容，切实用意识形态工作会议精神引领思想指导实践。要把“党员干部带头、以身作则”的优良传统体现到学习中去，采取党委机关带基层、基层干部带群众等形式，灵活运用多种方法搞好学习宣传，努力形成上下联动、同频共振的生动局面。

（二）要深刻领悟真谛

把浏览思政网站、阅读党报党刊作为每天必修课程，及时宣扬全国全省学习贯彻好的做法、名家大家的权威解读，不断深化对意识形态工作会议精神的理解认知。要活用各类教育资源，通过参加理论辅导、观看专家授课视频、撰写学习心得体会，接受思想洗礼，进一步强化宗旨意识和责任担当。

（三）要融入工作真用

学习的目的在于指导实践、推动工作，如果仅为学习而学习，学习就会成为无本之木、无源之水。要着眼学习成果的转化运用加强统筹，把政治工作体现到单位工作生活的各个方面，特别是与重大任务结合筹划部署、组织实施，让意识形态工作在核心竞争力生成提高中发挥重要作用。要坚持领导带头以上率下，做到人前和人后一个样、台上和台下一个样、说的和做的一个样，真正让真理的力量和人格的力量相统一，用人格的力量彰显真理的力量。

二、剖析查找短板弱项要“深”

我们必须在党言党、在党忧党、在党为党，把爱党、忧党、兴党、护党落实到发现问题、解决问题的各个环节。

（一）要揭短亮丑真红脸

始终保持“无产阶级政治工作的战斗风格”，对抹黑党的形象、诋毁社会主义制度等错误思想行为坚决批判，对不讲大道理听信歪理、人前一套背后一套等不良现象坚决反对，对热衷公款吃喝、拉关系找门路等丑陋现象坚决制止，真正做到“坚持什么、反对什么”旗帜鲜明，“倡导什么、抵制什么”爱憎分明，“什么是真善美、什么是假恶丑”是非分明。要找准症结开良方，一些杂音噪声、不良现象之所以暂时尚有存活之机，有敌对势力混淆视听的因素、有腐朽文化沉渣泛起的因素、有制度规定执行不到位的因素，但归根结底是部分同志理想信念树得不牢，没有做到唯一的、彻底的、无条件的、不掺任何杂质的、没有任何水分的忠诚。必须着眼固本培元、凝魂聚气，从制度规定上严格规范，从执行任务上摔打锤炼，从生活细节上磨砺考验，不断培塑干部职工绝对忠诚的精神品质，确保任何时候任何情况下都对党忠诚。

（二）要广开言路汇民意

群众路线、发扬民主是我们党不断发展壮大、不断走向新胜利的重要法宝，贯彻意识形态工作会议精神，必须一如既往地坚持并发扬好这些优良传统。要尊重职工主体地位，相信高手在基层，重大决策、筹划工作、执行任务前都要问计于民，集思广益预想预防，防止落入自我设计、自我循环、自我检验的怪圈。要积极畅通民主渠道，用好单位网站领导信箱、投诉举报电话，以及批评和自我批评的方式，引导基层工作人员正确行使民主监督权利，真正让权力在阳光下运行，让歪风邪气“见光死”。

三、解决群众问题困难要“实”

意识形态工作是党的重要工作，要让干部群众人人都在其中发挥主体作用，必须从真心实意解决现实困难入手，用党员干部的人格力量感召群众。

（一）门好进更要事好办

持续巩固深化主题教育成果，牢固树立基层至上、群众第一的理念，从待人接物等小事做起，从接打电话等细节严起，对每一位来机关办事的人都笑脸相迎、真诚相待，属于自己业务范畴的事要尽心尽力做好，职权范围之外的事也要耐心解释、指明方向，真正让暖流浸润群众心田，让“门难进、脸难看、事难办”成为历史，让伤害干群感情的不和谐因素彻底消亡。

（二）急民忧更要解民难

在练精用实知情功、说理功、疏导功、解难功上下功夫，深入分析研究群众思想观念、价值取向、行为方式、精神文化需求，及时掌握群众的思想。把解决思想问题和解决实际问题结合起来，跟进做好思想引导、心理疏导、矛盾化解等工作，多方协调、定期组织“送温暖献爱心”等解难帮困活动，让群众真实感受到组织的真情关怀，使意识形态工作、思政工作真正成为群众的实际需要。

（三）承诺快更要兑现快

时刻保持紧张快干、驰而不息、跑步前进的劲头，对涉及群众切身利益的事要立刻办、马上办，一时难以解决的要领导挂帅亲自推动、群策群力集智攻关、明确时限节点推进，以每名思政干部的模范行动诠释意识形态工作的真谛。要把整风精神贯穿始终，坚持讲原则、讲政策、讲规矩，特别是对侵占群众利益、搞特殊、徇私情等不良现象要保持高压严打态势，以政治干部公道正派、廉洁自律的良好形象赢得群众信任信赖，在具体实践中体现意识形态工作的威信、威力。

第二节　基层单位强化思想意识工作的对策研究

思想意识工作是十分重要的工作，要求各级必须要进一步强化政治意识、大局意识、核心意识、看齐意识，始终以如履薄冰的危机感、如坐针毡的紧迫感抓好这项工作。

一、防思想观念“松懈”

思想观念的松懈是最危险的松懈。调研发现，基层单位工作人员虽然能够通过多种信息渠道关心国家大事、关注国际局势、关切国计民生，但总地看来，形势依旧严峻，我们面临的考验更加直接，要做到讲政治、顾大局、守纪律，始终保持政治上的清醒和坚定。

（一）“铸牢理想信念”是根本

要坚定政治信仰

组织干部群众深入学习党的二十大精神，习近平总书记系列重要讲话和指示精神，扎实组织好主题教育活动；结合近期重大违纪违法案件，深入抓好防腐倡廉警示教育，提高防腐拒变能力。

（二）“保持一致”是铁律

要强化“令行禁止”的政治纪律

教育引导大家做到政治立场坚定，在大是大非问题上毫不含糊，始终同党中央保持高度一致；政治态度要鲜明，特别是对反动观点和错误言论，必须旗帜鲜明地反对和抵制；政治头脑要敏锐，严格落实政治纪律，不乱猜测、乱打听、乱言论。

（三）“形势教育”是保证

要筑牢“抵御侵蚀”的思想防线

经常分析掌握干群思想动态，落实思想形势分析报告制度，切实把广大群众的倾向性问题摸准，把应对渗透侵蚀影响的措施定实；下力抓好形势政策宣讲教育，引导群众清醒认识形势，辩证看待矛盾问题，站稳政治立场；抓好网络建设，搞好网络舆情监测研判和防范工作，使之成为传播先进文化、抵御腐朽思想侵蚀的重要阵地。

二、防工作作风“松弛”

调研发现，一些基层单位之所以出现工作推进有欠缺，主要是存在“言美不言丑”“你好我好大家好”等思想。严谨的工作作风是保证工作贯彻落实的重点，必须要在工作实践中大力弘扬三种风气。

（一）要端正政绩追求，大力弘扬“正视问题”的求实之风

积极倡导“发现问题是水平、解决问题是能力、掩盖问题是失职”的风气，盯住隐患、差距做工作，盯住不足、弱项抓预防，牢牢掌握工作的主动权。要克服形式主义、官僚主义，敢于叫板、敢于揭露矛盾、敢于硬碰硬，彻底根治存在的不良倾向，同时，对于存在的问题，要切实做到见之于未萌、防之于未发。

（二）要狠抓责任落实，大力弘扬“较真求实”的唯实之风

要围绕单位和个人两个层面，细化各部门、各层级、各岗位的责任；坚持“奖优罚劣、奖勤罚懒、一票否决”的原则，强化各级领导抓强意识形态工作的责任意识；要坚持抓、反复抓，特别是对那些容易反复、难度较大，关系单位稳定发展的基础性、根本性工作，要不厌其烦地抓，工作不落实不放手、落实不扎实不罢休。

（三）要强化服务指导，大力弘扬“服务基层”的务实之风

围绕服务基层、倾向基层、帮建基层，改进领导机关的工作作风；同时，要积极想基层之所需、急基层之所难、办基层之所盼，让广大基层工作人员在

位安心、工作尽心、生活舒心；严格“三会一课”制度，大力纠治不良行为，确保基层有精力、有能力、有动力抓落实。

三、防制度落实“松动”

制度是管长远、管根本的。当前，思政工作、意识形态工作等制度较为健全，但在末端落实上还存在三种倾向：“钉在墙上”无人问，满足于条令条例印在本子上、各类规章制度挂在图板上、法律法规放在柜子里；“灵活变通”打擦边，心怀侥幸心理，喜欢钻空子，想着搞变通；“另起炉灶”用土招，为图省事挑选制度落实、简化制度落实，甚至是用“土办法”代替细致周全具有严肃性的法规制度，这些现象给隐患的发生带来可乘之机。对此，要注意做好以下几个方面。

（一）要加强教育引导，强化法规制度的自觉性

坚持不懈地开展规章制度日学一条、法律知识周讲一课、法制板报月出一期、条令条例半年一竞赛活动，确保制度学习长流水、不断线；定期把规章制度分类整理、编印成册，便于职工学习和系统掌握；建立法治教育学习专题网页，营造学法规、知法规、用法规的浓厚氛围；定期开展警示教育、以案说法活动，增强落实制度的积极性、主动性。

（二）要搞好细化分解，增强规章制度的科学性

要发动群众广泛参与研究制订各项制度，确保贴近实际、贴近群众，尽量减少随意、无序的现象，确保规章制度的针对性；要积极利用制度板等宣传形式，将制度规范简化、分类细化，提高制度落实的有效性；要严明制度落实的标准要求，在落实过程中，不得随意提高或者降低标准，确保法规制度的权威性。

（三）要严格过程控制，确保制度落实的有效性

从强化责任入手，明确每个人在落实制度、防范管控中的责任，建立上下贯通、纵横联动的责任承包网络；定期召开形势分析会，深入查摆在落实制度上存在的问题，剖析原因教训，制定整改措施；建立工作专抓组织，加大督导检查力度，督促大家认真抓好各项安全制度末端落实。

四、防自我要求“松散”

古人讲：“政者正也，子帅以正，孰敢不正？”但调研发现，一些基层的个别工作人员，要求下级多、要求自身少，要求别人多、要求自己少，谈心交心、形势分析等基础工作关注少。各级干部必须要率先垂范、严于律己。

（一）要强化职责意识，努力在“依法履责、扎实尽责”上作表率

要注重深化法纪教育启迪，采取理论灌输、依案说法、典型引导等形式，引导大家充分认识学法知法守法的重要性；注重学习法规知识奠基，扎实开展学法规、用法规、促正规活动，使学法知法始终贯穿干部群众学习、工作和生活；注重大抓法纪文化熏陶，利用网络、橱窗、广播等平台广泛开展普法宣传，切实在潜移默化中增强各级知法敬法、模范守法的自觉意识。

（二）要强化自警意识，努力在“严守纪律、严格自律”上作表率

要坚持严下先严上、严人先严己，形成以上带下、逐级落实的正确导向；要通过落实党内生活制度，开展批评和自我批评，不间断地开展自查及讨论交流活动，营造处处有监督、人人当自律的良好环境；要坚持纪律面前人人平等，机关基层一杆秤、干部群众一把尺，努力形成一级带一级、自下而上抓、逐级作表率的正确导向。

（三）要强化落实意识，努力在“沉到底端、狠抓末端”上作表率

针对意识形态方面可能出现的问题，时刻严防、时刻提醒、时刻监督；要定期分析基层形势，认真查找可能存在的问题和薄弱环节，尤其对那些容易反复出现的问题，要找准症结，拿出对策；要坚持关口前移，加大防范力度，特别是在重要工作任务推进、逢年过节、退老补新等重要时机，搞好跟踪检查、深入一线督查，切实把问题苗头消灭在萌芽状态。

五、防安全管理“松宽”

常言讲，“一张一弛，文武之道”。但调研发现，有些基层干部在安全管理上容易“讲人情”“搞灵活”，不想得罪人；不少人也存在“松口气”思想，标准口径人为放宽了，安全管理强调少了，基层新老骨干交替，老同志不想多说，新同志不敢严说。这些安全管理上的“松宽”极易诱发隐患。对此，要强化以下三个方面。

（一）求实才能落实，要强化科学化抓安全管理的理念

要把安全管理作为阶段性的中心工作突出来抓，特殊时期要专题例会、分析安全形势、制定整改对策、设计应急预案；要坚决摒弃制度之外另起炉灶的“土规定”、法规之外另搞一套的“土办法”，持续开展“专项清查整治”活动；要坚持不瞒上、不下推、不回避、不等靠、不手软，在揭露矛盾和解决问题中抓安全、促发展。

（二）细节决定成败，要强化精细化抓安全管理的理念

要多法共用、多途并举、多管齐下，探索多层面精细管理的方法手段，认真细化领导责任、职能责任、牵头责任、检查责任等；要善于借助信息平台实现精细化监管；培养严谨作风抓精细，要着力培养和锻造精耕细作、精打细

算、精益求精的意志和品格，解决问题要触类旁通、细研深抓，保证安全发展事事有回声、件件有着落。

（三）法规必须法办，要强化制度化抓安全管理的理念。

要强化各级依法指导和开展工作的意识，严格落实各项规章制度，决策重大事项、检查评比工作、处理棘手问题都要自觉运用法规制度比一比、照一照，同时，要进一步优化依据法规制度指导和开展工作的环境，确保安全管理工作在法规制度保障下健康运转、常态运行。

六、防骨干网络“松垮”

基层委员、思想骨干等人是基层意识形态工作的中坚力量和关键环节。调研中发现，一些工作人员有的定位不准，不够自信，认为自己“说话没人听”，所谓骨干只不过是个“空头衔”；有的能力不够，不能完全发现并处理好自己职责范围内存在的问题。要建强骨干队伍，促其发挥作用，需要把好三个关口。

（一）要严把“入口关”，切实把“放心人”选进来

要把那些思想基础好、工作责任心强、工作作风扎实、群众威信高的同志选为骨干，适时进行调整补充；要注重优化结构，从不同专业、不同学历、不同年龄段、不同性格特点的职工中进行选拔，保证骨干队伍的全面性；要善于动态考评抓选配，注重跟踪掌握骨干工作动态情况，坚持在工作实践中遴选考察配强骨干队伍，及时淘汰不合格的，吸纳素质好、责任心强的。

（二）要严把“培养关”，切实把“基本功”强起来

突出新选任职的、关键岗位的和能力素质偏弱的思想骨干，扎实抓好经常性的培养帮带，增强做好思想骨干工作的素质能力；要突出基本法规的学习，强化依据政策法规开展工作的意识和能力；突出处理问题的方法，引导骨干既注意掌握政策的硬性规定，又注意灵活把握尺度，具体问题具体分析，使其逐步具备小事能够化解、大事能够掌控的能力。

（三）要严把“使用关”，切实把“内动力”鼓出来

要重视骨干主体地位，充分发挥骨干作用，及时交给他们任务、压担子，为他们提供显身手、展才华的平台。要关心骨干的成长进步，在评先评优等问题上，与工作表现挂钩，对那些工作不负责、给工作造成被动的职工，要给予适当处罚，使骨干队伍始终保持旺盛的生机和活力。

七、防工作责任“松软”

责任重于泰山。从当前总体状况看，大部分同志爱岗敬业，恪尽职守，但也存在“推诿扯皮”“问奖不问责”等情况。对此，要抓好以下三个方面。

（一）要签下“责任书”，尽泾渭分明之责

建立完善责任制度，层层签订责任书，明确责任人，形成一级抓一级、一级带一级、逐级抓落实的正确导向；要经常性地对照检查，通过“回头看”等形式查看履职尽责落实情况，督促发挥作用；要持之以恒地抓好制度教育、规程教育、技能培训，提高各级履职尽责的实际能力。

（二）要立下“军令状”，行赏罚严明之责

建立完善评比制度，广泛开展评比活动，奖励先进、鞭策后进，营造争先夺优的浓厚氛围；要以小题大做的态度强化责任，严格重要部门、关键岗位等的管理和检查，切实把隐患当问题看、把苗头当事故抓；要完善落实责任追究机制，做到有功必奖、有过必究、有责必问、奖罚分明。

（三）要编织“责任网”，定人人尽心之责

树立“我的工作我负责、单位建设我尽责”的理念，确保不留死角、不落一人；着眼构建横向到边、纵向到底的责任网络，拿出单位统揽的“计划表”、组建各司其职的“责任网”，促使人人明责、扎实履责；严格落实相关制度，强化组织责任、领导责任、关联责任，促使各级以更加强烈的事业心和责任感尽职责、抓落实。

第三节　基层单位处理四类工作的路径探析

基层单位的党员发展、评优评先、立功受奖、评贫救济这四类工作是干群议论较多的话题。如果处理不当，不仅会挫伤干群的积极性，还会影响基层的风气和单位的建设发展。能不能正确地把握和处理广大职工切身利益问题，真正做到公平公正、上下满意，是对基层的重要考验。笔者认为，处理这四类问题要着力把好“四关”。

一、发展党员看先进

吸收发展党员，是党的组织建设的基础工作。在发展党员的问题上，要始终着眼体现先进性要求，严格坚持标准，始终确保党的队伍的纯洁性。

（一）思想上先进是根本

一个共产党员应当首先具有先进的思想基础。发展党员的原则，历来坚持成熟一个发展一个。考察一个人能不能入党，最重要的是看他有没有从思想上入党的强烈愿望，有没有用党的性质宗旨改造自己的实际行动，有没有为党的

事业奋斗终身的远大追求。如果说组织上入党是一生一次，那么思想上入党则是一生一世。在这个问题上，绝不能把入党作为安慰情绪的“补偿”、照顾关系的“手段”。一定要以对党的事业发展高度负责的标准，把好党员入口关，切实把那些思想上真正先进的同志吸收进来，使党的队伍始终保持高度的纯洁性。

（二）素质上先进是核心

推动党的事业发展进步，靠的是全体党员团结拼搏。新形势新任务新挑战，对党员的素质能力要求越来越高。新的历史条件下，推进单位跨越发展最根本的问题是提升大家能力素质，解决基层同志能力不足的问题，核心是提高党员队伍的整体素质。因此，一个人能不能入党，核心要看他能力素质是不是符合岗位要求、能不能肩负起使命任务的重担。只有把全面优秀的先进分子吸收进来，才能确保和彰显党的队伍强大的思想优势、组织优势和政治优势。

（三）工作上先进是关键

党员的先锋模范作用，是我们干好一切工作、克服一切困难的重要保证，也是党的先进性的重要体现。一个人先进不算真正的先进，带动和影响群众都先进才是真本事。考察一个人是不是先进，不能光看一时一事，重要的是看他平时的工作表现。俗话说“路遥知马力，日久见人心”。只有把那些平时学习和工作表现一直很突出、群众公论一直很好的同志吸收到党的队伍中，才能让大家充分认识党，自觉向党组织靠拢，使我们的队伍在保持先进性、纯洁性中不断发展壮大。

二、“双评”评比看进步

“评先”“评优”，是调动广大职工积极性和创造性，促进基层基础性工作落实、推进基层建设全面发展的有效抓手。“双评”要以事实为依据，以标准为准绳，科学衡量，严格按绩施评，最大限度地发挥激励导向作用。

（一）要更新观念看进步

“评比”是个敏感点，也是个难点，关键要根据制度，尊重实际，客观公正，做到“不看往年看今年”“不看名气看成绩”“不看关系看素质”等。要严格评比标准，克服人为保先进的错误观念，如果为了保一个先进“名号”和所谓的“标杆”，就放弃原则、照顾迁就，造成“照顾一个先进，影响一片风气；评错一个人，挫伤一片人心”，那样的话，就失去了评优评先的价值和意义。

（二）要着眼全局看进步

影响一个部门建设的因素很多，有主观的也有客观的，完全用一些所谓的“硬杠杠”卡，看似公正，实则未必公正。评比过程中，必须从实际出发，既看横向建设水平，更看纵向基础、进步和努力程度。要坚持具体情况具体分析，坚持看基础、看全面、看发展，进而激发不同基础的部门和职工的参与热情。

（三）要贯穿全程看进步

评比活动的根本是通过评比，激励单位和个人工作动力，全面促进基层建设。要使“双评”公开公正，关键要在坚持经常上下功夫。要坚持争在平时、比在平时，纠正“平时不争评时争”的错误认识。要把“评比”渗透到经常性工作之中，不能因一时一事先进就武断下结论，而要根据全年工作情况来衡量、结合平时表现来衡量，确保评比的真实性、公正性和广泛性。

三、立功受奖看贡献

立功受奖是对先进部门或个人的肯定和褒奖。辛苦工作一年，大家都希望自己能够立功受奖，得到组织和领导的认可。但立功受奖是有严格条件的，也是有比例的，不是人人都能如愿。因此，在立功受奖的问题上，我们一定要端正态度、调整心态。

（一）要弄清奖励的目的是什么

韩非子讲：“计功而行赏”；众所周知“奖惩，重在鼓励、重点在奖”。奖励在于鼓励先进，调动广大职工的积极性、创造性。从古到今，立功受奖根本目的是鼓励先进、鼓舞士气、调动积极性，使奖励充分发挥激励先进、鞭策后进的功效，促成一种积极向上的竞争局面。因此，能不能奖、奖给谁，主要看是否具有典型性，是否具有引导他人、鼓舞他人的能力，形成一种人人争优、个个当先的导向。弄清了这一点，我们就能正确看待荣誉，认识自己，以正确的心态对待奖励。

（二）要严格按标准条件选人

奖励只有建立在公平的基础之上，才能体现奖励的真正价值。按绩施奖，以贡献大小论功奖等级，是实施奖励的重要原则之一。能不能立功受奖，首先要把规定的条件作为“硬杠杠”，用工作成绩和贡献大小比一比、量一量，看看自己符不符合、应不应得。当然，作为党组织和基层干部，在确立立功受奖问题上要有一颗公心，摒弃私心杂念，做到一碗水端平，不搞迁就照顾，不搞轮流坐庄，不搞平均主义，更不能搞亲亲疏疏的庸俗关系，否则，就会降低奖励应有的价值。

（三）要坚持民主公开

要充分发扬民主，广泛征求群众意见，走群众路线，全面、公正、准确地实施奖励。让大家自己把应受奖励的先进者推选出来，这样的先进才具有群众性，才能真正评出团结、评出干劲、评出争先创优的精神风貌，使广大职工的智慧、积极性、创造性充分发挥出来，才能增强受奖者的自信心、上进心，让大家充分体会到先进来之不易，不断激发完善自我，进而增强基层的感召力、凝聚力和向心力。

四、评贫救济看条件

当前，由于各种原因造成个人或家庭困难的情况仍然存在，对这些问题，单位要关心爱护，但也要把握标准条件，解决好矛盾问题。

（一）要调整评贫救济的心态

职工贫困补助、党员贫困补助等，是组织对大家的关心和照顾。实际工作中还存在一些问题，有的职工把原本可以克服的困难夸大其词，提出诸多要求；有的职工把困难救济看成是福利，想方设法得到……对此，要加强思想教育，组织广大职工认真学习职工贫困补助、党员贫困补助等各项规定及要求，看自己是否符合，给自己定位，切实端正认识、提高觉悟，对于通过认定的，要进一步激发他们感恩回报、勤奋工作的积极性。

（二）要一把尺子量长短

这个尺子就是标准条件，也就是看你够不够相应条件，不够条件就不能勉强照顾，不能松了一个口子，带来一堆矛盾，只有严格执行标准，才能让所有人信服。要规范工作程序，准确定好对象，合理确定标准。对待贫困人员，达到条件的要及时申请，按规定及时解决好相关费用问题；对不符合条件的，要耐心搞好解释和说服教育工作，真正把这项暖心的工作做好，把组织对大家的关爱落到实处。

（三）排忧解难要跟上

广泛开展谈心交心和送温暖活动，对未评上同志的实际困难，要在政策允许范围内力所能及地尽快予以解决；对家庭困难的要给予帮助和救济，使其感受到组织的温暖，特别困难的，要协调地方民政部门对其进行救济；对自身素质较弱的，要做好技能培训等工作，增强其迎接挑战的能力和信心。

第四节　深入学习贯彻党的二十大精神的策略研究

学习贯彻党的二十大精神，是当前和今后重要的政治任务，需要高起点研究筹划、多层次辅导宣讲、大范围研讨交流、全方位考核评估，持续掀起学习热潮。

一、着眼首要政治任务，要求高起点研究筹划

学习贯彻党的二十大精神，是一项政治性、理论性、政策性、实践性很强的任务，事关党的理论和路线方针政策在各单位的贯彻落实，事关单位干部群众成才进步，必须高度关注，科学筹划，周密组织。

（一）紧跟进程抓学习

党的二十大期间，各个单位、广大干部群众同步观看了大会开闭幕会、习近平总书记报告、新闻发布会等电视直播；各主流媒体通过设置专题网页、专题栏目等，为大家提供党的二十大的资讯信息。广大同志们一同收看实况、一同读报评报、一同讨论交流。各单位争相先学一步、多学一些、学深一层，确保学习不漏一人。

（二）区分层次抓重点

按照"基层班子重点抓辅导筹划、中层干部重点抓培训宣讲、广大职工重点抓岗位实践"的思路，基层班子主要是围绕党的二十大确立的重大战略思想和工作部署抓好理论辅导，认真筹划掀起学习热潮、谋划单位建设发展；中层干部主要是围绕党的二十大精神搞好宣讲培训，不断提高科学抓建、破解难题、指导推进的能力；广大职工主要是抓好岗位学习实践活动，着力解决坚定理想信念、实现全面发展、岗位争创佳绩的问题。

（三）活动牵引抓践行

要紧贴基层工作实际和党的创新理论实践特色，坚持学以致用、用以促学，把学习贯彻党的二十大精神向岗位延伸、向践行深化。干部要广泛开展“坚守政治道德诚信，争做学习贯彻模范”活动，抓住坚定政治信仰、培养良好品德这个根本，着力在端正工作指导、振奋精神状态、踏实干事做人上当样板、作表率；广大职工要广泛开展“学习贯彻党的二十大精神，本职岗位作贡献”活动，立足本职工作学习贯彻党的二十大精神，坚定信念、开阔视野、提高素质、建功立业。

二、注重资源力量集约，高效多层次辅导宣讲

党的二十大报告，高屋建瓴、总揽全局、内涵丰富、博大精深。必须解放思想、与时俱进，有效开发和利用各种资源，提升辅导层次质量，切实把党的二十大精神学习好、把握好、领悟好。

（一）要着眼单位发展进步新变化，用好内部资源

要邀请党的二十大代表作报告，围绕党的二十大重大理论观点、战略思想及工作部署，从理论层面传达学习党的二十大精神，围绕基层关注的重点问题，结合自身感受解读党的二十大报告。要坚持和运用上下联动式学习，网络化、视频化、大众化研讨交流方法，基层要成立兴趣小组，带动群体学习；要建好用好创新理论辅导员、网络舆论引导员、形势政策宣讲员三支队伍，充分发挥先进典型作用，用事实、用数字、用案例宣讲党的创新理论，解读党的二十大精神。

（二）要着眼运用权威解读新成果，用好高端资源

现在的请人辅导，不是人到，而是网到、媒体到。我们应及时收集整理全

国理论专家和中央媒体的权威解读，请知名理论专家辅导；单位要抽调精干力量成立备课小组，围绕"党的二十大重大意义和历史贡献""在新的起点上推进党的建设新的伟大工程"等集中组织备课，由班子成员分专题授课，实现内外师资力量有效整合，理论阐释与实践指导互为补充。

（三）要着眼党的建设新成就，用好历史资源

各级要结合报告学习贯彻新党章，不断深化"四史"学习教育，请党史专家、离退休老干部作报告、讲传统，组织大家阅读《浴血荣光》《改革开放40年》等优秀书目，走进红色教育基地和荣誉馆室，让大家从历史巨变中感悟党和国家建设发展的伟大成就，进一步坚定高举旗帜、履行使命的政治信念。

（四）要着眼全媒体时代新优势，用好网络资源

各单位要成立党的二十大学习资料收集组、媒体平台编辑组，及时收集中央媒体有关党的二十大精神的新闻报道、专栏节目、报刊评论、理论文章；广泛链接上级单位专题网页，用好学习资料和理论成果，实现跨单位跨系统资源共用、成果共享，在学中比、比中学；本单位网站要开辟"党的二十大讲堂""基本观点案例剖析""我学党的二十大"等栏目，通俗易懂地搞好宣讲解读。

三、突出指导实践，推动工作大范围研讨交流

学习贯彻党的二十大精神，要用党的最新理论武装头脑、指导实践、解决问题、推动工作。各基层单位要以党的二十大精神为有力思想武器，紧密结合单位建设和个人实际，组织研讨交流，深入研究理论和现实问题，着力形成成果，做为指导单位建设的基本经验。一是着眼从思想上政治上建设单位，培养对党的创新理论的高度自觉自信，确保始终坚决听党指挥、绝对忠诚可靠；二是着眼深入贯彻落实习近平新时代中国特色社会主义思想，学习先进理念，在推动单位建设发展上取得新成效；三是着眼中国式现代化，大力加强文化建

设，深入培育社会主义核心价值观，着力构建团结和谐文明单位；四是着眼始终保持党的先进性、纯洁性，推进思想作风建设深入发展。广大职工需要做到：坚定理想信念，始终做到听党话、跟党走；练好基本功，当好一线工作人员；学信息化，钻信息化，争当信息尖兵；发扬优良传统，增进同事间真情友爱；加强党组织建设，不断增强党支部凝聚力、创造力、战斗力。

同时，要注重打破常规，创新方法。网络化视频化人人谈体会。要组织干群人人学报告、人人谈体会，分专题制作系列视频短片，通过集会展播、网上点播，拓展交流面，人人受教育。要通过构建网上“微思政”“微电影”“微展厅”“微言微信”等平台，鼓励干群创建个人空间、登录专题论坛、参与话题讨论，广泛交流学习实践、心得体会。运用“七小”活动展示成果运用，即广泛开展读、写、讲、演、摄、画、展活动，展示岗位学习践行成果。广大干部群众要在其中取长补短，共同进步。

四、狠抓学习贯彻，有效落实全方位考核评估

衡量基层单位学习贯彻情况，不仅要看抓的过程，更要看掌握和运用的质量。各单位应采取传统方法与信息手段相结合、定量考核与定性评估相结合的办法，全方位、多手段加强检查督导，确保学习贯彻党的二十大精神有效落实、深入发展。

（一）要自主学习教育考评

要突出党的二十大精神应知应会内容，开发运用基层人员自主学习教育考评软件，建立兴趣群组，自学自考升级，通过定内容、定任务、定目标和日学、周考、月讲评，督导大家落实学习任务，准确掌握学习成效。授课辅导测评满意度。利用票决系统测评授课满意度，促进思政人员不断提高理论宣讲能力。评选优质电子网报，通过看版面策划、栏目设计、主题创意、稿件内容等，在线评比办报质量，激发广大干部职工学习交流的积极性、创造性。

（二）要全程跟踪网络互动

要开发运用单位网络系统积分平台，通过查看发帖跟帖数量、建言献策质量、个人空间访问率、网上人气指数，跟踪大家网上学习讨论情况，壮大网络引导员队伍。组织网上学习对抗比赛。自下而上开展党的“二十大精神竞答PK”“知识问答擂台赛”等活动，分期组织网上比赛，现场公布成绩，评估学习掌握情况。

（三）要考察运用成果指导实践

运用定量考核与定性评估相结合的办法，全方位、多手段加强检查督导，看发展理念是否转变、工作思路是否清晰、实现途径是否正确、目标指数是否科学、措施办法是否得力，科学评估各级运用党的二十大精神谋划发展、推动工作的成效。

第五节 “以人为本”提升基层单位思政工作水平的策略研究

人始终是基层建设诸要素中最活跃、最具决定性的因素，如果缺了人的能动作用，就失去了抓建基层的力量源泉。人的能动作用缺失集中表现为情感缺失、责任缺失、素质缺失、动力缺失。推动基层建设稳健发展，必须紧抓人这一最具决定性因素，在解决“四个缺失”上下功夫。

一、着力解决“情感欠缺”这个基础问题

在强化荣辱与共中增强大家的自豪感和认同感。当前，少数职工缺乏对

单位的真情、对岗位的热情、对工作的激情，主要表现为三个方面：一是不安心，有的不安心基层，想“往上走”；有的不安心当前状态，想“跳槽”；二是不情愿，一些同志觉得基层工作太辛苦，付出与回报不对等，干工作心不甘情不愿；三是少付出，有的同志在岗没有完全尽责，干工作出工少出力少，抓落实没有完全尽力尽心。分析原因，有的是集体观念弱化，有的是利己思想膨胀，还有的是感恩美德淡薄。为此，要坚持在三个方面下功夫。

（一）在感悟历史中培育广大职工热爱单位的真情

要加强单位历史教育，大力发展单位特色文化，组织力量修编“单位历史”，提炼单位精神，设立宣传灯箱，创作反映单位历史的影视光盘和特色节目，让单位历史深入人心、单位精神扎根心灵；在单位开展“学历史、赞新功、扬美名”活动，叫响“爱单位爱部门爱岗位、争气争光争先进”等口号，营造浓厚争学氛围。

（二）在对比感知中激发广大职工建设单位的热情

要大力开展事业心、责任感、光荣感教育，引导职工树牢“把握机遇在此时、干好工作在此身、成就事业在此地”的思想观念，真正做到心安、神安、身安；开展对比职业看优势、对比岗位看前景、对比形势看发展、对比付出看回报“四比四看”活动，组织“基层单位好不好”“平凡岗位好不好”等研讨活动，帮助大家在正确对比中定准位置、衡量得失、找到优势，保持对本职工作、所在岗位的满足感。

（三）在珍惜感恩中保持广大职工奉献岗位的激情

要大力开展“知恩思源、感恩思进、报恩思责”教育，让广大职工真切感悟组织对大家政治上的关心、思想上的教育、学习上的帮助、生活上的照顾、发展上的提携；紧贴使命任务开展“我为单位献一计”“团队建设我有招”等活动，着力激发广大职工“工作没做精、不算合格人”的认识自觉。

二、着力解决"责任欠缺"这个核心问题

在恪尽职业操守中激发广大职工的事业心和进取心。当前，基层单位中，有的同志在事业心责任感方面有所欠缺，主要表现为：岗位意识待加强，在职思责不多、在岗履责不佳；执行意识待加强，落实上级指示要求有时打折扣；标准意识待加强，工作不精细，有时满足于应付；主动意识待加强，依赖思想严重；担当意识待加强，工作不敢做主，出错不敢担责。上述表象折射出部分工作人员职业操守的缺乏，有的感到在基层单位缺乏好的发展，整天想调动、盼交流；有的觉得船到码头车到站，干多干少一个样。为此，要做到"三个讲清"。

（一）要讲清讲操守就是讲道德讲良心

从事任何职业，必须坚守职业操守，就是要靠道德约束、凭良心工作。要明白组织上把某个人放到某个岗位，这是对某个人的充分信任和肯定；只有尽心负责、认真工作、全力付出，才对得起组织的信任、自己的岗位、应尽的职责，否则，自己就会感到道德上过不去、良心上受不了。

（二）要讲清有操守才会有尊严有威信

基层干部要想赢得尊严、获得威信，就必须躬下身子、甩开膀子，和大家一起干工作抓落实，切实以兢兢业业尽责、认认真真做事的实际行动，赢得大家的真心敬佩，真正成为单位建设的好帮手、部门工作人员心中的主心骨。

（三）讲清好操守方得好发展好归宿

基层干部只有具备良好的职业操守，事业上才有好的发展，生活上就会有好的归宿；靠山山会倒、靠水水会流、靠人人会老，只有靠自己永远不倒。

三、着力解决"素质欠缺"这个关键问题

在注重常态培养中提高广大职工的落实力和创造力。当前，基层单位的本科生、硕士研究生逐渐增多，他们不缺学历缺经历、不缺知识缺常识、不缺悟性缺耐性，实践中通常出现筹划工作凭想象、安排工作等通知、检查工作靠督导等现象，导致工作被动应付、盲目蛮干、事倍功半。从实际看，知识分子的数量优势并没有完全转化为组织优势和人才优势。为此，要坚持从教育怎么搞、培训怎么抓、一人一事工作怎么做等具体问题和细小环节入手，狠抓经常性能力培训和实践锻炼。

（一）注重一言一行的耳濡目染

要求各级干部骨干注重通过自己的言行影响带动广大职工，用自己的言语去教导，用自己的行动去示范，用自己的实绩去感召，确实让每名职工在日积月累的认真聆听和仔细观察中，学习掌握干工作抓落实的基本思路、基本程序、基本方法，在耳濡目染中提升能力素质。

（二）注重一事一例的潜移默化

要从办文办会办事做起，部门领导亲力亲为，一起讨论研究、一同筹划部署、一并抓好落实，在具体的工作中教思路、授方法、传经验；同时要在每次召开会议时开展教育，要在承担每项任务等具体工作中，带着大家认真研究、严密组织、狠抓落实。

（三）注重一点一滴的润物无声

实践中感到，能力素质的提升，不可能一日而成、一蹴而就，需要通过点滴积累、细微聚积；能力培养也需要耐着性子"蹲苗"；要教育引导大家充分认清"在每个岗位上，一年刚上路，两年才入行，三年从感性到理性，四年方可得心应手"的道理，树牢扎根基层的意识。

四、着力解决“动力欠缺”这个根本问题

在纯正内部风气中调动广大职工的积极性和主动性。

当前，一些同志干工作抓落实动力不足，主要表现为缺乏三股劲：缺干劲，工作被动应付，凡事要上级反复强调、再三提醒、不断催促才勉强为之；缺闯劲，工作不较真、不尽力，只求过得去，不求过得硬；缺韧劲，遇有困难、受到干扰，就推脱退让、逃避放弃。为此，要坚持风气建设不放松，要做到以下三点。

（一）让率先垂范的要求成为自觉

坚持用靠领导树立正气、用正气培养风气、用风气带动士气。教育各级人员从自身做起，带头遵守各项规章制度，始终以党员干部的人格力量、良好形象、实干精神，感召和带动广大职工心无旁骛干事业、一心一意谋发展。

（二）让公平正义的阳光永远照耀

坚持公平正义原则，让想通过找关系的人知难而退、没有市场，让能力一般、表现平平的人知耻后勇，积极进取，让心存侥幸、无视纪律的人受到严惩，不敢再犯，让职工们树牢“熬年头不如鼓劲头、靠关系不如靠实绩、会来事不如会干事、不服气不如争口气”的思想观念。

（三）让职工期盼的问题得到妥善解决

坚持把基层的事当作自己的事来办，带动职工才能真正把单位当成自己的家来建。对关系到职工切身利益的问题，坚持该办的事不拖、能办的事不等、急办的事不误、难办的事不推，确保问题得到妥善解决。

第六节 基层单位新进人员能力素质提升研究

近年来，各个基层单位新进人员不断增多，“95后”“00后”来到基层施展才华，给基层带来了新的景象，同时暴露出了一些矛盾问题。近期，笔者采取上下结合、座谈了解、分析论证等方式，进行了调查分析。

一、基层单位新进人员的优势分析

新进人员给基层单位注入了新鲜血液，有其独特的优势，值得培养。

（一）思想活跃，建功立业热情高

他们能够较为全面、快速地融入单位环境，系统地接受单位的政治文化教育和思想熏陶。现在就业压力大，他们经过层层选拔淘汰而进入单位，这对于他们不仅是一种极大的激励和鼓舞，更是来之不易的机会，因此，相比而言更能珍惜工作岗位，献身奉献意识更牢，建功立业的热情更高。

（二）知识扎实，成长成才后劲足

基层单位新进人员多数取得了学士学位，部分人员是硕士甚至博士，基础知识底子厚，思维方式灵活，学习能力强。相比“70后”“80后”，在学历水平、基础知识、思维能力、创新精神等方面，都具有较明显的优势，成长进步起点较高、后劲较足。

二、基层单位新进人员存在的不足

基层单位新进人员在拥有优势的同时，也暴露出自身一些不容忽视的“短板”和问题。

（一）综合素质参差不齐

同样作为新进人员，有的素质很高，任职培训结束后即可胜任本职工作；有的素质一般，表现差强人意。分析原因，主要源于三个方面。第一，源于院校培养侧重点的差异。高校的分类较多、覆盖面较广，各院校教学培养的侧重点不尽相同，加之，有的新进人员是本科生、有的是硕士、博士，这也是新进人员之间能力素质差距过大的主要原因。第二，源于自身努力的差异。有的新进人员来到单位后，勤学苦练，进步很快；而有的则主观能动性不强，自身努力不够，长此以往拉大了差距。第三，源于单位重视程度的差异。有的单位对新进人员的重视程度不够，培养的观念意识不强，帮带的手段方法不多，放任自流，导致一些本来素质很好的新进人员，一两年以后能力素质却没有任何提高。

（二）实践能力不够强

一方面，专业技能不够强。新进人员在学校里学的都是理论知识，虽然学校也安排实习，但是并不能达到专业的实操标准，同时，基层岗位有其特殊性，在学校学的专业知识不一定完全实用。另一方面，管理能力不够强。基层岗位除了专业性，基本都带有管理性质。但是，刚踏入社会的学生们，虽然有的担任过班干部或者学生会、研究生会干部，对规章制度有一定的了解，但大部分没有系统地学习过管理知识，也没有在管理岗位进行充分实践，管理方面缺乏经验、底气不足。

（三）创新能力还有一定差距

基层工作的创新，和高校的创新是不一样的，新进人员有些在高校接触了本专业的科研创新，但论及基层岗位的工作创新，在能力上略显不足，工作中带有学生思维，在创造性开展工作方面还有一些差距。

三、提升基层单位新进人员能力素质的对策

（一）理论上的清醒是高举旗帜的重要保证，必须下大力抓好党的创新理论武装

首要的要从理论上深扎“听党话、跟党走”的思想。要采取有力措施，大力推进中国特色社会主义理论体系特别是习近平新时代中国特色社会主义思想的宣传普及，深刻领悟把习近平新时代中国特色社会主义思想作为党和国家必须长期坚持的指导思想的重大意义。要加强四史教育，搞好重大理论问题阐释，广泛宣传中国特色社会主义制度的科学性、优越性，切实使广大职工在举什么旗这一重大问题上保持清醒头脑，把理论武装的成效转化为高举中国特色社会主义伟大旗帜的坚定意志和积极行动，始终保持正确的政治方向。

（二）坚定的信念是砥砺前行的深厚根基，必须深入推进社会主义核心价值观培育

要把社会主义核心价值观培育工作作为单位建设重要的基础工程，贯穿到单位精神文化建设的全过程、建设发展的各个领域。注重用好课堂教育这一主阵地，发挥先进典型的示范导向作用，融入日常工作生活培育，努力使社会主义核心价值观内化于心、外化于行，用来凝聚力量、鼓舞斗志、引领风尚。教育引导新进职工立足本职工作岗位，自觉做共产主义远大理想和中国特色社会主义共同理想的坚定信仰者和忠诚实践者。

（三）单位建设实践是干事创业的宽广平台，必须努力提高新进职工有效履行职能使命的能力

思想政治建设的一项重要任务，就是凝聚人心、激发斗志，团结奋进。要把新进职工高举旗帜跟党走的热情，及时引导到有效履行职责上来，为社会主义建设，为单位建设发展贡献力量。要紧抓素质能力建设不放松，加快提升新

进人员的素质能力，让他们在急、难、险、重任务中接受磨砺。

（四）广大新进人员是单位建设的重要力量，必须坚持不懈地加强培养使用

对单位新进人员需要进行严密组织培训，提高岗位任职能力，并利用多种时机进行外送选派短期培训，同时，经常性地组织工作能力培训，提高综合素质。对部分岗位不合适的人员尽量进行调剂，科学合理任用；对部分表现突出的人员可重点选拔任用，形成良好导向。

第七节　基层单位干部职工戒除浮躁之气的路径探析

当前基层单位中，受到社会不良风气的影响，以及职工们自身心理偏差等因素，使得不少人有了浮躁之气，且影响了大家的工作。为了营造良好的工作氛围，改进工作作风，就必须下大力戒除浮躁之气。

一、当前基层单位中浮躁之气的几种表现

（一）好大喜功

有的过分看重名利地位，过分计较个人得失，有一点成绩和功劳就沾沾自喜，然后就敢去邀功请赏，如果升职了，那马上又会筹划谋取下一个目标，对于自身能力提升并不注重，而是好大喜功。

（二）华而不实

有的戴着“面具”生活，对上一个样，对下又是一个样，人前一个样，人

后又是一个样，钻管理的空子，打擦边球，喜欢拍胸脯完成任务，成绩中含有“水分”，不老实，也不真实。

（三）横攀竖比

有的对处境不满，别人立功自己也想立功，别人获奖自己也想获奖，看到与自己资历相仿的同志晋级提升了就烦躁不安，惶恐不止，缺乏理智和思考，坐不住板凳。

（四）敷衍塞责

有的生活怕吃苦，工作怕辛苦，思想怕艰苦，工作上的事总是走过场，能躲则躲，能少做就少做，害怕担责任，敷衍了事。

（五）追名逐利

有的若愿望如偿，哈哈大笑，兴奋得难以自制，甚至得意忘形，稍不如意，就怨天尤人，自我逐渐坠入痛苦的深渊……

二、浮躁之气会带来的危害

（一）理崩情坏，市场化

浮躁心理犹如私欲膨胀的土壤里长出的稗草，它消磨人的意志，影响事业的发展，影响心情本性。特别是随着市场经济的发展，按劳取酬，等价交换思想在社会上日益蔓延，少数人受其影响，工作讨价还价，讲条件，搞变通，存在干了就要求得到好处，干了就想得到实际补偿，个别的甚至有“一分价钱一分货”等功利性想法，这些行为有悖于兢兢业业、无私奉献的本质，违背职业道德和全心全意为人民服务的宗旨要求。

（二）爱慕虚荣，理想化

浮躁容易导致人爱慕虚荣，遇事喜欢想当然，理想化。有的想着画圈子，导致环境复杂化；有的爱面子，讲排场，就是不讲能力和效率；有的不注重学习思考，看不到成功成才的艰苦过程，而是追求高速度、快捷径……

（三）懒惰散漫，消极化

有些人自认为辛苦多年，临近退休，"车到站，船靠岸，马儿也该喘一喘"，于是开始放松自我要求；有的心思不正，认为在单位多年，受过气、吃过苦、流过汗，资历老了就不会受到批评，抱着无所谓的心态，思想松懈，作风松散，纪律松弛……

（四）太过自我，绝对化

当前大部分职工多是"90""00后"没有经历过革命战争年代的战乱频繁、生死考验，也没有经历过大风大浪的洗礼，吃苦少、享受多，经历浅薄、经验单一，但又普遍具有强烈的个性，具有固执的思想，尤其是随着社会倡导以人为本的深入推进，部分同志混淆了"以人为本"的根本要求与单位严格管理的区别，一说"以人为本"就是要迁就照顾，放弃原则，把"以人为本"当作"以我为本"，最后发展到凡事都以自我为中心，甚至希望单位围着自己转。

（五）心理失衡，脆弱化

因为家庭环境不同，成长经历各异等因素，有的产生了"向钱看"的心态，导致心理失衡，难以维持正常的心态。有的看到人家开车自己也想买车，看到别人穿名牌自己也要买名牌，盲目攀比，盲目跟风，不能正确理解"人民公仆"的含义，把自己混同于一般社会公民，放松了对自我的要求；有的自尊心太强，受挫能力较弱，出现"一说就叫、一批就跳""听到表扬就笑、遭受批评就闹"的现象……极大地影响单位正常工作开展。

三、克服浮躁之气的几点思考

（一）克服浮躁需要我们不断学习，武装自己

克服浮躁首先要从意识形态上改变自己，在信息爆炸、创意不断的现代社会，我们只有通过不断学习，知识才不会老化、思想才不会僵化、心态也才不会浮躁。我们既要学习党的创新理论、主题教育、专题教育，也要学习四史、法纪教育以及思想教育，切实通过教育武装于心，外化于行；学习既是工作的需要，也是生活的方式，多学习就能始终谦虚谨慎，不骄不躁，繁重的工作任务需要具备强大的自学能力，我们一定要把学习当成一种生活习惯，一种工作方法，一种休闲娱乐方式，做到常学常新。

（二）克服浮躁需要我们恪守底线，知足常乐

对于公职人员来讲，要顺应自然，恪守规律，有所求但是不强求，有所爱但不乱爱，尤其是面对纷繁复杂、花花绿绿的社会，我们更应该远离浮躁，牢牢坚守住自己心灵的圣地，做到拒腐蚀、永不沾；要时刻牢记职责要求，始终畏惧掌握的权力，少一些私欲、多一些奉献、少一些埋怨、多一些理解，就能做到想得开、看得开、豁达大度；要树立远大的理想和高尚的情操，只有把理想和追求树得高一些，把事业和责任看得重一些，把名利和享受看得淡一些，这样才能站得高、看得远，也才能实现自己的奋斗目标和人生价值。

（三）克服浮躁需要我们脚踏实地，认真工作

众所周知，酒是由粮食酿造的，由米变酒的过程，就好比一个人逐渐成长变化成功成才的过程，有的人心浮气躁，本来自己是“一碗米”，硬是强迫装成“一瓶酒”的样子，刚发酵就想开锅，还没有锻炼成熟，就想着争名利，看不到从米变酒的艰难过程；有的脚悬半空，心处云端，把别人的说成自己的，把正在办理的说成已经完成的，结果是说得天花乱坠，就是不见实干。这就提

示我们不论是为人处事还是工作办事，都要脚踏实地，规行矩步，尤其是我们有些年轻同志，出生在和平年代，沐浴着改革开放的和煦春风长大，受不了严格的纪律约束，不能脚趾实地，我们一定要看到由米变酒是个科学的变化过程，温度、水分不够变不成，发酵、锻造、熏蒸等程序不到变不成，时间不到变不成，在单位工作也是这样的道理，来不得半点投机。

（四）克服浮躁需要我们内仁外礼，心怀感恩

在机关事业单位工作，这其中除了个人努力，更重要的要感恩组织的栽培教育之恩。因此，我们都应立足工作岗位，结合自身实际，在尽职尽责中干出优异成绩来回报组织、党的恩情。要把工作岗位作为报恩的主要平台，无论在哪个位置都要坚守岗位，把岗位当舞台，把工作当事业，发挥自己的优长，干好每一件事情，在敬业奉献中向党、国家、人民报恩；要把尽职尽责作为报恩的最好方式，我们每一个人都有自己的责任，从领导到职工概莫如此，执行好每一次任务、落实好每一项工作，让大家放心，让群众满意，这就是我们的职责，也是我们回报组织的最好方式；要把批评关心作为报恩的潜在动力，我们要学会正确对待批评，化批评为动力，以此来回报关心帮助自己的人。

第八节　基层单位“亚健康”干群关系的问题与破解路径探析

健康和谐、纯洁巩固的干群关系是我党的政治优势之一。当前，受多种多样因素叠加影响，在干群关系这块“白璧”上隐现出不容忽视的“微瑕”，有的还呈现出“亚健康”状态，需要引起高度重视，积极妥善加以应对。

一、基层单位“亚健康”干群关系的现象辨析

（一）“表面化”知职工

少数基层干部对职工知之不深、了解不透，不善于以小见大、见微知著，只把职工的吃穿住行等挂在嘴上，不把真实的思想动态放在心里，只知自然情况、不知内心世界，只知现实表现、不知思想动态，只知在哪里、在干什么，不知在想什么、需要什么，有的直到出现问题才大吃一惊。

（二）“零距离”离职工

少数基层干部与职工之间物理距离很近、心理距离很远，有的基层干部对普通职工采取“冷处理”，不亲不疏也不离，不打不骂也不爱，职工有心事宁愿与老乡交流、对家人袒露、向网络倾诉，也不愿对干部诉说，久而久之，干群之间逐渐形成了一道鸿沟。

（三）“被动式”爱职工

有的基层干部对职工倾注真情不够、灌注真爱不多，叫过来得多、走过去得少，亡羊补牢得多、未雨绸缪得少，被动解决现实矛盾多、主动挖掘问题少，有的干部对矛盾问题冷眼视之，职工不主动汇报不关切、不出明显思想问题不关心、不走入后进行列不关注。

（四）“低层次”育职工

年轻职工大都处于价值观念的成熟期、思维理念的嬗变期，既需要练本领，又需要学道理，既需要积累当前受用的能力，又需要积淀长远受益的内力。少数干部对年轻职工缺少长者般的培育、师者般的培养，存在视野过窄、视角过偏、视线过低的问题，停留在“瞌睡给枕头、生病给糖球”的低层次，导致年轻职工发展不全面、不协调、不平衡。

（五）“保底型”带职工

当前，“保稳定”的思想在基层单位比较流行，有的基层干部把“不出事”等同于“有成绩”、把“保住底线”等同于“达到目标”，不求带出好兵精兵，认为只要没有“刺头兵”“问题兵”就万事大吉。

（六）“戴眼镜”看职工

对待年轻职工，有的基层干部亲疏有别，先进的就高看一眼，后进的就排斥疏远，不用一把尺子量长短，不用一个标准评高下，对和自己志趣相投的就亲近，对和自己脾气不合的就疏远。

（七）“习惯性”管职工

对待“95后”“00后”职工，有时基层干部还流于因循守旧、墨守成规，有的用老视角看待、用旧观念审视。管理教育中用等级划分代替干群一致、用生硬说教代替真情感化，用批评训斥代替春风化雨，导致一些职工的思想受压抑、个性受压制、情绪受影响。

二、基层单位“亚健康”干群关系的原因剖析

（一）工作摆位“边缘化”带来“指导力”不足

干群关系处理不好，干部是有责任的。有的基层干部认识不深，感觉干群矛盾时常有，小来小去的无碍大局，认为干群关系是老生常谈，很难抓出成果；有的认识片面，平时对职工关注不多，认为能管得住职工就行，是否要指导职工，并不重要。

（二）世俗原则“广泛化”带来“导向力”不足

当前，受到一些世俗观念的影响，基层单位中一些干部群众的思想也不可

避免地呈现出一定的“社会化”特征，传统价值理念的导向力趋于弱化。有的人追逐个人主义，习惯以自我为中心，过分强调个人奋斗、个人目标和个人价值，干部对职工不大关心，职工对干部敬而远之；有的人追求自由主义，服从意识、组织观念和纪律观念淡薄，对单位的认同度不够；有的追崇功利主义，信奉等价交换原则，给纯洁的干群关系造成影响。

（三）干群差异“立体化”带来的“吸引力”不足

在角色定位上，有的认为干部和职工纯粹是管理与被管理的关系，是一对不可调和的矛盾共同体；在目标追求上，有的认为干部工作具有稳定性、长期性和职业性，职工工作具有易变性、短期性和义务性，对事业追求差别较大；在思维理念上，如果干部没有深入细致地沟通思想，一味地依靠强势压制，就很难达成必要的理解、信任和支持；在文化素养上，由于学历层次等方面的差异，思考问题的深度和角度也不尽相同，很多干部职工感觉说话没有共同话题、娱乐缺少共同兴趣，这些都会导致干群之间的吸引力降低。

三、破解基层单位“亚健康”干群关系的路径

（一）抓教育——弘扬光荣传统引取向

深入开展形势政策教育、尊干部爱职工教育、正确三观教育及法治教育等，引导广大干部职工增强对干群友爱优良传统的感性认知和情感认同，树牢用真心关爱职工、靠真情带职工、下真功育职工的观念。以关爱职工为责，不论家庭贫富，不管能力强弱，不分远近亲疏，都能不加选择地平等对待、真情关爱；以培养职工为己任，为职工的一生负责，为职工的长远发展考虑，为职工的成长成才努力；同时，还要以带领职工为要，出以公心爱心，坚持基本原则，不一味迎合，不敷衍了事，引正职工的价值观念和思维理念。

（二）抓培养——着眼胜任本职聚指向

“宁管千条麻袋，不管一个脑袋”，维系干群关系要以朴素感情为前提，更要以过硬素质能力为基础。要把能力纳入生长体系，把管理能力、带领能力作为培训的必修课，要组织大家多学习业务知识、学习基本法规、基本技能、基本方法；经常开展传帮带，进行面对面解疑、手把手传授等活动，不断提高工作能力和综合素质。

（三）抓监督——健全制度机制治倾向

把干群关系作为基层基础性工作固化下来，避免出了问题抓一抓、上级强调抓一抓、稍有成效就放手等不良现象；着力治理自由倾向，把融洽干群关系作为重要工程，结合会议定期分析形势，日常工作随机检查讲评，靠党委重视程度强化工作力度；着力治理违规行为，大力惩治侵犯群众权益等行为，重视纠治不良苗头，坚决克服和纠治不文明行为。

（四）抓融入——增进情感认同控走向

要切实关心基层职工的个人利益，想方设法满足他们的合理需求、正当权益，增进干群的职业认同感，创造一个无牵无挂、全身心投入的工作环境，让基层职工聚精会神干工作，全神贯注抓建设。要积极改善条件，精力聚焦基层，财力投向基层，改善职工的工作、生活条件；跟进解难帮困，协助职工处理好婚恋矛盾、福利待遇等问题，做好心理辅导，缓解职工心理压力；营造浓厚文化氛围，着眼职工成长成才，丰富基层红色文化、网络文化、仪式文化。

（五）抓风气——营造和谐氛围树导向

畅通民主渠道，广泛开展民主讨论会、干群互赞会、双向承诺会，让职工把缺什么、少什么、愁什么、盼什么都说出来，增进相互了解，拉近相互距离；推行办事公开，让权力在阳光下运行，让热点问题降温，让敏感问题脱敏，增进干群互信；凝聚职工智慧，广泛开展建言献策、“金点子”活动，充分发挥职工主体地位和创造精神，强化职工的主人翁意识，凝聚干群共同的目标追求。

（六）抓合力——坚持齐抓共管正方向

新时期密切干群关系，必须坚持单位、社会、家庭综合施策，为干群团结创造一个健康、纯洁、融洽的大环境。联合家庭搞好共管共教，建立单位家庭定期联系制度，协助职工消除庸俗关系观、狭隘利益观、不正当竞争观；积极争取优秀的社会资源，浸润职工心灵，净化干群团结的外部环境；拓展渠道搞好宣传引导，依托主流传媒大力宣传基层单位内部团结的优良传统，宣扬基层单位干群友爱典型事迹，引导大家正确认识基层干群关系的现状，共同维护基层单位干群关系的和谐。

第九节　“四位一体”推进基层单位思想政治工作的研究与实践

基层单位在开展思想政治工作中，要坚持真心爱职工、深入知职工、科学带职工、倾心为职工，特别是要在维护职工正当权益、涉及职工切身利益的问题处理、给职工帮困解难上下功夫，进一步密切干群关系，营造团结友爱和谐纯洁的干群关系。

一、要真心爱职工，切实端正对职工的态度

当前，总体上看，基层干部对职工的根本态度是端正的，但也有一些干部存在对职工认识不够、相信不够、尊重不够的问题，从根本上说这也是对

职工的态度问题。归纳起来，主要有以下几种认识上的误区。一是“距离就是威信”。有的干部认为距离产生美，与职工刻意保持距离，一见到职工就变严肃，以为这样才能有威严感，导致一些职工不愿亲近干部，也不愿讲真话。二是“听话就是好职工”。现在职工的结构发生了很大变化，他们的思想观念、价值取向、行为方式都与以往大不相同，普遍追求民主，喜欢自我表现，遇事喜欢发表自己的意见。少数干部习惯用老眼光去审视，认为这就是不听话，就不是好职工，人为戴上了有色眼镜。三是“严厉就是严格”。有的干部将“严厉”和“严格”等同，以为用严厉的态度对待职工就是对职工严格，就能促进职工进步。

思政工作是做人思想的工作。基层干部必须端正对职工的根本态度，尊重职工、关爱职工，这既是职责要求，也是做好工作的基本前提。

（一）要建立深厚感情

要真心关爱，把职工当成自己的朋友，多看他们的闪光点，从内心去关心、理解和爱护他们。要换位思考，经常从职工的角度思考问题，对他们提出的一些要求，要想一想如果自己遇到该不该办？怎么办？要宽容大度，不能带着感情色彩工作，更不能斤斤计较。

（二）要强化责任意识

要对职工的成长进步负责，不仅要教育引导职工懂得基本道理，而且要尊重他们的选择，关心他们的全面发展，使他们既能在单位建功立业，又能在社会大舞台上展现身手。要教育引导职工对单位建设发展多上心，强化事业心责任感，在其位谋其职，自觉振奋精神状态，狠抓工作落实。

（三）要尊重主体地位

端正对职工的根本态度，必须牢固确立职工在单位建设中的主体地位，真正把职工作为单位建设的主人，充分发挥他们的主观能动性，努力调动他们的工作积极性，教育引导广大职工热爱单位、理解单位、奉献单位。

二、要深入知职工，不断强化真抓实干的务实作风

作风，是人们在学习、工作、生活中的态度和行为。当前，作风不实，知人不深的问题在少数干部身上还存在。一是个别基层干部事业心责任感有待加强，有的工作不够积极主动，有的对自己要求不够严格。二是有的基层干部身在群众之中却不知群众，谈心活动落实不好、质量不高，一些干部对职工的真实想法不够清楚。三是少数基层干部有“躺平”思想，不愿意下苦功夫学习思考，能力素质提高不快；少数干部满足于当传话筒、中转站，不能沉到末端、亲力亲为，影响了工作的落实。

作风决定工作落实质量和成效。因此，基层干部需要做到以下几点。

（一）形象要好

“其身正，不令而行；其身不正，虽令不从”“喊破嗓子，不如做出样子”。作为基层干部，自身的形象好，对职工就有感召力。执行命令要坚决，不打折扣、不搞变通、不强调客观理由、不乱发议论；为人要诚恳可信，始终做到言行一致、表里如一；处事要公道正派，对待职工不分亲疏厚薄，开展工作出以公心，处理敏感问题公道正派，自身要清正廉洁。精神要非常振奋，始终充满工作热情，以自己的实际行动去感染职工、带动职工。

（二）作风要实

要放下架子，克服官僚主义，这样才能缩短与职工的距离，消除与职工的隔阂，才能掌握职工的真实想法，才能增进与职工的感情。职工才会视干部为知心朋友，说真话，提好建议，积极工作。要深入一线，沉到末端狠抓工作落实，既要身到又要心到。要深入做好一人一事的思想工作，特别是谈心活动，一定要落到实处，不能流于形式。

（三）自律要严

各级干部要带头严格要求自己，要求职工做到的，自己首先做到。特别是在遵守规章制度上，更要带头做好，给职工一个好的导向。

三、要科学带职工，着力提高基层干部的能力素质

近年来，基层干部年轻化趋势增强，这虽然给基层带来了生机活力，但是有一些欠缺之处，主要表现：方法不活，一些基层干部工作方法手段不够灵活，实际效果有欠缺。思维不活，一些干部思维不敏感，有的不善于从日常现象中发现倾向性的问题，有的不善于根据阶段性的特点确定工作重点；有的开展工作缺乏底气，有的做思想工作的能力素质也有待加强。

“打铁还需自身硬”。基层干部肩负着对职工管理、教育等职责，既是职工的上级领导，又是职工的知心朋友。干部自身能力素质的强弱，将直接影响工作的质量。

（一）思想要敏锐

要强化政治意识，什么话能讲，什么话不能讲；什么事该做，什么事不该做；哪些事是小事，哪些事是大事，要做到心中有数，特别是不能让一些消极负面的东西蔓延发展。要准确把握工作重点，善于分析把握阶段性的特点规律，厘清工作思路，增强工作预见性，防止盲目应付和被动。要见微知著，善于从一些现象中发现深层次的问题，善于从职工的一言一行中敏锐察觉职工的真实想法，善于从个性问题中发现倾向性的问题，有针对性地做好工作。

（二）素质要全面

提高政治素质，特别是要增强理论水平，取得话语权，提高说服力；提高管理素质，学习现代管理知识，提高管理的层次水平。

（三）方法要科学

要文明说教，防止冷暴力和语言暴力；要耐心细致，加强教育引导，灌输基本道理，不能搞简单化，要教育感化，即使有错也不能歧视，必须先做通思想工作，真正起到教化育人。否则，轻率的处理方式，既不能教育本人，还易使人背上思想包袱。

（四）管理要严格

要坚持以人为本和从严治理相统一，克服好人主义，既重视“情”的感化作用，也要重视“制度”的管理效果。

（五）统筹要有力

要加强统筹，把握工作节奏，防止工作安排过急；要增强计划的刚性，计划一经制订，没有特殊情况，轻易不要调整；基层干部要学会增强工作的计划性和预见性，防止因工作预见性不强、统筹不好导致的疲于应付，影响正常的工作效率。

四、要倾心为职工，努力解决职工的实际困难

近年来，基层物质文化条件极大改善，职工普遍比较满意。同时，现在职工对干部服务基层的关注点发生了明显变化，反映物质生活方面问题的逐渐减少，但是在精神需求、正当权益和未来发展方面明显增多。

（一）要关心职工成长进步

从政治上关爱职工，帮助职工端正入党动机，夯实爱岗敬业的思想根基；深入开展培育社会主义核心价值观活动，帮助职工树立正确的世界观、人生观、价值观，让职工辨清是非对错；要广泛开展学习成才活动，提高职工的综

合素质，促进他们的全面发展。

（二）要深入做好工作

要学会倾听，我们的基层干部要成为职工的知心朋友，对职工反映的问题要耐心倾听，深入做好一人一事的思想工作，不能应付了事。

（三）要尊重职工权利

维护好民主权，使职工对单位建设的重大事项有知情、建议、参与、监督的权利；维护好人格权，坚持依法管理、文明管理、科学管理；维护好活动权，丰富文化活动，积极开展健康向上的文化体育活动；维护竞争权，在处理涉及职工切身利益的敏感问题上，坚持标准原则，做到公开公正。

（四）要搞好服务保障

基层干部要端正服务态度，提高服务效率，对职工反映的一些实际困难，要及时服务，不能拖拉应付。基层干部要关心职工，关注解决实际困难，要靠上去做好教育引导和暖心工作，让职工感受到组织的关心和温暖。

第十节　推进基层单位安全稳定工作的对策研究

安全稳定是基层单位的重要工作，当前，基层单位安全形势良好，干部群众思想稳定，各项制度措施落实有力。但仍有一些不容忽视的问题，我们要去研究解决。

一、基层单位现存的问题

（一）职工的思想认知方面

对国家政策制度知之不深，有的认为政策制度是领导要学习研究的事，自己只要履好职、站好岗就行了；少数同志对网传的贫富差距大、房价增长过快等社会问题还不能理性看待，认识不到其本质是社会上少数人把个别问题扩大化、单一问题复杂化的险恶用心；有的对看病难以及食品安全等问题还有不同程度认知，没有认识到其本质是社会上个别人以此诱导群众产生不满……对这些现象都需要予以抵制抨击并做好宣传解释工作。

（二）职工抵御腐蚀渗透方面

一些基层单位职工对当前复杂的意识形态领域的警惕性、紧迫性还不强。西方世界通过宣扬所谓的资本主义优势，兜售“三权分立”的政治模式和民主、自由的价值理念，企图动摇我们对社会主义制度的坚定信心；通过不切实际的“捧杀”“丑化”一些事和物，企图来影响我们的士气，妄图扰乱经济社会发展良好局面；通过“看大片”“过洋节”等外来文化渗透，诱导我们的基层职工群众追求和认同西方的生活方式和价值观念等。

（三）职工日常言行规范方面

在部分基层单位内，有个别职工热衷于传播小道消息，把政策调整、人事变动作为茶余饭后的谈资；有的职工，在使用手机和互联网时，在微信群、QQ群之中会看到一些不当言论，还有人宣称一些所谓“内幕”的信息和新闻。在单位外，有一些职工喜欢高谈阔论各种话题，特别是在乘坐出租车、公交车时，容易说出不符合身份的话；还有的反应能力弱，在面对采访或谈话时，通常词不达意、不知所措。

（四）职工在外规范管理方面

一方面由于脱离直接管理，思想行动无法及时掌握。在外人员大多都是单独在外、远离单位，这部分人通常随意性较大，管理上比较困难。比如，对于休假、培训、住院的职工，除定期电话沟通或与所在单位和家人取得联系之外，基本上没有更有效的管控手段；另一方面，由于与外界接触多，存在的安全隐患可能就增大，容易出现一些问题。比如发生违规上网、私自饮酒等问题。

（五）落实职工教育制度方面

一是思想教育制度，虽然每年能够按计划落实思想教育工作，但有的基层单位对于职工中的倾向性问题发现不及时、处理不及时，甚至有时未根据职工实际思想情况开展随机性教育；二是谈心谈话制度，少数基层单位的干部借口工作忙而疏于和职工谈心或很少和职工谈心；三是形势分析制度，少数基层单位落实不到位，开会没有预判出任何问题，也拿不出科学有效的对策。

二、推进安全稳定工作的路径

要解决以上问题，应准确把握当前工作的特点，一点一滴不能轻视，一丝一毫不能懈怠，力争从思想上、方法上、制度上寻求有效抓手，确保单位的高度集中统一和安全稳定。

（一）积极抢占教育“主阵地”，打牢思想政治基础

1.抓好形势政策教育

针对西方在意识形态领域给基层干群思想带来的渗透，要以高度的政治自觉，密切关注西方的意识形态渗透态势、追踪社会思潮走势，通过故事启迪、案例剖析、疑难辨析等方法，及时为基层干群进行时事政策解读，并组织干群开展“事件本质大家看”等辨析活动，帮助广大干群认清问题本质，划清是非

界限。

2.抓好党的二十大精神学习教育

坚持通过通读原文、逐字逐句理解学；围绕新观念、新论断确立专题学；针对讲话的理论难点热点，改进方法学；融入单位和部门的建设实践，结合工作学；把广大干部群众的思想统一到党的二十大精神上来，不断强化干部群众高举旗帜跟党走的思想根基。

3.抓好安全常识教育

着眼增强法纪观念，组织基层干群参观看守所、请服刑人员现身说法，做到“制度常学”“法纪常讲”“警钟长鸣”；突出防范技能学习，以《中华人民共和国国家安全法》和上级下发的事故案件通报、警示性教育光盘为基本内容，组织安全常识学习和防范等技能学习，提高基层干群自主防范意识。

（二）牢牢把握管理“管控点”，促进管理工作全面落实

1.要紧盯重点人员抓管理

对于家庭变故、婚恋受挫的个别人员，严格落实逐级谈心谈话等制度；对于在外人员，采取“与休假人员的家庭建立友好沟通、与培训学习人员的机构建立信息反馈、与住院人员的病房建立定期联系”的管理措施，随时了解思想动态，掌握具体行踪。

2.紧盯重点部门抓管理

针对组织、人事、财务、招标、基建、后勤等关键部门，要加强领导力量，出台重点部门管理细则；要立足于教育管理，着眼于防范，做到关口前移、防微杜渐。同时，严格落实“保密法”及安全责任制，加大对办公电脑和涉密载体的管控力度，严防泄密问题发生。

（三）勇于应对当前“新挑战”，提高安全工作质量效益

1.要积极应对网络新挑战

为防止网络涉黄、涉密、乱发讨论等问题发生，应及时开展严守政治纪

律、维护网络道德和网络安全保密教育，研究制定本单位的《网络管理规定》《网络安全保密细则》等制度，采取安装屏蔽过滤系统、监控软件、设置"还原卡"等防范措施，坚持实名登记制度、值班巡视制度、定期讲评制度，确保管网用网制度化、规范化。

2.要积极研究心理新课题

坚持把基层干群心理压力增大、少数职工心理比较脆弱的问题提上日程。实际工作中，要积极建设单位心理健康服务中心，开设"心理咨询热线"，为职工提供心理咨询、心理预防、心理调节和心理减压等服务，让职工难言之隐有处说，心情郁闷有地方放松。引进社会心理拓展训练系统，组织职工群众进行攀登高峰、挑战自我、合力冲击等课目的训练，让职工群众在挑战自我中超越自我，不断强化心理素质。

3.要积极破解生活新难题

牢固树立以人为本理念，在积极为职工服务中实现人性化管理。比如，积极修建法律咨询室，配备专职律师，设立法律咨询热线，为职工解决家庭涉法问题提供有力保障；积极修建母婴关爱室，为孕期、哺乳期女职工提供更贴心、更暖心的服务，为临时休息、哺乳、取乳的女职工提供一个既方便又私密的空间，为宝妈和准妈妈们提供更加舒适温馨的母婴空间和优质服务。

（四）紧紧扭住管理"科学化"，确保单位安全稳定

1.要坚持形势分析制度

定期召开安全形势分析会，采取自上而下、逐级汇报的办法，围绕人员管理和制度落实等方面，特别是突出节假期间安全稳定工作，全面分析单位管理中存在的矛盾问题及原因，拿出切实可行的对策办法，做到及时预测隐性问题并将其排除。

2.要坚持安全隐患排查力度

抽调单位职能部门的精干力量，成立安全工作检查小组，专门负责安全管理工作，并做到不间断的检查督导，及时发现和处理隐患。

3.要坚持机关基层齐抓共管

单位领导要带队深入一线办公，做到有问题及时发现、及时化解；机关科室要与基层结成帮建对子，在维护安全稳定中坚持形势同判、问题同查、对策同研、矛盾同解、责任同担，帮助基层解决自身难以解决的问题。

第十一节　推进基层家风建设的路径研究

家风是人们在家庭生活中形成的一种稳定的风格、作风和传统，包括为人处事的态度和行为准则。家风对个人、家庭、社会乃至整个民族有着深刻影响，对基层干部职工而言，家风建设极其重要。

一、家风建设的历史地位

家风关系着后代的品德形成。俗话说："橘生淮南则为橘，生于淮北则为枳。"橘子因环境而改变着结果，同样，家风也影响和决定着一个人的品行操守。家庭是子女的"第一所学校"，家长是孩子终生的老师。家庭教育是一个连续的过程，它的每一个细节都受到家庭风气的影响。而家风不是想出来的，是由家庭中每个成员的生活和操行创造出来的。

良好的家风是孩子终身的财富，可以造就出德才兼备的栋梁之材。如北宋司马光官至宰相，但其十分注重家风养成，对其子女要求俭以立名，他的孩子皆谦恭有礼，不恃家富，事业有成。相反，如果家风不正，很难让正在成长中的孩子形成健康的心理和健全的人格。例如，我们在热议"问题少年""啃老族"的同时，"我爸是李刚"五字瞬间为众人所知，某明星之子开着豪车撞人的事件也遭人唾弃，引发了群众的愤怒与指责，这不正是家风不良的可悲下场吗？假如没有良好的家风，再多的家产也会被奢侈亏空。

古人讲：“修身、齐家、治国、平天下”“身修而后家齐，家齐而后国治，国治而后天下平。”可见，“治国平天下”是目的，“修身”是起点，核心在“齐家”。正所谓“家齐而国治”。吉鸿昌之父告诫儿子“做官要为穷人着想，做官就不许发财”。正是如此，吉鸿昌一生清洁廉政，为民着想，投身抗日，誓死保国。抗金英雄岳飞，虽家境贫寒，但其母教子有方，为其在背后刺字“精忠报国”，岳飞时刻牢记母亲教诲，并传承了良好的家风家训，对子女要求更加严格，其长子岳云在一次作战中，因指挥不当失利，身为元帅的岳飞不徇私情，按律仗打其一百军棍。岳家以这种良好的家风，整肃了军纪，鼓舞着士气，凝聚了军心，使“岳家军”所向披靡。而反观中国历代王朝的兴衰更替，兴在家风清正，败在家风颓废。

我们共产党人肩负着历史重任，修身、齐家是我们的必备素质，更应当“先天下之忧而忧，后天下之乐而乐”，要切实把个人利益与人民利益联系起来，把家风与国家前途、民族命运联系起来，心里时刻想着广大人民的根本利益，时刻注意从政治高度看问题、办事情，时刻牢记肩负的神圣使命，做一个上不愧党、下不愧民，近不愧心、远不愧祖的好党员好干部。

家风影响着党风、社会风气的好坏。家风连党风，家风系国运；国廉则安，家廉则宁。古人云“笃学修行，不坠门风”，家庭是社会的细胞，家风的好坏直接影响着社会风气和党风的好坏，而社会风气和党风的转变某种意义上又依赖于家风的改善。老一辈无产阶级革命家正是从端正家风入手端正党风，为我们树立了光辉榜样。毛主席把子女送到农村、部队，让他们到最艰苦、最危险的地方去经受锻炼。周总理订有十条家规，公私分明，不做特殊公民。然而现实生活中，有些党员干部党性观念淡薄，公仆意识淡薄，原则易在亲情面前变通，底线易在亲情面前破防。在私情与党性发生矛盾时，往往难过“亲情关”，顶不住“枕边风”，受不了亲人的“紧箍咒”……事实证明，一些人的腐化堕落通常因为家风不正，这不仅影响了一个家庭，而且损坏了单位的声誉，败坏了社会风气。因此，大家在加强自身党性修养、强化廉政意识的同时，更应重视家风的培育。

二、家风建设的方法途径

本人认为，加强家风建设，重点要关注四个方面。

（一）重教育

“励志勉学”是家风建设中的一个重要方面，也是多数家庭的共同追求。一个有着勤奋好学家风的家庭，其家庭成员必然会把时间和主要精力用在追求知识上，这就会使每一个人在学习中增长知识才干、提高思想觉悟、陶冶道德品质。对于子女来说，受这种家风熏陶，孩子就愿意主动学习，也更容易成为栋梁之材。作为公务人员，家庭既要重视知识的学习，更要把德行教育作为家风建设的首要任务，父母要以身作则、率先垂范，用自己的实际行动教化和规范子女的道德品行。

（二）讲孝道

中国传统道德和家风，特别重视对父母的孝敬。子曰“夫孝，德之本也，教之所由生也”。孝是做子女的基本伦理规范。孝敬父母，作为子女的义务和责任，是衡量一个人有没有“道德良心”的重要标准。很难想象，一个对父母都没有敬爱之心的人又怎么会去爱人民、爱国家、爱社会。中国思想家们历来强调，孝敬父母是一切道德的出发点，离开了对父母的孝敬，就不可能有什么道德。要通过孝道培养，进一步强化家庭成员的责任意识和大局观念，自觉担当起服务家庭、奉献社会、报效祖国的重任。

（三）治家俭

古代家风历来主张要克己正身、谦虚谨慎、生活俭朴、不事奢浮。晚唐诗人李商隐曾告诫我们：“历览前贤国与家，成由勤俭败于奢。”当今社会，经济迅速发展，物质生活不断丰富，这很容易滋生贪图享乐、追求奢侈的不良风气。作为公务人员要时刻压制欲望，追求平淡，勤俭持家。一方面要培养勤劳的家风，热爱劳动，以勤为荣，用自己的双手创造财富；另一方面要养成俭朴的习惯，“一粥一饭当思来之不易，半丝半缕恒念物力维艰”。不奢侈、不浪费、不贪图安逸、不追求享乐，多给子女留下艰苦奋斗精神，少给后人留下不良之风的陋习。

（四）要和谐

“家和万事兴”“福善之门莫于和睦，患咎之首莫大于内离”。幸福美满的家庭需要事业支撑，更需要良好的家风来维系。一方面，家庭成员要做到互敬互爱、互信互勉、互帮互助、互谅互慰。相互间要尊重彼此的人格、兴趣、爱好，养成诚实守信的良好习惯。另一方面，要管好自己的配偶子女，加强教育、严格要求、严格管理、克己省身、坚持原则，坚决杜绝“夫人当政”“子女参商”的问题发生。

第三章

新时代基层单位文化建设的探索与实践

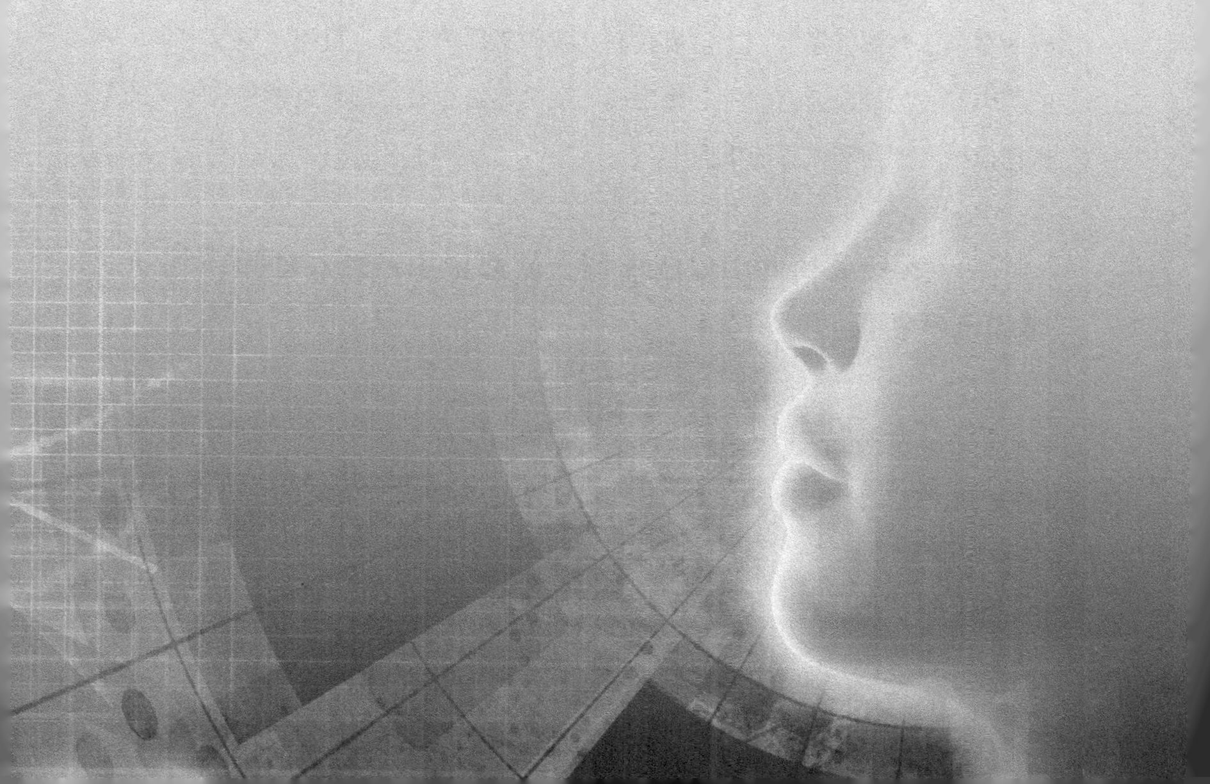

习近平总书记指出，党内政治生活、政治生态、政治文化是相辅相成的，政治文化是政治生活的灵魂，对政治生态具有潜移默化的影响。没有中华优秀传统文化、革命文化、社会主义先进文化的底蕴和滋养，信仰信念就难以深沉而执着。在新的起点上继续推动文化繁荣、建设文化强国、建设中华民族现代文明，是我们在新时代新的文化使命。

第一节　“三位一体”坚定共产党人的精神追求

我们每名党员，尤其是基层干部党员，应当认识到，推进中华民族伟大复兴的重任既然选择了我们也需要我们，我们必须勇于接过重担，坚信中华民族的明天“长风破浪会有时”，将饱满的政治热情、高度的负责精神和务实的工作作风投入到党和人民的事业中。

一、在执着信仰中砥砺前行，就要把忠诚刻在心里，将党的旗帜高举头顶

忠诚，是基层干部职工最基本的职业道德。作为党员，在当前国际形势风云变幻、各种意识形态相互渗透的情况下，更应当把高举党的旗帜视作灵魂，将忠诚铭刻在心，以对党、对人民、对国家和对社会主义要绝对忠诚，确保正确的政治方向。

（一）要坚定信念不动摇

改革开放40余年的巨大变化、党的十八大以来发展伟大成就以及我国成功应对各种挑战的事实证明，我们党选择和摸索的中国特色社会主义道路是一条正确、伟大、前景无限光明的道路。

（二）坚持党的领导不含糊

党和人民的事业之所以能够不断走向胜利，其中一个重要原因就是我们的党员干部是一支坚决听党指挥、绝对忠诚可靠的坚强力量。我们要深刻认识到党的领导会直接关系到中国社会主义现代化的根本方向、前途命运，只有毫不动摇坚持党的领导，中国社会主义现代化才能前景光明、繁荣兴盛。因此，我们在任何时候任何情况下都要坚决听从党的领导，做到认识统一，行动自觉，毫不动摇。

（三）要保持警觉不放松

面对形势复杂的严峻考验，能不能做到头脑清醒、政治敏锐、态度鲜明，是检验共产党员政治信念是否坚定、思想作风是否过硬的“试金石”。进一步筑牢反渗透、反策反、反窃密、反心战的思想防线。

二、在执着信仰中砥砺前行，就要把使命担在肩上，为党的事业倾心尽力

党的二十大报告让人振奋，让人鼓舞，通篇都体现出历史责任感，这是一种伟大的胸怀，一种坚定的自信，一种责任的担当。我们唯有听党话、跟党走，自觉把个人价值追求融入党的事业中，把个人的成长进步融入单位建设发展中，胸怀全局，为党分忧，履职尽责，才能无愧组织多年的培养，无愧入党时的铮铮誓言。

（一）要有强烈的忧患意识

“思所以危则安矣，思所以亡则存矣”。中华人民共和国成立70多年来，虽一度强敌环伺，却始终屹立不屈，不断发展壮大，其中很重要的一个原因就是广大党员干部始终保持强烈的危机感。改革开放40多年来，虽然各单位建设步伐进一步加快，履行使命、执行任务能力全面增强。但我们也应该清醒和理智地认识到，在有些方面还存在一些现实短板和弱项，我们必须审时度势、居安思危，进一步强化危机意识和紧迫意识，切实在本职岗位上把各项要求抓紧落到实处。

（二）要有科学的思路办法

当前，一些不平衡、不协调、不可持续的因素仍然存在。我们深入学习贯彻党的二十大精神，要坚持理论联系实际，善于把握蕴含其中的科学世界观和方法论，牢固树立学以致用、用以促学的理念，在学习实践和工作实践中不断提高战略思维、创新思维、系统思维和辩证思维能力，统筹抓好各项工作，推动单位建设持续发展。

（三）要有务实的工作作风

求真务实是我们党良好作风形象的集中体现，也是党员干部必备的政治品格。求真务实，最重要的是付诸实践、见诸行动、抓好落实。要做到求真务实，坚持深入一线、深入基层、深入职工中调查研究，坚持身到心到、亲力亲为，弄清干部现状是什么、职工的需求是什么，切实做到认真履职尽责任，心无旁骛抓实干。

三、在执着信仰中砥砺前行，就要把名利放在身后，使党的肌体永葆活力

我们每名党员尤其是党员干部，都应当肩负起维护党的健康的重任，毫不

放松地加强思想作风建设，自觉用党的纪律约束自己，做遵章守纪的模范。

（一）要注重思想建设

当今时代，党员无时无刻不在经受考验，加强世界观人生观价值观的改造，是每名党员的终生课题。要在事业上勇于追求，在名利上懂得退让，做到正确看待官位，切实认清官位就是为人民服务的岗位，把精力集中用在加强单位建设发展、提高单位核心竞争力以及为广大职工解决实际困难上；做到正确对待得失，多与过去比，多与群众比，遇事多想想组织多年的培养和关心，切实以感恩的心态回报组织，以平和的心态对待升迁，以豁达的心态处理得失；做到正确看待自己，坚持“三省吾身”，把“人”字写正，把“我”字看小，把“干”字放大，才能在人生道路上有所建树。

（二）要常怀敬畏之心

公道正派、清正廉洁，是为官从政的基本准则，是以实际行动贯彻落实党的二十大精神的现实要求。党员领导干部要常怀对法纪的敬畏之心，树立正确的权力观，自觉把权力看小点，把责任看大点，做到利益面前不伸手、金钱面前不动心，严格按政策法规办事，绝不用感情代替制度、代替原则。

（三）要坚持严格自律

严于律己是做人的道德准则之一，更是党员一生必须坚守的底线。对于党员而言，无论在怎样艰难困苦的条件下、怎样充满诱惑的环境里，都要一如既往地落实纪律要求，时时处处重小节、讲规矩，真正在精神上管好自己，始终同党保持高度一致。在思想上管好自己，始终保持党同人民群众的血肉联系，知恩图报、知责思为、知足不辱；在行为上管好自己，勿以恶小而为之，勿以欲淡而纵之；在交友上管好自己，多同普通群众交朋友，多同基层职工交朋友，多同先进模范交朋友，多同专家学者交朋友，始终保持共产党人的高尚的道德情操和精神追求，以良好的人品官德感召人、引领人、凝聚人。

第二节　对基层单位文化建设科学筹划的几点思考

大力发展基层单位文化建设，是思想政治工作的一项重要任务，必须要高起点筹划，深入研究和探索，努力打造出良好形象。

一、基层单位文化建设需高起点筹划

顶层设计，是对全局的驾驭和总揽，是宏观层面的决策和指导。基层单位文化建设，虽是基层，但必须着眼国家发展的大局，紧贴经济社会发展状况，审时度势，超前思考，确保整个筹划的高起点。

（一）必须以社会主义先进文化为根基

党的二十大对建设社会主义文化强国作出了战略部署，为我们描绘了宏伟蓝图。努力建设社会主义文化强国，增强中华文化的国际感召力和影响力，是国家文化建设的重要战略之一。繁荣社会主义先进文化，建设社会主义文化强国，始终高举社会主义文化的大旗，积极充当先进文化的传播者、实践者，不断为社会输送优秀的精神文化成果，是基层单位的责任和义务。与此同时，社会主义先进文化作为基层单位文化建设的源泉，它为基层单位文化建设提供了必要的汲养，也保证了基层单位文化发展的正确方向。因此，开展基层单位文化建设必须始终以社会主义先进文化为根基，始终坚持马克思主义文化观的指导地位。

（二）必须从“文化安全”大局出发

当前，世界各国对于文化安全的重要性已经越来越重视，文化的交锋已经成为各国角力的重要手段，文明冲突、文化博弈、社会主义核心价值观的较量，正在不断演进。我们可以看到在西方思想文化的强势冲击和侵蚀下，强大

的帝国也会轰然倒塌，在国家灭亡的同时，社会主义信仰、价值和文化也随之坍塌。同为社会主义国家的中国，西方对我们的思想文化侵蚀渗透从未中断。近年来，从跟风欧美艺术的清华美院眯眯眼事件，到孩子们使用多年的人教版毒教材，再到大连风情街、夏日祭……已经影响了“80后”“90后”“00后”甚至“10后”。因此，基层单位文化建设的筹划必须从文化安全的大局出发考量。

（三）必须以使命任务为重点来牵引

经过40多年的改革开放，我国综合国力得到显著提升，国际影响力明显提高，经济总量位居世界第二。作为正在崛起的大国，在参与全球竞争的同时，需高度重视文化软实力的力量。有学者曾指出，文化软实力必须具备三个条件：第一，这种文化不管是产生于本土，还是结合了外部“输入”的因素，必须能够解释自己。如果一种文化不能解释自己，那如何让其他人来了解你。第二，文化必须要让其他人信服。如果其他文化的人对这种文化不能信服，那么你就是没有软力量。第三，其他人能够自愿接受这种文化。这也为基层单位开展文化建设指引了重要方向，每个单位都有自己的职能和特点，必须紧密结合自身使命任务来开展文化建设。

二、基层单位文化建设需坚持科学统筹

基层单位文化建设的筹划既需要现实条件的支撑，也需要顶层布局的合理。因此，我们在开展基层单位文化建设时，要注重科学统筹，妥善处理好各种关系，确保执行的顺畅。

（一）要处理好当前建设与长远发展的关系

单位文化建设是一个动态发展的过程，不能一蹴而就，也不能一劳永逸，必须把抓当前与抓长远统一起来。当前，我们最重要的是充分发挥自身优势，

加紧单位文化的创新发展。

（二）要处理好重点突破与全面发展的关系

最主要的是抓重点，目前社会主义核心价值观培育是当前基层单位文化创新发展的重要任务。文化的核心是价值观，抓住了核心价值观就抓住了文化的本质。思维观念的转变，信息时代，我们不仅需要办公设备的信息化，更需要思维观念的信息化，不能纸上淡兵，坐而论道。此外，我们在重点突破的同时，也兼顾全面发展，不能使我们的弱项成为短板。因此，我们要确保主要方向与全面发展协调同步。

（三）要处理好保持优势与创新发展的关系

先进文化是我党宝贵的精神财富和特有的政治优势，为我党从一个胜利走向又一个胜利发挥了重要的作用。这种特有的优势，我们必须继承和发扬。此外，我们要针对新的形势任务，在保留优秀文化基因的同时，注入新的文化血液，让这种优势继续保持。改革开放和网络信息技术的发展，使基层干部职工接受各种文化的渠道更加多元，思想观念也更加活跃，如果我们开展文化建设还停留在传统时代，显然已经不能得到干部职工的认同。因此，既要保留我们优秀的文化传统，还要不断创新发展丰富，让广大基层的干部职工始终保持在优秀文化的熏陶和感染下。

三、基层单位文化建设需确保坚强有力

坚强有力的指导是基层单位文化建设筹划能够取得成效的关键。

（一）要强化组织领导

基层单位要切实从党的事业和单位建设发展的全局出发，以高度的文化自觉和强烈的使命担当，正确把握先进文化发展的特点规律，加强领导，科学实

施，牢固树立大局意识，强化责任意识，增强协作意识。要坚持把文化建设纳入单位建设整体规划，纳入科学的考评体系，定期研究分析文化建设现状，制定切实可行的措施办法。要按照职责分工，将整个筹划的目标任务逐项细化分解，明确时间节点，狠抓具体落实，不断提高单位文化建设的质量效益。

（二）要健全制度机制

单位文化建设筹划是一个强大的系统工程，要实现既定目标和任务，达到预期的效果，需要强有力的制度作为保障。建立督导检查制度，文化建设目标一旦明确，就要严格按照要求进行落实，及时地督导检查，确保每个阶段、每个目标都能达到预期效果。建立跟踪问效制度，文化作为意识形态领域的工作，是一个长期积累、循序渐进的过程，所要达到的目标任务都是动态发展的过程，是长期的任务，不能一劳永逸。因此，必须持续跟踪，定期验收，确保常态发展。建立评估激励机制，一方面，对整个文化筹划执行过程中出现的情况和问题进行评估，实时完善；另一方面，要坚持把遵循社会主义先进文化前进方向、广大干部职工满意、推动单位建设科学发展、巩固和提高单位核心竞争力等作为评价的最高标准，对目标任务进行评估。同时，要建立客观公正的奖惩机制，对落实成效好的经验方法及时总结推广，对落实不力的单位及个人要批评惩戒。

（三）要建强人才队伍

单位文化建设，队伍是基础，人才是关键。必须坚持以人为本，紧紧抓住人才队伍建设不放松，要按照盘活现有的、发现优秀的、培养拔尖的思路，加快培养造就德才兼备、作风过硬、结构合理、充满活力的文化人才队伍。一方面，要培养专业文化人才，要通过建立健全文化人才培养、评价、选拔、激励机制，努力开创高素质基层文化人才脱颖而出的良好局面；另一方面，要抓好基层文化人才队伍，制定实施基层文化人才队伍建设规划，完善选拔、培训、使用、保留等措施办法，建设素质全面、多才多艺的基层文化骨干队伍。

第三节 立足新起点推进基层文化建设发展的对策研究

新时代、新起点、新征程，基层单位开展文化建设，应抓紧工作、抓紧落实，着力提高基层文化建设科学化水平。

一、进一步强化功能作用，切实向服务中心工作聚焦用力

（一）为举旗铸魂夯实根基

紧紧围绕培育社会主义核心价值观这一重要任务，大力弘扬中华优秀传统文化、弘扬伟大建党精神，充分发挥基层单位历史馆、荣誉室或理想信念教育室的功能，持续开展向全国优秀共产党员、全国道德模范等英模典型学习活动，大力推广重大理论宣讲、重要文章精读、疑难问题解读等学习方法，定期组织以部门讲演为主要形式的“理论会操”，围绕党的创新理论的科学内涵和实践要求创作文艺作品，推动党的创新理论大众化、普及化，确保基层单位听党话、跟党走，绝对忠诚可靠。

（二）为履行使命注入动力

深入开展学习贯彻习近平新时代中国特色社会主义思想主题教育。系统规范开展入党宣誓、重温入党誓词、重要任务动员等各种仪式，并逐步完善奋斗文化、服务文化、爱心文化、团结文化等文化形式，精心创作编排“听党话、跟党走”“一切为群众”等具有浓郁奋进气息的主题文艺晚会，激励干部职工“使命高于生命，勇当建设先锋”。

（三）为职工成长创造条件

始终坚持重心向下、面向广大职工，扎实开展“书香致远”读书活动、“红歌嘹亮”歌咏活动、“党旗飘扬”创演活动、“基层青春”微视频创作活

动，定期组织群众进行体育比赛、特色文化队伍展评，积极探索实践“育才中心”“素质提升学校”“兴趣爱好小组”，常年开办“职工讲坛”“文化夜校”，每年评选“成长成才标兵”，努力培养高素质基层职工。

二、进一步加大工作力度，把基层文化建设的基础搞扎实

（一）抓硬件配套

将文化建设作为重点项目，增加经费投入，改善文化基础条件。除了在单位楼房的走廊、展厅、办公室、会议室等显眼位置进行文化布置外，针对基层单位长时间服务设施的实际需要，配发多功能影视广播系统、便携式音乐灯箱、折叠式黑板等器材。对各服务点、重点建设地点开展文化建设，配齐文化设施，让广大群众更好地开展文化活动。

（二）抓人才队伍

选好“苗子”，挑选有潜力的职工充实到文化工作队伍中。搭好“梯子”，遴选优秀文化人才进修学习，在每年评优评先时，对文化人才给予一定政策倾斜，充分调动其工作积极性，努力构建基层文化工作人才群体。

（三）抓特色品牌

注重紧贴实际，结合本单位的发展历史、使命任务和职责职能，构建各具特色的单位文化。注重持之以恒，接力搞建设，持续抓落实，保持文化建设的连续性、传承性，真正做到夯实底蕴、厚积薄发。注重博采众长，积极借鉴吸纳各种先进文化成果，不断充实本单位文化资源和内容，做到兼收并蓄为我所用。

三、进一步加强科学指导，提高基层文化建设的层次质量

（一）狠抓制度落实

强化事业心、责任感，站在维护职工群众切身利益的高度，切实把文化工作有关规定要求落到实处，让广大职工实实在在地接受到先进文化滋养，享受到先进文化成果。提高贯彻力、执行力，像抓日常、抓管理那样抓好各项文化工作制度落实，坚决防止打折扣、搞变通等现象。注重不松懈、经常抓，把文化工作制度落实情况纳入评优评先、政治工作量化检查等内容，作为评选先进部门、优秀个人的重要依据。

（二）注重建用并举

建的方面，着力克服文化装备、设施器材长期闲置、贪多求全资源浪费等问题。用的方面，着力克服因基层任务繁重、统筹欠佳而职工群众“没时间用”的问题，因设置各种条条框框而职工群众“不愿意用”的问题，因组织活动少而职工群众“没机会用”的问题，要使基层文化设施经常保持较好状态，做到常用常新、充分发挥作用。

（三）搞好继承创新

坚持用好老传统，办好板报墙报，组织职工创作积极向上的文化小节目，增强基层文化工作底蕴；注重发展新手段，大力实施网络文化创新工程，充分发挥互联网、局域网、单位内部办公网、单位广播系统、闭路电视系统、视频会议系统的文化功能，积极推广新兴文化活动，不断满足基层职工群众新期待、新需求。

第四节　基层单位创新发展先进文化的路径探寻

先进文化是指面向现代化、面向世界、面向未来的，民族的科学的大众的社会主义文化。如何在新的更高的起点上创新发展先进文化，对于促进社会主义文化发展和繁荣，推进基层单位建设科学发展，有效履行使命任务，具有深远的意义和重大的价值，是学界和政府部门着力研究的重要课题。本人认为，应该从以下几个方面着手，做好相关工作。

一、把握发展之源，强化三个意识

文化源于积淀，成于当下，影响未来。基层单位既要做好“继承传承”的上篇文章，更要做好“创造创新”的下篇文章，努力创造具有时代特色、彰显先进思想的基层先进文化。

（一）强化责任意识

基层单位应充分认清传承弘扬先进文化是大战略、不是配角戏，是软实力、不是虚工作，是硬任务、不是软指标，切实树立“继承不好是失职、创造不出是渎职”的文化建设政绩观，以高度的文化自觉，博大的文化理念，宽阔的文化胸襟，把传承弘扬先进文化的大旗举得更高。

（二）强化传承意识

社会主义先进文化是中国共产党领导带领中国人民在推进中国特色社会主义事业建设过程中形成的，符合时代发展潮流及社会发展，能够指引未来发展方向的积极文化。我们要把继承先进文化作为责任、义务和时代担当，要完整、准确、及时，确保先进文化顺利传承。

（三）强化创新意识

坚持挖掘新元素，赋予新内涵，总结新经验，一方面，要针对青年职工的文化视角拓展和审美情趣提高的特点，丰富文化建设的知识内涵，将思想启迪、知识学习、艺术熏陶有机统一起来。另一方面，要融入科技信息，借助科技手段推广网络技术，构建功能集成、知识前沿的电子化、信息化平台，跟上发展的步伐，合上时代的节拍。

二、着眼文化生命，提升三大力量

文化凝聚精神、展示形象。一个单位，向内有没有凝聚力，对外有没有影响力，从一定意义上讲，就看有没有叫得响、传得开、留得住的文化实力。创新发展先进文化，必须在形神兼备中提高质量效益。

（一）提升先进文化的生产力

坚持把先进文化建设融入基层单位实践，固守奋斗意识，坚守光荣传统，讴歌奉献精神，赞颂大善大爱，塑造美好心灵，使广大干部职工在高品位、高质量的文化生活中，汲取营养，享受成果，提高素质。

（二）提升先进文化的凝聚力

坚持既突出政治性、思想性，也体现人文性、艺术性；既强化导向示范，也关照受众情感，不断创新基层文化样式，丰富基层文化形态，实现题材、品种、风格和载体的多样化，使文化产品更好地反映基层现实生活，切实增强感染力和凝聚力。

（三）提升先进文化的传播力

在增进干部职工文化认同的同时，重视提高文化的社会传播力，善于运用现代文化传播手段，借助主流媒体影响力，推出富有时代气息、反映时代精神的文化标志、文化符号和文化品牌，走出单位，走向社会，切实形成能彰显基层风采的文化氛围。

三、丰富形式内容，注重三大要点

准确把握、精确定位先进文化的实质内涵，对于提倡什么、反对什么、发展什么、抵制什么非常重要。要自觉围绕文化建设要求，不断开辟新路，兼容并包，去伪存真，丰富形式，拓宽维度。

（一）要贴近群众

把“创作源于群众、活动依靠群众、作品展示群众、成果惠及群众”作为目标指向，贴近群众各方面的文化需求，杜绝提及先进文化便是古典经典、大师大家的“曲高和寡”，防止个别领导以个别喜好作为文化建设的风向标。

（二）要注重格调

大力抵制“庸俗、低俗、媚俗”之风，始终把坚定理想信念、强化奋斗意识作为核心内容，把促进科学发展、推进中心工作落实作为实践要求，把活跃干群文化生活、促进干群成长进步作为根本目的，使广大干群在高品位、高质量的文化生活中，汲取营养，享受成果，提高素质。

（三）要雅俗共赏

着眼新的目标，运用新方法，开辟新途径，努力提升对先进文化建设内容的策划力和鉴别力，超越“雅”与“俗”的藩篱，在表现手法上丰富多彩，在艺术风格上展示个性，在作品样式上不拘一格，做到既要“阳春白雪”，也要“下里巴人”，倾力为干群奉献雅俗共赏、内容丰富、有滋有味的文化大餐。

四、焕发生机活力，重视两个方面

基层单位在运用先进文化引领建设发展中，逐步形成了“艰苦奋斗”“吃苦耐劳”“矢志奉献”等共有的精神，要结合其地域特点、行业特色形成独具一格的特色文化。共有文化犹如楼之根基、船之龙骨、曲之主旋，是基础工程和必修科目；特色文化则犹如剑之锋、鸟之翼，是单位文化建设的标志。特色文化一旦失去了共有文化的沃土，就会枯萎迷失；共有文化一旦失去了特色文化的反哺，就会失去生机活力。为此，必须牢固树立“共有文化为本，特色文化为体”的建设思想，坚持同步推、齐步进，确保相得益彰、协调发展。

（一）要尊崇共性

把“爱岗敬业”“艰苦奋斗”“矢志奉献”等要求融入单位建设的方方面面，旗帜鲜明地立起“爱国”“敬业”“诚信”“友善”“文明”“和谐”等价值导向，最大限度地普及和传播社会主义核心价值观理念和全心全意为人民服务宗旨，着力解决“信仰什么、需要什么、坚持什么、追求什么”等根本性问题，在全单位上下形成统一的指导思想，树立共同的理想信念引领大家不断奋进，形成强大的精神支柱给干群以底气，制订出基本的规章制度以规范大家的言行。

（二）要放大个性

特色文化就是精品文化、优势文化。要大力倡导职工写职工、职工演职工、职工唱职工，实施文艺精品创作工程，把总结宣扬单位特色文化作为紧迫任务，上好专业课，使特色文化不仅植根于优秀共性文化的沃土，而且符合时代发展进步的潮流，成为优秀基层文化领域的典范。

五、注重统筹结合，强调虚实兼顾

从总体上看，文化建设涉及物质和精神两个层面，必须统筹兼顾。

（一）要抓好物质层面的“实”

完善配套的文化设施装备是发展先进文化的重要支撑。要立足基层单位建设实际，因地制宜、集成优化、衔接配套，继续加强图书室、文体室、荣誉室、学习室、网络室、单位历史室、党员之家等场馆设施建设，大力推进成系统、成规模、成特色的文化基础设施和器材装备建设，为繁荣发展先进文化提供基础支撑。

（二）要务好精神层面的“虚”

始终坚持“为经济社会发展服务”“为人民群众服务”，在思维活动和实践探索的高度统一中，不断挖掘和提升先进文化，唱响时代主旋律的引领功能、构建价值理念的培育功能、提供智力支撑的育才功能、催生奋斗精神的励志功能、健全心理品格的疏导功能、促进安全发展的管理功能。

（三）要注重虚实结合的成效

始终以实际效果检验文化建设，不让硬件成摆设，不让软件发虚功，防止硬件、软件建设各行其道、偏航脱轨的“两张皮”现象，促成务“实”与务“虚”的聚合辐射，以文化建设各项硬指标的提升，不断增强软实力。

六、推进创新发展，把好三个层面

在信息化社会快速发展的今天，各种文化思潮交锋日趋激烈，发展先进文化必须进一步坚持以自信的心态和开阔的视野，兼收并蓄，博采众长，积极吸收借鉴其他文化建设的有益成果，为基层文化发展补足“给养”。

（一）要走向社会

立足改革开放和社会主义市场经济大背景，善于借鉴和运用社区文化、企业文化、校园文化等社会优秀文化成果，用新的文化内涵和时代精神培育群众、引领风尚。走文化建设融合式发展路子，牢固确立"一体建"理念，依托社会力量，引进先进技术，盘活可用资源，与地方文化无缝对接、融合并轨，力争实现同频共振、协调推进。

（二）要走进网络

积极发展健康向上的网络文化，真正使网络成为先进思想传播的新阵地、群众学习成才的新平台、基层单位精神文化提升的新空间，不断开创基层文化丰富活跃、蓬勃开展的新局面。

（三）要走出国门

基层单位传承弘扬先进文化，不仅体现在对内运用先进文化推动单位建设发展，还要体现在推动先进文化走出国门影响世界。要大力加强与国外优秀文化传播机构及学校、企业等组织的合作，联合举办各类文化节、科技节、艺术节以及展览、演出活动，开辟全方位、多层次、立体化的文化对外交流新格局，为先进文化建设搭建强有力的平台。

第五节　弘扬中华民族"英雄文化"的策略探究

中华民族是一个英雄辈出的民族。弘扬英雄文化是一种公益事业，应由各级政府倾力构建；弘扬英雄文化更是一种政治责任，可运用政令强力推开。英雄文化是先进文化的一部分，崇尚英雄就是崇尚荣誉的重要内容。作为基层干部职工应时刻用英雄文化激励自己，在实践磨砺中当一名优秀的基层人员、争当时代英雄。

一、解剖英雄文化的精神内核

汉《人物志·英雄》对英雄是这样下定义的，“聪明秀出，谓之英；胆力过人，谓之雄”。英雄作为支撑民族文化的核心要素，一直被视作时代先进文化的特殊符号。英雄文化也是构成社会主义核心价值观的重要内容，对英雄文化的解读，就是对推动时代发展、社会进步的优秀品质特征的解读。

（一）忠贞爱国的民族性

古今中外，爱国主义体现了人们对祖国的民族情感，也成就了一个个民族英雄。如法国的圣女贞德、戴高乐，美国的华盛顿、林肯，英国的克伦威尔，印度的甘地，等等。在中国，岳飞、郑成功、林则徐、杨靖宇等人物无不是为了民族大义、民族解放而抗争的英雄。著名史学家邓广铭先生认为，凡是站在正义一面，在反抗民族压迫和军事掠夺上作出重大贡献的人物，都应是中华民族的英雄。新的历史时期，大力弘扬以爱国主义为核心的民族精神，是社会主义核心价值体系的重要内容。英雄人物一定程度上就是社会主义核心价值观的忠实传承者和模范践行者，必须把忠诚、爱国、敬业放在最高位置。

（二）追随信仰的革命性

英雄文化熔铸着革命理想、革命传统和革命情操。从辛亥革命的炮火硝烟到北伐革命的旌旗招展，从南昌起义的第一声枪响到井冈山革命根据地的建立，从震惊世界的三大战役到中华人民共和国的成立……涌现出以黄花岗七十二烈士、秋瑾、江竹筠、黄继光等人物为代表的革命英雄层出不穷，这些革命英雄用鲜血和生命书写了光辉的革命历史，诠释了崇高的理想信仰。我党我军在艰苦卓绝的革命斗争中，在社会主义事业建设中形成的井冈山精神、长征精神、抗战精神、抗美援朝精神以及载人航天精神等背后都是惊天地、泣鬼神的英雄壮举，也构建孕育了英雄文化。

（三）救死扶伤的正义性

英雄文化根植群众，发自于民，之所以能深得民心，为人称道，是因为符合普通民众特别是处于弱势地位的贫苦百姓内心期待，在他们身上共同存在一种传统文化上的共识——忠和义。英雄是道德正义的化身，因此也被称为侠义英雄，具有英雄主义的气质。在他们中间，既有舍生取义一去不复返的壮士荆轲、救死扶伤的名医华佗，也有劫富济贫、替天行道的梁山好汉，等等。这种侠义之举经数千年形成具有道德约束力的文化传统，激励广大民众救人于水火，将“一人有难八方支援”的道义传承至今。

（四）引领风尚的时代性

一个时代有一个时代的英雄，每一个时代的英雄会有不同的具体内涵，但英雄的精神实质都是一致的，都必将以推动社会进步和时代发展为己任。革命时期需要英雄精神，和平年代也需要英雄气概。英雄的时代性体现为一个历史时期人们崇拜追随的先进典范和价值标榜，并将持续影响一个时代人们的精神追求。近的如铁人王进喜、全心全意为人民服务的雷锋、最美教师张丽莉，包括近年来的为世人瞩目的感动中国、全国道德模范等人物，也都是时代英雄的突出代表。

（五）奋斗进取的创造性

中华民族是一个历尽磨难、灾害深重的民族，对于英雄不屈不挠、勇于变革的精神品格的形成更有直接的影响。如盘古开天、夸父逐日、女娲补天、精卫填海、愚公移山等，表现了人类在大自然面前不屈的斗争精神和坚强意志；而伏羲、黄帝、颛顼、帝喾等，既是厚爱民生的始祖形象，又是战争英雄、发明创造英雄的化身。他们艰苦奋斗，百折不挠，热爱劳动，忘我献身，勇于创造，带领人民改变了自然，改变了生活，创造了文化，创新了社会，这些品德正是中华民族奋发向上的精神源泉，也催生了民族英雄文化图腾的诞生。

二、英雄文化构建势在必行

文化是一个国家的精神旗帜。党的二十大报告指出："推进文化自信自强，铸就社会主义文化新辉煌。"没有文化的积极引领，就没有人民精神世界的极大丰富，就没有精神力量的充分发挥。光有民族英雄，没有英雄文化，不可能成为英雄的民族，坚持什么样的方向，建设什么样的英雄文化，不仅决定着文化自身的发展前途，更关系到党和国家事业的顺利发展。

（一）需要高度重视，在人文关怀中尊崇英雄文化

英国前首相丘吉尔有句名言："我宁肯不要印度，也不能没有莎士比亚。"因为英雄的价值远比物质利益更重要。构建英雄文化不仅是崇尚荣誉，激发民族的光荣感和自豪感，更重要的是增强振兴民族的危机感和责任感。切实把英雄文化宣传工作摆上重要议事日程，做到定期分析、统筹协调、不断宣传，并负责对文宣内容的把关审查。要突出我国英雄文化，这既是对英雄的一种尊重，也是对国家历史的负责。

（二）推进多样化宣传，在黄金空间中打造英雄文化

有英雄和英雄文化的存在，既是对主流道德的弘扬，也是对低级庸俗的扫荡；既是对国泰民安的助力，也是对犯罪分子的震慑。我们不应把英雄或纪念碑置于深山老林或远离百姓生活的公共空间，而应让民众在日常生活中耳濡目染。现在世界各国都非常重视在公共场所构建英雄文化。如在俄罗斯、巴西、厄瓜多尔等国，把一些标志性建筑以英雄的名字命名，各种战争纪念馆、纪念碑、大型英雄浮雕、英雄塑像随处可见，这些都使得一些社会场所成为延伸的"英雄课堂"。有必要借鉴国外一些宣传英雄文化的经验和做法，在城区主要街道、繁华路段，车站、码头、机场、集市等人员密集区，根据实际情况设立英雄人物浮雕或塑像，让反映英雄文化的格言警句、经典故事、人物照片等在灯箱橱窗、电视广播、网络媒体上多传播，营造浓厚的文化氛围。可在现有的

基础上，扩大地县市区、街道、道路、学校、车站、码头、机场、科技成果等以英雄人物命名的数量。

（三）注重常态化培塑，在融入生活中渗透英雄文化

承载英雄文化的价值观念的确立，需要同人们日常生活联系起来，让人们在实践中感知它、领悟它。注重培养“英雄情结”，深入开展“学英雄、赞英雄、当英雄”“学习英雄事迹，争当时代先锋”等实践活动，征集优秀英雄文化宣传口号、格言警句等，使干部群众在潜移默化中受到熏陶和教育。在单位置留英雄文化的宣传空间；通过文艺晚会、年度人物评选、英雄文化论坛、学术交流活动、影视文化宣传等多种形式进行宣传。切实让一个英雄成为一个精神标杆，一个荣誉成为一种集体烙印，一个故事成为一部鲜活教材。

（四）借助信息化引导，在开发视听中弘扬英雄文化

青少年是贯注英雄文化的重要群体，影视、音乐等对他们具有很强的感染力、吸引力。例如，近年来上映的《建党大业》《建国大业》《长征》《十送红军》《长津湖》《长津湖之水门桥》《觉醒年代》《铁道游击队2005》《智取威虎山》等就取得了很好的宣教效果；相较而言，宣传英雄文化的歌曲相对滞后，这值得我们反思，要着力开发推广英雄文化的歌曲，正确引导民众的兴趣和志向。同时，要注重发挥网络媒介的英雄文化宣传功能。使各大门户网站和地方媒体一样，均在重大纪念日、历史事件周年针对英雄人物进行宣传报道，同时办好英雄文化教育网站，设立网上纪念馆；定期采用群发英雄文化公益短信、铃声等方式传播英雄文化；优先宣传发行英雄人物、先进典型的优秀影视作品，专题制作“中华英雄”大型文艺晚会并巡演，积极弘扬主旋律。

（五）倡导仪式化纪念，在传承辐射中展示英雄文化

在俄罗斯，新人都有红场祭奠无名英雄墓的传统，新郎新娘会身穿礼服，到烈士纪念碑前献上一束鲜花，以表达他们对英雄的景仰。我国抗金名将岳

飞，中华大地上逾以百计的州、县为他立庙，数以千计的书籍记录他的史迹，无以数计的民众用口碑传颂他的故事。可以借鉴民间纪念岳飞、关羽的成功模式纪念英雄人物；基层单位可参照党和国家领导人重大节庆集会在人民英雄纪念碑凭吊英烈的做法，积极构建英雄文化的宣传堡垒，用活英雄文化的宣传载体，形成英雄文化的宣传机制。注重建立和规范节庆纪念仪式，在重大纪念日、民族传统节日，纳入祭奠英雄的环节，组织开展多种形式的缅怀英烈、纪念英雄、学习英模的主题实践活动，让人们在实际参与中增强对英雄文化的认同感。

第六节　增强雷锋精神培育实效的路径探析

习近平总书记指出，“雷锋精神的核心是信念的能量、大爱的胸怀、忘我的精神、进取的锐气，这也正是我们民族精神的最好写照”，同时指出“雷锋精神是永恒的，是社会主义核心价值观的生动体现”。因此，基层单位要把传承弘扬雷锋精神作为重要工作内容之一，谋划好、推动好、落实好。

一、学习雷锋爱党爱国爱社会主义的坚定立场，引导干群在学深悟透党的创新理论中打牢“政治好、称第一”的思想根基

对党的无限忠诚，对共产主义的坚定信念，是雷锋精神的核心。基层单位应坚持把理论武装作为践行雷锋精神、强化思想意识的基础工程，确保“身在社会中、本色永不丢”。让创新理论成为干部职工天天见面的“精神食粮”。基层单位可开设理论学习园地，干部职工开通理论学习博客，做到日读一篇理论文章，周有一次专题辅导，月有一次体会交流，季有一次学习讲评，年底组织一次考核表彰，广泛开展职工小讲坛、新闻小点评、热点小辨析、名篇小鉴赏、网上小交流、饭堂小广播“六小”活动，引导干部职工在喜闻乐见的形

式中接受理论、走进理论、喜爱理论。一些新进职工，刚到基层单位时可能对理论学习存在提不起兴趣的现象，那么单位可以专门安排理论学习标兵与其结成学习对子，逐步让他们做理论学习博客博主，担任理论学习辩论赛的辩手，进一步激发他们真学、真信、真用创新理论的热情，要使得单位里"一天不学习，思想差一截，学习有作为，才能有地位"成为广大干群的共识，理论学习真正成为大家的第一需要。让创新理论成为干群破解困惑的"锐利武器"。

近年来，一些基层单位坚持把理论武装工作与解决干群关心的重要理论和实际问题紧密结合起来，针对公共事件和社会问题，专门邀请高校及科研院所的理论教授、社会问题专家为大家宣讲辅导，分析梳理社会矛盾日益凸显、意识形态形势复杂等坚定理想信念方面的问题，如怎么防止贪图享乐、怎么防止搞庸俗关系等拒腐防变方面的问题等，引导职工们用观点破疑点，用事实解"扣子"，切实认清形势、明辨是非、站稳立场。让创新理论成为干群弘扬传统的指路明灯。过去，单位前辈在党的理论指引下，始终保持艰苦奋斗、勤俭节约的政治本色。进入新的时期，很多基层单位坚持与时俱进，用习近平新时代中国特色社会主义思想指导传承单位优良传统，引导干群大力弘扬艰苦朴素好作风，大胆摒弃不合时宜的老做法，不断丰富发展单位好传统，要求实现艰苦奋斗优良传统"三个延伸"：即从生活上吃苦向工作上刻苦延伸；从苦身子向苦脑子延伸；从善过苦日子向善过好日子且懂得忆苦思甜延伸。

二、学习雷锋干一行爱一行、专一行精一行的敬业精神，引导干群在精技强能中锤炼"爱岗位、争优秀"的过硬素质

做一颗"永不生锈的螺丝钉"是雷锋对事业的执着追求，也是干部群众在履行使命任务中的深切感悟。基层单位要紧抓履行时代使命这一要义，全面提高素质能力，着力打造高素质团队，做到"任务越重、战斗力越强"。坚持在日常工作中勇立标杆，可提出"瞄着第一干、盯着弱项练、与尖子比着做"的标准。将雷锋精神的"说法"变为"做法"，将其转化为过硬的本领，争取

做到兢兢业业、无私奉献 、积极进取。同时，可以通过开展“学雷锋志愿者服务月”、举办“雷锋精神论坛”等主题活动，让学雷锋活动深入各个角落，贯穿于干部群众的日常工作与生活，通过具体实践活动将雷锋精神融入工作生活方方面面，使学习雷锋精神成为大家自觉的工作态度及生活习惯。同时，广大干部群众也要自觉地参与进来，积极参加学雷锋志愿者活动，让雷锋精神真正成为人们孜孜不倦的追求、义不容辞的责任，让雷锋精神永驻。

三、学习雷锋全心全意为人民服务的宝贵品格，引导干群在建设单位奉献青春中永葆“为人民、几十年”的政治本色

雷锋坚持“把有限的生命投入到无限的为人民服务之中”，这与各基层单位服务人民、奉献社会的优良传统，都是践行社会主义核心价值观的具体体现。基层单位应注重把雷锋精神注入单位传统之中，秉持“群众有所需、我们有所应”，打造为民服务的“金字招牌”。

（一）基层党员干部应自觉成为弘扬雷锋精神的积极倡导者

雷锋是一名普通党员，却事事发挥模范带头作用，以实际行动践行着全心全意为人民服务的宗旨。新时代弘扬雷锋精神，广大基层党员干部应当自觉以雷锋为榜样，始终不忘初心、牢记使命，自觉坚定党的宗旨和理想信念。同时，增强危机感、责任感和使命感，坚决杜绝弄虚作假，把学雷锋活动真正落到实处，充分发挥示范引领作用。

（二）推动弘扬雷锋精神与崇尚英模人物融通

我国在社会主义建设的不同时期，涌现出王进喜、邓稼先、焦裕禄、孔繁森、吴和春、杨善洲、袁隆平、杜富国等一大批英模人物，他们身上充分体现了爱国、敬业、诚信、友善的高尚品德，是雷锋精神最好的传承人和践行者。为此，各基层单位应组织深入学习和宣传英模人物的感人事迹，搭建起学习英

模人物与弘扬雷锋精神的优质平台，充分运用宣讲报告、专题节目、网络传媒等多种形式引导大众广泛参与，形成全社会学雷锋、树新风的优良风尚。

第七节　网络文化对基层单位思想政治教育的影响及对策

互联网的迅速发展推动了一种新型文化形态的出现，即网络文化。随着基层单位信息化建设的深入，网络文化逐渐成为基层单位文化建设的重要组成部分，深刻影响着干部群众的思想观念、价值取向，思维方式及行为模式，给思想政治教育带来了严峻挑战。面对网络文化的强势发展，基层单位的思想政治教育工作应该迎难而上，把握机遇，积极占领网络文化阵地，不断提高思想政治教育的质量效益。

一、网络文化对基层思想政治教育的影响

网络文化既丰富了基层思想政治教育的形式内容，也创新了基层思想政治教育的方法手段，给思想政治教育工作带来了新的机遇和挑战。

（一）网络文化的深入发展促进了基层思想政治教育的发展

网络文化的发展改变了思想政治教育的传统教育模式，在虚拟的网络世界，教育者和受教育者之间是一种完全平等的关系，教育者的中心地位受到削弱，受教育者的主体地位不断提升，思想政治教育从单向灌输变为双向互动，客观要求思想政治教育工作者把握主动权，打好主动仗，唱响主旋律。

1.增强了思想政治教育的主动性

思想政治教育工作者要把互联网和单位局域网作为思想政治教育的新战

场，以主动的姿态及时掌握广大干部群众所反映的信息，用健康向上的文化内容“抢占”网络文化阵地，坚持宣扬党的创新理论，单位优良传统和正确的人生观价值观，使干部职工在享受现代文明成果的同时受到思想上的熏陶，推动网络媒介成为武装人、塑造人、引导人、鼓舞人的重要阵地。

2.增强了思想政治教育的针对性

网络交互式的传播方式和传播主体的平等化，改变了思想政治教育手段的单一性，使思想政治教育由“人—人”模式转变为“人—机—人”模式，教育者和受教育者双方在网络平台能够坦诚相待，敞开心扉，毫无拘束地发布信息或互动评论，更加有利于教育者和受教育者之间的沟通交流。思想政治教育工作者通过网上谈心、网上聊天、心理咨询等方式，让干部群众畅所欲言地表露真实观点和想法，有助于思想政治教育工作者及时了解干群的内心世界，掌握干群思想信息的第一手资料，从而提高思想政治教育的针对性。

3.增强了思想政治教育的实效性

网络技术的发展不断丰富了信息资源的表现形式。思想政治教育工作者利用网络媒介可以把符合使命要求、具有职业特点的教育内容通过多种手段进行完美演绎，集文字、图片、录音频、视频于一体，使思想政治教育更加丰富多彩、灵活多样，贴近实际、贴近生活、贴近干群，增强思想政治教育的吸引力和感染力。

（二）基层网络文化建设对思想政治教育提出的挑战

网络文化在为思想政治教育工作者开展教育提供诸多便利条件的同时，对广大干部群众的影响也是深刻的。

1.网络文化对思想政治教育工作者的挑战

网络文化无中心，导致思想政治教育工作者的主体地位不断下降，对教育资源的垄断也不复存在，采用灌输等传统教育方式已经很难取得理想的教育效果。因此，思想政治教育工作者要想在网络世界中引导大家，发挥作用，就一定要主动转变角色，树立为民服务的理念，减少自身权威性因素的影响，努力与广大基层干部群众形成情感上的共鸣。

2.网络文化对基层干群的挑战

网络文化对干群的影响是深刻的，干部群众在网络中对信息的接受与思想政治教育工作者已经没有时间差，甚至具有超前性，在网络信息中，干群的自主选择性极大提高。然而，由于各种因素的综合影响，面对网络空间的诱惑性、欺骗性和不确定性，人们容易处于无所适从的状态，导致少数人的言行放纵、道德滑坡、性格孤僻，严重干扰了思想政治教育功能的发挥，这就要求大家不断提高网络信息的鉴别力，培育良好的网络道德和法纪意识，主动遏制网络不良信息的影响。

3.网络文化对思想政治教育方法和环境的挑战

网络是思想政治教育的崭新平台，凭借网络虚拟、交互、快捷的优势，为思想政治教育创造了一个相对宽松的环境，并可通过多种手段，如QQ、博客、微信等开展教育。但是，在网络空间，思想政治教育工作者和受教育者之间并不是一种面对面的、实实在在的沟通，双方缺乏真实的情感交流，致使部分人容易缺乏安全感，从而对思想政治教育的内容产生怀疑。由此可见，思想政治教育在发挥网络载体功能的同时，也要结合传统的教育方法，并对其综合运用才能起到事半功倍的效果。

二、网络背景下加强基层思想政治教育的对策

网络文化是一把“双刃剑”，如何运用关键在于能否因势利导、兴利除弊，把先进的文化特质发扬光大，使之更好地为加强基层单位思想政治建设和提高竞争力服务。

（一）正视网络文化，引导大家树立正确的网络观

网络文化是时代发展进步的集中体现，已经融入广大干部群众的日常生活，一味否定或任意拔高网络文化都是不正确的。我们在警惕网络负面影响的同时，

更要清醒地认识到网络给思想政治教育工作带来的理念和途径上的创新。

思想政治教育工作者要及时解放思想，与时俱进，不要把网络视为洪水猛兽，产生网络恐惧症，而要主动出击，打好进攻仗，把网络建设成为大家学习、工作、生活的良师益友。然而，由于网络的不可控性、网络行为的隐蔽性和网络监管技术的相对滞后，人们在网络中可能容易出现有违道德伦理的相关问题，对此，思想政治教育工作者要主动作为。

1.要加强干群网络素质教育

引导广大基层干部群众正确认识网络的本质，认清网络生存方式和现实生活的关系，培养干部群众的信息甄别能力和信息使用能力，提高干部群众的信息素养。

2.要营造健康向上的网络风气

通过举办文明建网、文明上网等活动，引导大家树立良好的网络文明风尚，培养基层干部群众自觉的网络文明意识，不断加强“网风”建设。

3.要推进干群的网络道德教育

引导基层干部群众树立正确的网络道德观念，培养干部职工的是非判断能力和自我控制能力，努力把网络道德规范化为大家内心的自我完善追求，实现网络道德自律。

（二）注重建设和管理，发挥网络文化的思想导向作用

网络文化作为文化建设的一部分，在思想政治教育工作中将发挥重要作用。因此，加强网络文化建设和管理，注重发挥网络文化的思想导向作用是思想政治教育工作的主要因素。

1.加强硬件建设

以强大的数字化平台为支撑，通过整合资源、整合内容、整合力量，不断增强网络的兼容性，提高网络信息的共享水平，开辟多样化网络功能，提升网络的访问速度，形成优质的基层单位网络体系。

2.加强软件建设

研究开发集思想性、教育性、知识性、艺术性于一体的思想政治教育软

件，建立基层单位思想政治教育数据库，方便信息收集、存储和管理，实现思想政治教育的信息化和网络化。

3.提高网络监管水平

网络世界是丰富多彩的，但也容易使人迷恋其中不能自拔。因此，亟待建立健全相关规章制度，规范和控制不良网络行为，定期对网络进行清理和抽查，阻止各种不良信息进入基层单位，不断加强网上舆论的监督和引导。同时完善网络预警机制，及时发现基层群众的网上违规行为，预防网络犯罪。

（三）强化基层队伍，建设一支网络思想政治教育的骨干力量

网络文化对思想政治教育的挑战，最大的障碍不在于网络本身，而在于思想政治教育工作者的素质差异。基层单位网络文化建设刚刚起步，部分有实践经验的思想政治教育工作者的创新意识不够，对网络缺乏了解，不能熟练使用网络技术；还有一些思想政治工作者走出校门不久，思想理论功底欠缺，虽然能够熟练使用网络技术，但是缺乏将信息技术与思想政治教育工作相结合的意识。因此，要重点培养一批政治思想好、综合素质高、网络技术精的骨干队伍，确保基层网络文化的健康发展。

一要着力提高思想政治教育工作者的马克思主义理论水平，强化对思想政治教育工作者的业务培训，及时更新思想政治教育工作者的知识结构，采取各种措施调动思想政治教育工作者依托网络开展思想政治教育的积极性。

二要开展网络技术培训，提高思想政治教育工作者的信息素质。所谓信息素质一般是指能够充分认识到何时需要信息，并有能力有效地发现检索，评价和利用所需的信息，解决当前存在问题的能力。知识底蕴是培养信息素质的基础，思想政治教育工作者要不断扩大自身的知识储备，增强对信息的认知能力，着眼提高教育效果，以高度的使命感和责任感，主动掌握教育所需的信息资源，并熟练使用网络平台，实现与基层干部群众的有效沟通，努力改变目前思想政治教育工作者信息素质匮乏的现状。

（四）净化网络环境，推动先进文化的全面覆盖

当今时代，信息技术为文化发展提供了强大动力，充分发挥信息技术在文化繁荣中的重要作用已不容置疑。然而，网络同其他思想阵地一样，先进文化不去占领，低级庸俗的文化就会乘虚而入，面对网络信息中存在的虚假、颓废的“灰色”信息，低下、粗俗的“黄色”信息，蛊惑、有害的“黑色”信息，宣扬社会主义先进文化，不断净化网络环境已成必然之势。

一要加强马克思主义意识形态的主导地位，把党的创新理论渗透到网络文化建设之中，弘扬社会主义核心价值观，用中国特色社会主义理想信念凝聚人心，鼓舞士气，剔除不良信息，严防有害信息，确保基层单位网络文化建设的正确方向。

二要完善健康向上的网络功能，开设网上讲坛、网上论坛、网上博客、电子信箱、政策问答、理论热点等专栏，以基层干群喜闻乐见的形式传播先进文化，吸引大家的注意力，把宣传教育的触角最大限度地延伸到广大基层干部群众所能触及的网络空间。

第八节　对影响基层的几种低俗文化的分析与研究

党的二十大提出“推进文化自信自强，铸就社会主义文化新辉煌”。文化的核心是价值观。先进的文化对人们的价值观具有滋养催化、培养升华的作用，而低俗落后的文化使人精神颓废、意志消沉。当前，社会上一些低俗文化的影响在基层单位蔓延，对基层单位思想文化领域主旋律、主阵地意识建设产生了影响，使基层干部群众的敬业意识、使命意识、奉献意识受到冲击。低俗文化对基层的影响已引起各级各界的高度重视。

一、几种低俗文化的主要表现

（一）功利文化

功利文化的特点就是在功利思想文化的支配下，人们更加注重自我，计较个人得失，自我实现；遇到一个新事物，总会习惯性地问：这有什么用？有什么好处？现实利益是他们首先关注的焦点。这类文化在基层单位的表现主要是当前少数基层干部不按客观规律、不顾现实条件，提一些不切实际的高指标；重近期效果，轻长远利益，急于在短期出政绩；心浮气躁、一事当前，会去算计个人得失，习惯于做表面文章，追求轰动效应。

（二）庸俗文化

庸俗文化的特点就是迎合社会上那种低俗的审美情趣，以寻求最佳“卖点”，谋取更大经济利益。现在，从“拳头加枕头”的影视剧，到以贬损歧视为噱头的语言类节目；从鼓吹“强者为王”的成功学书籍，到一些网站用“标题党”招徕点击等，可谓挖空心思，质量低劣，“污染”了读者和观众。这类文化在基层单位的表现主要是当前少数基层职工存在麻痹思想，或沉迷于阅读情节荒诞、肆意夸张等虚幻类小说，或情趣低俗，把讲段子和灰色笑话看成幽默，并以彼此传播为乐，等等。

（三）程式文化

程式文化的特点就是任何事情都墨守成规，故步自封，习惯凭老经验、老办法去抓工作。这类文化在基层单位的表现主要是当前有的基层干部思维固化，上级发什么，就组织学习什么，上级提什么要求，就机械地去落实，不大注重结合本单位实际，不会创造性地开展工作。有的思想不够解放，遇到事情总是“按老规矩办”，不能推陈出新，导致单位文化建设总是在原地徘徊。

（四）消费文化

主要指一些人单纯追求欲望的满足，崇尚享乐的人生价值观，认为人生的目的就是最大限度地去享受快乐，幸福就是享乐。这类文化在基层单位的表现主要是个别同志消费过程中不计收支总量，有了钱就大手大脚地乱花，无计划消费；不考虑经济实力，只顾眼前、“寅吃卯粮”的超前消费；虚荣心理强，生活中处处讲面子，追求现代、高档、品牌，别人用啥自己也要用啥，别人穿啥自己也要穿啥，生怕别人看不起，被别人笑话的攀比消费等。

二、低俗文化的实质及根源

低俗文化的滋长蔓延，反映的是某些人在一定程度上荣辱界限模糊、是非判断失据、思想行为失范，实质是人生观、价值观扭曲偏移，理想信念发生了动摇。多样性与娱乐性是当前低俗文化的基本特征。在这样的背景下，抵制低俗文化的影响侵蚀，发挥先进文化在价值观念塑造中的主阵地、主旋律、主声音作用，显得更加迫切和紧要。那么这些文化现象要怎么来看？

（一）从文化的本性看

文化具有很强的渗透性，体现在文化通过有形物体和无形思想向人们渗透，逐渐使人们对某种文化和价值观的接受和认同，起到“春风化雨、润物无声”的作用，这是文化的特殊性。低俗的东西腐蚀性较强。文化具有广泛的大众性，在信息化时代，文化的大众性正被逼到不顾一切的位置。一些披着“大众化”外衣的低俗文化，其手法更隐蔽，对大众的影响也很广很大很深，负面作用也很大。文化具有很强的导向性，在一定程度上比一些会议文件、行政行为更加厉害。

（二）从目前的发展趋势看

当前世情、国情正发生深刻的变化，各种思想文化相互激荡，对人们的生活方式和观念意识产生了多方面的影响，人们思想活动的多样性和差异性日趋增强，价值多元化成为这个时期鲜明的特征。一方面，多元思想文化价值取向，使人们的独立性和选择性的空间得到扩展，这无疑是社会的进步；另一方面，价值多元化的日益扩展，也使人们的基本价值判断产生了困惑和迷茫，人们原先持有的一些基本的道德判断变得模糊，一些是非、善恶、美丑界限被打乱。再加上国内一些文化企业和社会传媒受利益驱动，刻意迎合部分人的低俗品味，在华丽包装的掩盖下，大肆输送劣质文化产品，极大地助长了“低俗文化热”的蔓延。这种产业化、物质化、享乐化的文化倾向，任其发展下去必定产生不良后果。

（三）从与敌对势力的文化争夺看

低俗文化是西化分化的重要手段及渠道。有资料披露，目前的一些刊物、团体、个人是得到西方资助后出现了问题，西方社会通过网络、书籍的影响是全方位的，对此千万不能掉以轻心。众所周知，美国企图摧毁中国文化的措施包括：让他们的教育失去活力，让他们学习并使用我们的语言，让他们对我们的生活产生浓厚兴趣，让他们鄙视并攻击他们的先哲，让他们使用我们的标准，让他们只对金钱感兴趣，让他们的人才为我们所利用，让他们对自己的民族英雄感到厌恶，等等。了解到这些，再看看社会文化现象和青年职工思想上所发生的变化，怎能不对低俗文化的泛滥忧心和警觉？

三、抵制低俗文化的几点建议

（一）必须用中国特色社会主义理论体系、习近平新时代中国特色社会主义思想武装基层干群

理论作为文化的灵魂，决定着文化的性质和方向。坚持用中国特色社会主义理论体系、习近平新时代中国特色社会主义思想牢固占领基层干群的思

想阵地，是我们保持基层单位性质宗旨和正确政治方向的根本保证，是干群坚定革命理想信念，树立正确的世界观、人生观和价值观的必然要求，是提高基层干群精神文化“软实力”的首要前提。深入搞好思想发动，引导广大干部群众充分认清党的创新理论是民族振兴、基层强大的“指航灯”，是立身做人、成长进步的“金钥匙”，让干部职工意识到“不学真不行、真学真管用”，点燃广大干群学习党的创新理论的政治热情，切实变“要我学”为“我要学”，使学理论、用理论成为干部职工的常态。组织基层干部职工系统学习中国特色社会主义理论体系，学习贯彻习近平新时代中国特色社会主义思想，切实掌握蕴含其中的马克思主义理论思想、观点，真正使党的创新理论成为基层干部职工观察社会、思考人生、认识问题的思想武器，成为立身做人、践行宗旨、献身使命的根本准则。

（二）必须用社会主义核心价值观强化基层干群的思想

社会主义核心价值观是社会主义核心价值体系的内核，体现社会主义核心价值体系的根本性质和基本特征，越是在社会深化改革时期，越是在社会思想多元变化的情况下，越要大力培育，不断强化基层干部群众的精神支柱。坚持紧贴基层的使命任务开展职能使命教育，不断强化广大干群对党的信赖、对国家的理解、对政权的认知，始终保持为祖国奋斗的锐气和斗志。把社会主义核心价值观的培育，与单位的各项建设和工作紧密结合，融入干部职工的工作、学习、日常生活，融入单位教育管理的各个环节，切实形成处处是课堂、时时促养成的良好氛围。把培养和宣扬典型作为抓好培育工作的重要途径，引导广大职工从先进典型身上领悟对党的坚定信念、献身使命的精神境界、甘于奉献的思想品格、纯洁高尚的道德情操。注重探索和总结培育社会主义核心价值观的成功经验，善于把实践中行之有效的措施办法，上升到制度规范的层面固定下来，使之在更大范围、更长时间内发挥作用。

（三）必须用中华传统美德滋养基层干群的道德情操

在几千年的历史进程中，中华民族倡导“修身、齐家、治国、平天下”，这种为人处世的基本道德观念，是人类进行物质生产活动和维持自身生存发展的基本要素，也是社会发展的基本行为准则。从传统文化来看，只有寻找到了安身立命的本，才能实现平治天下的宏伟目标，把“德之不修，学之不讲，闻义不能徙，不善不能改”作为人生值得忧虑的大事；主张道德自律、修身养性、慎独慎微；主张在纷繁多变的世界中寻找一处属于自己的精神家园和心灵港湾。可见，传统文化追求的不是一种有限的、狭隘的功利之用，而是一种人生之妙用、人生之大用。它对于慰藉人的心灵、提振人的气质、涵养人的德行、纯洁人的情感、升华人的精神、开阔人的视野，都有极大的帮助。这与低俗文化形成了鲜明的对比。广大基层干部职工要时刻注重品德修养，多读一些国学、国史和传统哲学，真正使其内悟于心、外化于行，做讲道德、有操守的当代基层人。

（四）必须用时代精神激励基层干群的精进意识

时代精神是一个时代的人们在文化创建活动中体现出来的精神风貌和优良品格，是激励一个民族奋发图强、振兴祖国的强大精神动力，反映当代中国社会进步的发展方向，引领时代进步的潮流，展现当代中国社会崭新的精神风貌。尽管社会上出现了形形色色的低俗文化，但讴歌主旋律、唱响最强音依然是文化发展的主流。伟大的改革开放精神、载人航天精神、抗洪抗震救灾精神，都产生于这个伟大的时代。基层单位要立足当今时代的大环境，善于借鉴和运用社会优秀成果，充分发挥现代主流传媒时尚文化载体的作用，用新的文化内涵和时代精神培育干部职工、引领时尚，用高扬时代精神的主旋律和最强音感召干群、凝魂聚气。广大干部职工要满怀激情，以对历史、对社会、对人生高度负责的精神，扎根基层，扎根本职，开拓进取，精进不息，努力创造出无愧于时代的业绩。

第九节　高校文化建设的探索与实践

党的二十大报告指出，全面建设社会主义现代化国家，必须坚持中国特色社会主义文化发展道路，增强文化自信，围绕举旗帜、聚民心、育新人、兴文化、展形象建设社会主义文化强国。这一论断将文化建设推向了新的高度，反映了我们党对文化在整个社会发展中地位更全面深刻的认识，展示了高度的文化自觉和文化自信。高校作为社会的重要组成部分，肩负着育人铸魂的重要使命，各高校应贯彻落实党的二十大精神，以社会主义核心价值观培育为根本，大力繁荣发展符合时代要求、凝聚使命追求、彰显人文底蕴的特色校园文化。

一、培育凝魂聚气的精神文化，引领核心价值追求

高校加强文化建设，可结合办学目标和使命任务，大力弘扬文化主旋律，着力培育师生与社会主义核心价值观相辅相成的理想信念、价值追求和行为准则。

（一）要传承弘扬高校精神

高校精神是一个高校在长期的教育实践中积淀形成的相对稳定的、具有典型意义的角色定位、信念追求和价值取向，是高校文化的精髓和核心所在。要注重从自身文化传统和历史积淀中挖掘根脉、吸取精髓，加强对共同价值观念的凝练、归纳和提升，构筑校园文化的精神支柱，并通过制作宣传手册、创作文艺作品等方式深化师生对高校精神的认知和理解，强化认同感和践行意识。例如，湖南大学从多年建设发展所形成的文化特质中，凝练出“实事求是、敢为人先”的高校精神，经媒体宣传和院士等知名专家带头解读诠释和示范引领，已成为全校师生共同的价值追求与核心理念。

（二）要丰富厚实历史文化底蕴

历史文化是高校文化建设发展的根基和源泉。要加强对承载高校创建历史、代表高校外在形象的标志性建筑、设施和物品的维护，重视对高校发展成就和重大荣誉的旗、杯、牌、章、证、书等实物的收藏，建好校史馆、荣誉室，系统展示高校厚重的历史底蕴、鲜明的办学特色和浓郁的人文文化；要重视文史资料的编撰整理，编写大事记、发展年鉴和阶段性史册，通过口述历史、“回眸”征文等形式，抢救历史文化资料，同时深化对高校发展阶段、历史事件、历史人物的分析和研究，梳理文化脉络，挖掘文化内涵，积极推进校史研究转化为文化实践。

（三）要建立健全人文教育体系

人文教育是塑造心灵的教育，是培育价值观的教育，是高校精神文化建设的重要内容。要把人文素质教育融入高校人才培养的全过程，落实教育教学的各环节，建立起覆盖课堂教学、课外活动和社会实践的人文素质教育体系。要着眼高校自身特点，开展好以爱国主义、学习英模、弘扬民族气节等为重点的中华优秀传统文化教育，坚定师生的理想信念，引领广大学子正确的价值观和人生观；要着力打造格调高雅的文化品牌，为师生们提供优质精神产品和文化服务，在高校深厚人文底蕴的蓄积进程中，不断强基固本、增添生机。

二、建设优雅和谐的环境文化，营造特色育人氛围

环境文化是高校文化的外在表征，体现着高校的文化品位和格调，具有潜移默化的熏陶、启迪和引导功能。高校应统筹规划、科学设计，着力建设庄重大方、内涵丰富、特色鲜明的校园环境文化。

（一）要建设寓教于美的文化景观

校园景观能反映出高校的深厚历史和人文理念，能够显著增强校园文化魅力。要结合高校建筑布局和校区功能定位，加强文化景观建设规划，科学设计山水、园林、亭阁等景观的样式、风格和色彩，使自然美、人文美、艺术美相协调；在公共场所建设承载文化信息、反映科学精神和人文内涵的浮雕塑像、文化长廊、书法文化墙等，努力营造厚重的人文气息；在办公楼、教学馆、实验室、宿舍楼等建筑融入文化元素，实现物以载道，使置身其中的每个人时刻都能感受浓厚的文化氛围。

（二）要打造特色鲜明的文化标识

文化标识是一所高校的重要标志，是高校形象的外在展示。高校的校训、校歌、校旗、校徽以及队旗、队徽等的创作设计，应力求特色鲜明，融入文化内涵；要注重加强办公用品、纪念品等高校文化产品的开发、使用和推广，规范高校名称、标准色、标准字体，外树高校文化形象；提倡广大师生牢记校训、学唱校歌、佩戴校徽，定期开展高校文化标识系统使用督查，增强校园文化认同感。

（三）要建设功能完备的文化设施

文化设施是高校文化的硬件基础，是校园文化建设发展的物质载体。要规划建设好科技、体育、文艺活动场所，为广大师生开展文化活动提供必要的场地和条件；要加强校报、校刊、广播电视、宣传橱窗等文化阵地建设，发挥宣传舆论媒介在校园文化建设中的作用；要重视加强校园网建设，打造融思想性、知识性、趣味性、服务性于一体的信息交流平台，积极开展健康向上、丰富多彩的网络文化活动，使校园网络成为高校优秀文化展示和传播的窗口，拓展高校文化建设的渠道和空间。

三、培育引领风尚的行为文化，提升精神文明素养

高校文化建设，要在提升师生文化素养的基础上，注重将高校文化所蕴含的价值观融入机制和日常，并转化为广大师生的思想信念、自我要求和自觉实践。

（一）要强化制度规范

制度是规范和塑造师生行为习惯的准则，是高校文化建设的基础保障。高校要把依法治校、从严治校与思想引领、价值导向有机结合起来，努力构建严谨有序、统筹兼顾、协调发展的制度文化，形成领导依法决策、机关依法指导、工作依法运转的良好局面；要广泛开展学章程用章程、学制度用制度活动，紧密结合学校实际，搞好规章制度的细化和完善，增强制度管人管事的针对性和有效性，不断强化师生遵章守纪意识，培育与高校文化相符合的行为规范。

（二）要培育优良校风

校风是高校师生精神风貌、人文素养、道德品行的集中体现，优良的校风是促进行为养成的重要条件。要以教风、学风、科研作风、领导和机关作风建设为重点，着力推进“立校以育人为本，为师以敬业为乐，求学以成才为志，科研以探究为趣，从政以求实为先”的校风建设；完善公平、公正、公开的考核奖励机制，使勤学习、干事业、肯钻研、出成果的教职工受到褒奖和尊敬，形成靠素质进步、靠实干进步、靠业绩进步的良好导向；加大先进典型的培树和宣传力度，用先进典型的事迹和精神感染人、教育人、引导人。例如，湖南商务职院近年来连续推出了一批先进典型，在外树学校形象的同时，有力地促进了优良校风建设，值得借鉴。

（三）要强化实践育人

实践是促进文化素养向行为转变的关键环节。要精心设计和组织开展内

容丰富、形式新颖、吸引力强的思想政治、学术科技、文娱体育等校园文化活动，把德智体美教育渗透校园文化活动之中，使师生在活动参与中受到潜移默化的熏陶；要注重在艰苦环境、大项工作和重要任务中锻炼师生，磨砺意志品质，锤炼纪律作风，培养新时代师生特有的精气神；要积极开展志愿者服务、科技支教、扶贫帮困等公益活动，使师生在了解社会、服务社会中接受实践教育，塑造良好的精神品格。例如，湖南商务职院持续开展“三下乡”活动，用脚步丈量青春，用技能点亮梦想，获得多项荣誉，有效提升了师生的综合素质和学业、事业境界。

第四章

“数智时代”提升思想意识工作引领力的探索与创新

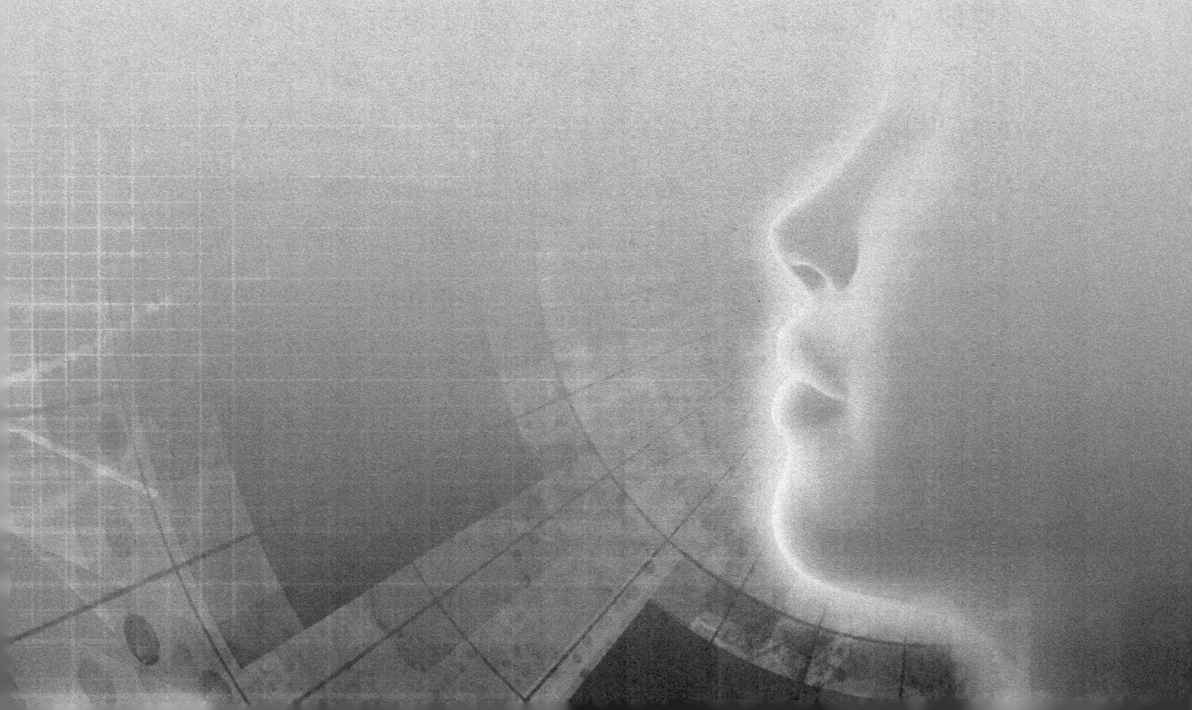

习近平总书记强调，“完成新形势下宣传思想工作的使命任务，必须以新时代中国特色社会主义思想为指导，增强‘四个意识’、坚定‘四个自信’，自觉承担起举旗帜、聚民心、育新人、兴文化、展形象的使命任务，坚持正确政治方向，在基础性、战略性工作上下功夫，在关键处、要害处下功夫，在工作质量和水平上下功夫，推动宣传思想工作不断强起来，促进全体人民在理想信念、价值理念、道德观念上紧紧团结在一起，为服务党和国家事业全局作出更大贡献。”

第一节　信息化背景下开展思政教育的认知与探索

党的二十大报告指出，要巩固壮大奋进新时代的主流思想舆论，推动形成良好网络生态。这一论述，把对信息网络的重视程度提到了新高度。当前，基层单位网络建设比较落后于互联网发展，基层网络思想政治教育尚未完全满足干部群众需求，因此制约了基层思想政治工作的创新发展。基层须紧跟党的二十大的新要求，把抓好单位网络建设、加强网络思想政治教育作为贯彻党的二十大精神的重要内容，以时不我待的紧迫感和主动抢占的姿态加速建设，开辟思想政治教育新天地，为基层单位思想政治教育注入新活力。

一、强化占领意识，加速推进网络思想政治教育基础建设

（一）网络思想政治教育基础建设存在的问题

很多单位开设了思想政治工作网或在单位官网开设了思政工作专栏，因发展快、建设好受到大家的欢迎。但从基层情况看，基层单位思政工作网基础建设滞后的问题还存在着，网络思想政治教育发展比较缓慢。主要表现在以下几个方面。

1.认识跟不上

有的基层单位认为网络对思想政治工作的巨大作用、干部群众对网络的强烈需求认识不充分，甚至认为网络作用并不太大，于是舍不得花钱加大建设力度。

2.硬件不达标

由于受资金、房屋面积等客观条件限制，部分单位网络硬件建设差距还比较大。有的单位房屋老旧，广大职工网络办公环境较差；有的单位网络宽带窄、网速低；有的单位电脑数量少、配置低等问题还不同程度存在。

3.专职人员不够

有的基层单位想办法不多，思政教育办公室没有建立起来，专职网络思政工作人员没有配备；由于基层单位从事网络工作出路窄、发展受限，有的技术骨干不愿长期干，人才保留难。

（二）网络思想政治教育基础建设的方法途径

没有硬件基础和人才保障，网络思想政治教育就只能是空谈。没有单位的重视和支持，网络硬件和人才也无法落实。因此，加强网络建设，必须从提高基层单位领导班子的思想认识入手，坚持硬件和人才双管齐下，着力打造良好的基础平台。

1.切实强化思想认识

引导基层班子切实认识到，网络已经成为政治工作的重要阵地、成为创新

政治教育的重要形式、成为吸引干群的重要舞台，建设是责任、不建是失职。要把这项工作自觉提上重要议事日程，把网络纳入基层单位全面建设来规划，切实按照高的标准要求、预期的时间节点认真筹划，加快推进，确保按要求落实；同时，把网络建设纳入衡量单位建设成效、考评班子的重要指标，作为"一把手"工程来要求，使之成为基层班子建设发展的硬任务。

2.大力抓好网络硬件建设

采取上级帮建、本级自筹、政企共建相结合的办法，多措并举搞好资金筹措，确保网络建设的经费保障。在前几年抓网络联通率和覆盖面的基础上，现在要扩容改造信息网主干信道和服务器设备，确保网络运行速度和终端密度。针对各基层单位办公用房的差异，可以采取利用充裕房屋、改造老旧房屋、与图书室合并等办法建好网络思政学习室，对建设网络思政学习室的确有困难的采取网络入班等方式，确保开展网络思政有场所。把网络维护、设备更新经费纳入年度预算，确保网络运行畅通、网络设备及时更新换代。3.认真配齐建强人才队伍

在基层单位设立兼职管理员、网络评论员，明确管理员、评论员职责，确保单位思政工作网有人建有人管。同时，每年组织1~2次专兼职网络管理人员技能培训，不断提高建网管网人员技术水平，努力建设一支技术过硬、相对稳定的网络教育人才队伍，为网络建设管理提供可靠的人才保障。

二、规范方法路子，确保网络思想政治教育生动活泼开展

（一）网络思想政治教育开展过程中存在的问题

从调查情况看，近年来各单位对网络思想政治教育进行了积极探索，并开展了一些活动，收到了初步效果。但总地看，网络教育开展还不经常，方法还不很新，氛围还不浓厚。

1.主动运用意识不强

有的政治干部对网络教育缺乏深入研究，不知道怎么开展，不会使用新方法新手段；有的习惯按传统模式搞教育，对网络教育认为多一事不如少一事，怕麻烦不愿用。

2.组织计划性缺乏

干部群众日常上网大多是查资料、干工作，有组织、有计划开展的网络教育活动少；基层单位筹划教育时同步考虑筹划网络教育活动不够，有的单位制定月教育计划时没有把网络教育活动一并安排部署；重大教育中传统配合活动安排设计多，网络教育活动考虑少。

3.创造性吸引力不够

有的单位网上内容更新慢，相互转载重复建设内容多，反映本单位、贴近干群生活的原创内容少，干部群众想看的看不到、想查的查不了；有的单位心理咨询、事务信箱、谈心论坛等互动栏目解答问题、信息回复不及时，有的栏目只是摆样子，有形式没内容，干群参与热情不高；有的单位重大节日网上活动缺乏创新，每次都是一个样，久而久之失去吸引力。

（二）网络思想政治教育的新思路

开展网络教育，必须认真其研究特点规律，丰富内容形式，规范方法路子，使网络教育经常活跃地开展起来。

1.坚持网上学习教育制度化

把网络教育活动作为课堂教育的重要补充，坚持基层单位每月制订教育计划把网络教育活动一并筹划，规定每周教育日必须安排一定时间开展网络教育活动，使网络教育与课堂教育同步展开、相互促进。认真研究开展网上思想调查、网上备课授课、网上讨论交流等网络教育活动的方法路子，展开重大教育、各种敏感时节及时组织网上思想调查，重大理论宣讲、大型教育活动及时开设网上辅导视频、优秀教案课件专栏等供干群自主学习，围绕干部群众关注问题定期发布热点话题引导干群讨论，并把这些做法固定下来形成制度，规范网络教育模式。积极探索运用网络开展谈心聊天、教育评估的方法路子，不断创新网络教育形式，拓展网络教育功能，增强网络教育功能活力。

2.坚持网上文化生活常态化

利用周末、节假日、课余时间，广泛开展网上读书励志、书画作品展览、人生格言摘录、文学艺术鉴赏、影视展播、歌曲传唱等活动，运用多种形式让广大干部群众享受丰富多彩的网上文化生活。针对干群兴趣爱好，在网上开设篮球、乒乓球、摄影棋类等网上教学，使网络成为培养广大职工技术特长和兴趣爱好的大学校。

3.坚持网上栏目设置多样化

适应青年职工求新、求变的特点，提高网络信息的更新速度，增加干群喜闻乐见的文学作品、影视作品等内容，增强网络吸引力，开设单位生活剪影、先进典型风范、好人好事播报等栏目，让网络走进干群生活。加强对建言献策、事务信箱、咨询服务等互动栏目的建设，建立专人定期收集留言、定期呈送领导、及时回复答疑等制度，切实把干群与单位建设、与领导班子的网络连心桥联通好运用好。加强对网上博客、拍客等的研究探索，在不断创新中激发网络教育活力。

三、严格规范管理，确保网络思想政治教育健康有序运行

（一）网络思想政治教育管理中存在的问题

调查显示，基层网络教育开展欠佳、运用欠佳，管理是一个重要原因。主要表现在以下几个方面。

1.观念跟不上

有的单位习惯用陈旧观念抓网络管理，一强调信息安全就关网断网。

2.制度不健全

有的单位没有建立上网信息审查登记等制度，网络信息上传下载随意性

大；有的网络安全保密、信息监管等制度落实不好，导致容易出现失泄密隐患和不良信息，影响网络的使用。

3.方法欠科学

有的单位对怎么管网用网缺乏研究，拿不出切实有效的办法，不会管；有的对失泄密、网上信息监管等难题，强调要求多、有效对策少。

（二）网络思想政治教育管理策略

开展网络思想政治教育，必须解决好会管理善管理的问题，通过科学有效的管理保证网络运行畅通和网络教育健康运行。

1.建章立制从严管

建立上网信息审批登记制度，对基层单位重大活动、工作动态、业务资料、影视音乐和转载信息等，都要明确审批权限，严格按照先审批后发布，严防涉密信息、不健康内容上网。建立网上信息检查监控制度，要有日常值班制度，周末、节假日及敏感时节要24小时值班，每天对网络信息的进行检查监督和实时监控，及时发现和清理不良信息，保持网络信息的纯洁。建立日常维护制度，明确网络维护人员的具体职责和工作规范，加强对网络的日常维护、检修，及时发现和排除故障，保持网络良好运行状态。

2.技术防范全时管

规范硬件建设标准，配备完善的备份、保密、消防等设备，对购置的网络服务器、计算机等设备使用前进行安全保密技术检测。加强安全技术软件防护，单位思政工作网应建立具备加密鉴别、访问控制、数据保护、安全备份、病毒防治等功能的系统安全机制，强化安全技术防范。

3.落实责任人人管

明确专人开展网络建设和筹划开展网络教育活动。落实基层思政网络学习室、网络设备管理责任制，把网络设备和上网电脑具体责任落实到人头，使管理责任细化具体化。加大检查考评和奖惩力度，结合半年和年终工作总结检查考评管网用网情况，每年表彰一批先进单位和个人，对管理不善应进行责任追究，确保管理严格规范。

第二节 “四位一体”提高基层单位网上意识形态工作能力的对策研究

党的二十大报告指出，要建设具有强大凝聚力和引领力的社会主义意识形态，牢牢掌握党对意识形态工作领导权。基层单位应加强党的二十大精神的学习贯彻，结合形势任务和工作实际，提高网上意识形态工作能力。

一、着眼形势任务、理顺关系，加紧推进工作机构建设

完备的组织体系，是协调推动工作有力展开、有序落实的根本保证。网上意识形态工作政治性、敏感性强，必须把强有力的组织领导贯穿始终，牢牢把握正确的政治方向。从当前工作实际看，各基层单位在思想上越来越重视网上意识形态工作，采取一系列步骤措施予以推动，但与此同时一些问题也客观存在，影响和制约了工作的及时开展和健康运转。这就急需做好三个方面工作。

（一）成立工作领导小组

基层单位要成立由主要负责人任组长，分管领导任副组长，相关部门参加的网络意识形态工作领导小组，负责对单位网络意识形态工作的组织领导和统筹协调。

（二）设立日常办事机构

在基层单位建立互联网舆情监控处置引导专职机构，分别履行本级网络意识形态工作领导小组日常办事机构职能，负责协调本级网络意识形态工作。

（三）建立合作联席机制

各基层单位应加强与地方的宣传、工信、公安等职能部门沟通协作，利用新闻通气会、敏感问题通报会、网上舆情研判会等机制平台，把网络意识形态工作纳入其中，共享资源，互动信息，形成合力；同时可通过联合举办研讨会、座谈会、记者年会等形式加强沟通交流。同时，各基层单位之间应形成相互支持、密切协作、联合办公的工作格局。

二、着眼优化结构、发挥作用，加紧推进人才队伍建设

人才是第一资源。网上意识形态工作的推进，关键取决于人才素质的高低。近年来，有的基层单位组建一支专兼结合的骨干队伍，为开展网上意识形态工作斗争提供了人才支撑。但整体上还存在相关理论掌握不多、实践经验不足等问题，特别是缺少精英型、领袖型人才。这就急需做好以下三个方面的工作。

（一）在壮大队伍的同时优化人员结构

按照优中选优、精干高效原则，积极做好骨干的考核遴选工作。要重点抓好现职人才的选拔，也可吸纳一定数量的离退休思政干部，让更多具有专业才能、广泛社会影响的人才充实进来。要在严把进口的同时还应敞开出口，建立定期考核评估机制，对那些责任心不强、工作不得力的人民坚决予以清退。

（二）在搞好培训的同时强化实践锻炼

学习游泳有效的办法是多下水。基层单位每年组织相关人员进行集中培训非常必要，应予以坚持并着力提高针对性、实用性。同时还应搞好经常性、实践化训练，结合推进党的创新理论普及，开展虚假有害信息整治、组织重大主题宣传活动等，让他们真刀真枪进行网上实践，在“水中”提高素质、增长本领。

（三）在抓好使用的同时加强管理规范

从调查看，当前基层单位部分思政人员工作积极性不高、责任心不强，一个重要原因就是一些基层单位管理工作没跟上，有的甚至出现了只选不育、只用不管的现象。因此，各基层单位在抓好网络思政人才培养使用的同时，应尽快出台有关日常管理、奖惩激励等方面的规定，为单位提供遵循。

三、着眼夯实支撑、扩大影响，加紧推进前沿阵地建设

西方之所以能够掀起一轮又一轮舆论浪潮，一个很重要的原因就是拥有较为强大的国际传播能力，当前，无论是政治经济领域还是文化科技领域，“西强我弱”格局没有根本改变，美西方依旧拥有网上“霸权”。这就要求我们必须以更大的决心和更实的举措加快推进网上阵地建设，为开展意识形态工作提供坚实支撑。

（一）加快推进信息技术手段建设

在信息技术高度发展的当今时代，信息技术手段在网上意识形态工作开展中的地位日益凸显，往往谁“技高一筹”，谁就能事半功倍。要充分利用先进网络技术成果，加快研发融合信息监测、形势研判、指挥协调等功能于一体的网上意识形态工作技术平台，并为基层单位配发相应专门器材，让各基层单位都有开展网上意识形态工作的“金刚钻”。

（二）善于依托社会媒体资源借力发声

着眼广大民众对基层单位关注度越来越高、信息需求越来越多的实际，通过主动提供宣传口径、定期报送新闻线索、加强信息发布审核等，让社会媒体主动为基层单位发声。特别是注重通过联合创办专版专栏等形式，不断扩大基层声音在社会的影响力和覆盖面。

四、着眼突出应用、强化指导，加紧推进基础理论建设

理论是实践的先导，理论研究越深入，实践创新越有支撑。网上意识形态工作涵盖许多新领域、新内容，更需要理论工作紧紧跟上、有力牵引。当前，虽然这方面研究成果不时见诸刊面报端，但是总体上讲仍属于起步推进阶段，基层单位的网上意识形态工作研究更是属于“零敲碎打”状态，需着力在研究的基础性、现实性和前瞻性上下功夫，不断增强研究成果的系统性、针对性和指导性。

（一）加强基本理论研究

可组织精干力量，将开展基层单位网上意识形态工作作为重要研究课题，组织申报立项。全面系统地做好基层单位网上意识形态工作基本原则、一般规律以及特殊要求的概况归纳、总结梳理。

（二）加强重大现实问题研究

围绕当前网上意识形态斗争形势分析、方法技巧研究、基层实践经验等开展专题研讨交流，发动大家一起分析形势、明确要求，梳理成果、交流经验，研究对策、推动工作。

（三）加强主要竞争对手研究

开展网上意识形态斗争，美等西方国家既有强大技术优势，又有很多成功经验做法。他山之石可以攻玉。要突出美西方发达国家这个研究重点，从不同地域、不同文化背景、不同政治制度等方面进行专题研究和深入剖析。特别注重从他们开展网上意识形态工作宣传的典型案例中，掌握工作运作理念、模式、内容和方法，做到博采众长、融会贯通，从而实现“师夷长技以制夷”的目的。

第三节 谋实抓活网络思想政治教育的做法研究

基层单位谋实抓活网络思想政治教育，应紧贴形势任务、紧贴团队实际、紧贴干群思想，着力夯实基础、创新方法、谋求实效，推动网络思想政治教育持续深入开展。

一、凝心聚力创条件，夯实网络思想政治教育基础

坚持立足实际主动作为，深入发动全员参与，切实形成抓活网络思想政治教育的合力。

（一）着力提高网络素养

围绕增强广大干部职工的用网意识和能力，开展网上问卷调查摸清底数，组织“正确识网、绿色上网、安全用网”专题教育培训和“上网为什么、用网干什么、网上怎么干”群众性讨论，培养大家养成良好的用网习惯、严明的网络纪律和高尚的网络道德。坚持把开展网络思想政治教育作为基层党组织重要职责摆上位置，利用党政联席会、思政教育准备会等时机，着重分析研判网络舆情动向，针对性制订教育计划，推进网络思政教育规范化、常态化。

（二）着力打造网络平台

坚持把加强思政网软硬件建设作为基础工程来抓，更新服务器和交换机，优化网络运行环境；积极打造主题鲜明、特色浓郁、时代感强的精品思政网站；优化网页版块，引入优势资源，汇集形成新闻播报、互动论坛、智力闯关、建言献策等多个频道和栏目，增强网络的吸引力、影响力。

（三）着力培育网络骨干

按照专兼结合、层次分明的要求，采取专业培训、任务锤炼、外请教学、结对帮带等形式，常态化抓好网络知识学习、技能传授和训练对抗，常态化组织网上重大突发舆情应急处置演练，培养形成以网络思政教员为主体、网络报道员评论员及心理疏导员为辅助、网络安全员为支撑的人才构架，夯实开展网络教育的人才基础。

二、探索创新强功能，延伸网络思想政治教育触角

坚持大胆探索积极实践，用好用足网络优势，推动网络思想政治教育进入干部职工的学习、工作和生活。

（一）拓展服务指导领域

着力建好网上思政的主要栏目板块和交流互动区，及时上传上级指示、法规制度，思政骨干要定期在线答疑解惑，归纳解决问题；持续推行基层单位网上党务公开和办事公开，开展网上讲评活动，鼓励大家提出好的意见建议，提升抓建基层、服务广大干群的质量效益。

（二）创新思想引导方式

由政治干部、思想骨干、心理骨干、法律咨询员担任网络评论员和心理疏导员，通过论坛、微博等了解广大职工的所思所想，及时发现、准确回馈、主动引导网上舆情，及时锁定有思想问题和现实困难的职工，做到网上一对一引导、网下面对面解决。围绕时事热点、关注焦点、理论难点和职工认知盲点，主动设置议题，发动职工们晒出思想、亮出观点，并进行实时引导，帮助大家增强政治敏锐性和鉴别力，坚决抵制网络政治谣言，始终同党中央保持高度一致。

（三）拓宽学习辅导渠道

建好网上“学习之家”，思政骨干要上传优秀教案课件实现资源共享，组织开展网上“六佳”评比、备课试讲、评教评学等活动，持续提升思政骨干组教施教能力。推进网络教学，经常性开展思想教育，研究确定每月网络教育主题，邀请高校优秀政治教师轮流网上授课、在线互动答疑，邀请专家学者、先进典型做客“嘉宾访谈”传经送宝、畅谈体会，增进网络思想政治教育的开展力度和水平。

三、融合渗透促转化，增强网络思想政治教育实效

坚持紧跟形势服务中心，网上网下有机结合，切实激发干群投身单位建设的强大动力。

（一）围绕学习贯彻党的二十大营造浓厚氛围

在单位网站开辟学习贯彻党的二十大精神、每日聚焦、报纸摘要等特色栏目，将国内主流媒体、主要网站的重要新闻信息上传单位官网或单位思政网，切实用权威声音、正面舆论占领干群思想阵地。梳理10年来党和国家在理论创新、经济建设、民生改善等各类建设成果，举办“建设发展铸就辉煌”系列网上图片展，引导干部群众在感知发展成就中坚定信心、铸牢信念，立足本职创一流佳绩。

（二）围绕提升能力本领焕发建设热情

在网上深入开展历史使命、形势政策、奉献精神教育，组织“爱岗敬业为什么、砥砺前行靠什么”大讨论，强化增强技能、奋勇前行的紧迫感和使命感。坚持传统感召、荣誉牵引，发动广大职工积极参与网上史馆和数字荣誉室建设，自觉接受光荣传统熏陶；开设“星光闪耀”专栏，每月组织工作之星等

网上评选，上传典型事迹，激励广大职工见贤思齐、争当标兵。

（三）围绕实现“持续发展”凝聚智慧力量

要发动广大干群整治铺张浪费、守纪不严等不良现象，有效遏制违规违纪问题发生，营造秩序井然、作风严谨、安全稳定的内部环境。开设“领导信箱”“建言献策”“宣传简报”等栏目，征集合理化意见建议，推广先进经验做法；开展“我为单位建设发展献一计”活动，引导广大干部群众积极参与，爱基层、建基层、兴基层的主人翁意识不断增强。积极开设网上课堂、理论园地、文化天地、网上党校等板块，定期开展学习培训、知识竞赛、作品评比等活动，促进广大职工全面发展、成长成才。

第四节 科学开展网络舆论引导的对策研究

近年来，随着互联网迅猛发展，网民数量的增加、公民意识的觉醒以及网络技术的更新，博客、社交网络、微博等一些新兴网络技术的出现，极大地拓展了网络运用视野。让一些在传统媒体中无法讨论的话题得以在网络空间形成、传播和互动，这些话题时常成为网络舆论关注的热点和媒体炒作的焦点，网络舆论对各单位的影响也日益增大。适应网络时代发展，准确掌握网上舆情，积极引导应对，已经成为各界关注的重大现实课题。

一、网络舆情的特点

（一）处于社会转型阶段，容易引发热点

当前，国家进入社会加速转型期，各种矛盾叠加，各种利益纠结，社会利益关系更趋多样、复杂，各种深层次矛盾和问题日益凸显，网络舆论也呈现出热点多、涉及面广、持续性强、社会影响大等特点，一些敏感问题一旦被别有用心的人盯上，就会不遗余力、添油加醋，大肆炒作。

（二）传播模式改变，聚合放大效应强

手机上网用户比例超过台式计算机，舆情传播模式发生改变，由于微博、网络社群等新载体的迅速发展，使网络论坛、博客、新闻跟帖等传统网络舆论载体的活跃程度有所下降，从原来的博客、论坛首先发起发酵，到以微博、移动社交为首次曝光即时发酵；微博、社交网聊等网络平台具有强大的信息聚合放大和“裂变式”效应，“鸡毛蒜皮”的事往往因为一个夸张的标题、一幅吸引“眼球”的照片、一句极富煽动的口号就能迅速打破时空和身份界限结成舆论群体，突发事件舆论爆发由过去的2~3天可缩短为2~3小时。

（三）人人都是“发言人”，信息传播成本低

过去，信息主要由报刊、广播、电视等传统媒体生产传播，受到人力、物力和技术条件限制，传统媒体不可能延伸到社会的每个角落和百姓的生活细节。而全媒体时代，随着电脑、手机、网络进入千家万户，特别是微信、微博、网聊的普及，只要有简单设备，人人都可以当“记者”“编辑”“播音员”，随时随地发布信息、发表言论。形形色色的“拍客”“播客”就像无处不在的“眼睛”“嘴巴”“耳朵”，一旦发现自认为有用的信息，往往不假思索地发布上网，造成一些负面影响。

二、网络舆情引导的几点启示

（一）网络舆情引导应该是“扩音器”

目前网络已成为思想文化的集散地和舆论的放大器，应发挥好它强大的影

响力、渗透力和独特的互动性、流动性，最有力的是发动人民群众的力量搞引导，扩大正面宣传，掌握话语的主动权。

（二）网络舆情引导应该是“显微镜”

网络媒体常常反映出许多其他媒体上很难见到的、来自社会基层网民的正面和负面消息，对此最根本的是要端正对网民的态度，不能把网络妖魔化、网民敌对化，网民是人民群众的一部分，绝大部分网民表达的是关注关爱之心、民主监督之情，要以最快速度、最大限度地去了解真实民意，及时发现和纠正错误，回应民意。

（三）网络舆情引导应该是“撒手锏”

最关键是把事情的真相说清楚，谣言止于公开。过去我们澄清谣言靠事实，今天塑造良好形象同样要靠事实，用正确的表达方式在第一时间公开，这才是我们最有力的武器。

（四）网络舆情引导应该是“灭火器”

在网络上听取民声、了解民情，可以帮助我们及时解决问题、处理矛盾，实现管理工作的社会化和科学化。舆论引导最终是要看引导的实际效果，不是看是不是删除了、不炒了，关键是看第一时间有没有形成舆论场。

三、网络舆情引导存在的矛盾和问题

（一）较慢，即掌握涉事信息较慢

现在网民可以在任意时间、任意地点、任意网站发布手中掌握的信息，信息上传内容、时间完全取决于个人主观因素，一些事件的发生从理论上讲随时都有可能，而我们接触互联网的人员和时间是有限的，一些单位是处于被动，甚至可以说是被网民“牵着鼻子走”，一旦发现涉事信息时，其信息影响范围可能已扩大，信息获知人员已可能聚增；处置突发舆情事件速度慢，目前一些基层单位在这些方面的程序、时限、报道等规定已不太适应全媒体时代的要求。如对重大突发事件有时无法做到第一时间在网上向民众提供权威、有效消息，从而给虚假消息和谣言的传播以可乘之机，加剧了事态的恶化，影响了正面发声。

（二）较弱，即网络舆论引导员能力素质较弱

尤其是一些基层单位工作人员大多数没有受过新闻系统专业培训，信息化素养、政治敏感性、舆论引导能力都亟待加强，网络传播技巧和传媒艺术掌握得不够，不善运用网络流行语拉近与网民的沟通距离，降低了回应的效果，时常还以大话、套话、空话回应，引起网民的反感，影响了舆论引导的亲和力、吸引力和感染力；对涉事信息研判能力弱，不能及时搜索和预测到哪些信息有可能成为网络热点，这些热点问题的根源在哪里、是什么，可能发展的趋势和可能引发的连锁反应有哪些。

（三）较难，即对涉事信息发现较难

现在网上各大微博、论坛间相互独立、互不开放，信息检索被分隔，现有搜索引擎和通用舆情监控软件很难快速搜索到涉事信息，同时信息传播呈“圈子化”，主要在“关注者”和“粉丝”群之间迅速传播，通过“粉丝”的“粉丝”产生连带影响，没有相应网站账号的人员，基本看不到具体内容。面对海量的信息和社交网站的分隔化、圈子化发展现状，信息发现难度很大；对涉事信息管控难，从技术层面讲，网民发布信息缺乏有效监管，删帖治标不治本，删帖可能会引起网民更大的好奇心和求知欲，易导致第二轮关注潮。从现实层面讲，社会转型期往往是舆论传播的活跃期，涉事事件易引起围观，舆情演变态势复杂多变，管控难度增大。

（四）较少，即应对涉事舆情办法较少

有的单位见不得网上有一点负面信息，一旦有个“风吹草动”，就采取封堵删除，简单地“屏蔽”“删除”了事；单位发声渠道较少，一般是通过单位官网和社会主流媒体，但主流媒体主要是进行公开正面报道，贴近本单位实际、揭露网友反映潜在问题、反馈一线呼声等方面比较少；意见领袖少，大部分单位在互联网上有影响力的意见领袖队伍很少，影响力有限，不足以在涉事舆情事件中承担释疑解惑、引领舆论的作用。

四、网络舆情引导的办法对策

（一）强化舆情引导意识

在“人人都是麦克风”的网络时代，在信息公开化、透明化逐步推进的今天，能否通过网络拓宽网民对事件的表达渠道，搭建快速广泛的沟通平台，是非常重要的。要把干部重不重视网络、懂不懂网络作为干部是否具备信息化意识、能不能跟上时代潮流的一个重要标志来衡量。一定要克服对互联网的隔膜和排斥心理，用开放的胸怀、开阔的视野来对待舆情，用超前的眼光、创新的思路来利用舆论引导，高度关注涉事舆情，深入研究互联网等新型传媒对单位工作的影响，创新工作思路和方式方法，不断提高引导网络舆情、科学化解舆论危机的能力。

（二）完善舆情监控应对机制

一要完善舆情预警研判机制，根据网络舆情传播的类型、特点和发展趋势，加大网上信息监控，制定涉事舆情应急处理预案，明确指导思想、工作原则、处置程序和策略等。二要完善快速反应机制，冲破传统文化“桃李不言，下自成蹊”的思维定式，坚决克服过去那种遇事封锁消息、“被动灭火”式和处处设禁区的习惯做法，树立主动、开放的传播理念，敢于触及热点，主动设

置议题，及时发布事件真相，积极行动抢占舆论先机，确保第一时间介入、第一时间发布权威信息、第一时间作出客观评论，压缩不良消息传播空间，把公众情绪引导到健康理性轨道上来。三要完善舆情协作联动机制，各单位要与地方宣传、网监（媒）部门、大型网站和当地有影响的门户网站保持联系、密切沟通，建立良好关系，定期开展互动，及时发现舆情苗头，实施动态跟踪，记录事件走势，合理开展舆论引导，形成双管齐下、重磅出击的舆论强势。

（三）加大舆论引导队伍建设

一方面，组建网络评论员队伍，遴选具备较高思想觉悟、网络操作技能和新闻知识的新闻骨干、网管员，进行必要的培训，使之熟知网络新闻和网络语言的特点、规律，能够灵活处理保密与公开的关系，可以针对网上不同人群进行舆论引导。另一方面，要培养一批公信力强的“意见领袖”，可以聘请地方网站编辑、论坛版主、舆论分析师等担任兼职评论员，建立联络专用QQ群、微信群，在涉事网络舆论引导中发挥作用。同时通过舆论引导培养我们自己的“意见领袖”，关键时刻通过设置舆论热点，分散舆论压力，将舆论引导到有利的方向上来。

（四）加大网络发声力度

首先，要加强单位官网建设，树立起网络工作品牌，使网民能够快速轻松获得相关信息，成为受网民信赖和欢迎的网站，以主流舆论引导网民，掌握舆论宣传阵地的主动权；其次，要加大与地方网络媒体协作，特别是在新闻发布方面加强与网络媒体的合作，完善单位新闻发言人制度，主动参与到网络媒体的新闻策划当中，通过地方一些网络媒体的权威性来引导舆论；最后，要主动介入网络媒体“议程设置”，在引导涉事网络舆情的过程中，积极支持主流媒体记者采访，简化审稿程序，提供一手信息，形成良好的互动关系，主动出击，强化单位声音，形成强大的正面引导“舆论场”。通过设置“对应”议题，有力回应涉事网络舆论的疑问，缓释舆论的震荡波；通过设置“全新”网络议题，快速转移那些对我不利的议题，化解舆论冲击力；通过设置“焦点”议题，促使主流民意关注焦点落在正面有价值的信息，使错误言论失去市场。

（五）发展舆情应对技术

网络舆情是以计算机和信息网络技术为核心的，涉事网络舆情应对离不开技术手段的应用。组织多方力量，开发“网络舆情引导管理系统”，融合网络舆情监测预警技术平台，收集网上涉事舆论信息，实现信息自动收集、报警，自动识别热点、敏感话题，分析舆论走向，提高对网上涉事信息预警、发现和处置能力，为提前应对网络舆情危机提供决策支持。

第五节 积极应对网络时代意识形态挑战的对策研究

当前，社会意识形态面临着挑战和考验，基层单位也受到一定冲击和影响，如果不认真解决，必将对建设发展产生影响。为此，我们必须深入分析形势，找准问题症结，下大力气做好网络时代基层意识形态工作，确保基层健康发展。

一、当前社会意识形态面临的挑战

意识形态领域历来是思政工作的重要阵地。随着社会阶层分化、社会文化多元化、网络化新境遇、西方意识形态渗透的日益加剧，社会意识形态形势复杂，充满挑战和考验。

（一）各种社会思潮碰撞干扰

当前，国际国内形势复杂多变，各种社会思潮纷乱繁杂，既有新自由主义、拜金主义，还有虚无主义等，致使部分人群失去了对现实生活的理性认识，不大相信理智判断对社会发展规律性、趋势性的把握。西方势力的意识形态攻势已由享乐主义、消费主义等生活价值观转向政治、哲学价值观深度发展，抛出“中国威胁论”“中国崩溃论”等理论阴谋，容易使人们陷入某种理论误区，对主流思想、正确事物质疑。

（二）多元价值取向冲击影响

随着我国经济社会转型进入爬坡过坎的关键阶段，改革触及深层次矛盾，各种潜在挑战风险突现，不同阶层和群体利益分化，社会矛盾聚集呈现，人们思想活动的独立性、选择性、多样性、差异性不断增强，公信力浮动，价值观念良莠不齐，对社会思想影响逐渐增大。中西方文化交流和融合纵深拓展，一些非主流的、非社会主义、非正统的价值观逐渐流入，填充空白和薄弱区域，主流价值观主导作用受到削弱，弱化了对社会主义意识形态的权威认同。

（三）西方势力文化渗透渐多

在“西强我弱”国际文化和舆论格局下，渗透与反渗透呈现出更加激烈复杂的局面。西方对我国加强防范遏制，文化渗透成为最隐蔽和有效的手段。利用各种基金会培养和扶持“异见分子”，攻击我国民主人权和制度，妄图否定改革开放，妄图抹杀我国经济社会发展伟大成就。

（四）经济发展全球化淡化对立

在经济全球化大背景下，我国普遍借鉴西方市场经济模式和先进科学技术，更加关注提升综合国力、能源资源开发、科学技术发展，而意识形态巨大差异和对立被淡化，易使群众对资本主义必然灭亡、社会主义必然胜利的结论产生怀疑。有学者指出，披上普遍性外衣的现代化理论，旨在向“欠发达国家”表明，按照西方现代化模式就能摆脱落后和愚昧、过上幸福富裕生活，从而摆脱马克思主义和共产主义革命模式的影响。因此，我们既要充分认识科学技术的工具理性性质，也要警惕由“新科技革命”带来意识形态的陷阱。

（五）信息网络化趋势严峻挑战

当今世界进入全媒体时代，互联网、手机等新兴媒体改变了人们信息获取方式，为不同意识形态扩展影响提供广阔的舞台。就世界范围来看，我们在网络文化传播中并不占优势，信息自主权和文化利益面临西方威胁。西方势力把互联网视为“封不住、禁不止、打不断”的利器，利用技术和资讯优势地位，依靠一系列传播平台和一批软件渗透突防，散布谣言，恶意炒作，扩散负面信息，一定程度上冲击着我国主流意识形态的控制力和寻向力。

二、社会意识形态领域挑战对基层的主要影响

基层单位与社会密不可分，社会意识形态领域挑战不可避免地传导到基层单位，社会热点与基层热点互动影响不断增强，对基层干群思想观念带来较大冲击和影响。

（一）部分职工价值取向发生偏差

社会价值取向多元化使一些职工在人生观、价值观和政绩观上产生偏离。有的个人主义、功利主义抬头，凡事以自我为中心，岗位讲实惠，工作盯职位，集体观念、奉献精神有所淡化；有的贪享欢乐，认为有钱就是好，把钱的作用一个劲放大，价值天平出现了倾斜；有的事业心责任感减弱，思想不集中，精神不振奋；有的形式主义严重，喜做表面文章，缺乏求是的态度和务实的作风；有的对社会热点问题把握不准，对民众负面情绪表示理解甚至附和；有的对房价物价、拆迁补偿等问题，思想偏激……

（二）个别职工思想意识发生松动

社会各种思潮鱼龙混杂，容易模糊职工的思想意识、影响政治鉴别力。

有的认为主流意识看不见、摸不到，虚无缥缈，对工作实际作用不大；有的认为听指挥、按指示、听安排、按要求等喊在嘴上、写在纸上，记住、理解就行了；有的认为理论太抽象了，领导干部领会掌握就行了，与自己关系不大；个别职工表示能听党的话，但对单位领导的话要琢磨琢磨；有的职工说不清资本主义言论的本质和极大危害。

（三）少数职工奋斗精神被削弱

面对长期世界和平，环境和社会经济发展的好局面，少数职工的奋斗思想、奉献精神有些松懈。少数职工只看到世界和平发展，看不到背后的斗争和博弈，忧患意识、奋斗意识有所淡化；有的认为天天喊“狼来了”，其实“发条”没必要上那么紧；有的认为工作按部就班做一下就可以了，何必那么辛苦创新和拼搏；个别职工想着更好的环境，不愿熬在基层奉献青春。

（四）有些职工言行管控不严

在新兴媒体无处不在的信息时代，西方势力利用“拇指文化”对庞大用户群体进行着腐蚀和渗透。作为自媒体化时代的青年职工，思想前卫、意识超前、个性张扬。有的入职前就沉迷网络，习惯网上交友，遇到困难和问题不愿与领导、同事交流，情愿与网友倾诉分享，给思想掌控带来一定难度；有的热衷网上“围观”，盲目听信网上信息，有的甚至不顾组织纪律，在网上“拍砖”“跟帖”“注水”，发表不当言论……使单位掌握舆论主导权和主动权的难度加大。

三、增强基层单位意识形态工作效果的对策建议

鉴于基层单位意识形态工作面临的挑战和影响，干群务必深入学习贯彻党的二十大精神，充分认清意识形态领域斗争的复杂性、艰巨性和长期性，在理论教育、单位文化、制度机制、人才队伍、组织领导等方面下功夫、使长劲，努力推动意识形态工作取得的新成绩。

（一）紧紧扭住理论教育这个中心环节不放松

1.突出一条主线

坚持把学习贯彻党的二十大精神作为当前首要政治任务。抓紧抓实，围绕干部和干事两个重头，采取个人自学、培训深学、调研引学、实践延学等方法，推动原文精读、要点精熟、实质精解，把党的二十大精神贯穿到工作各个方面。

2.深化理论研究

马克思指出：“理论只要说服人，就能掌握群众；而理论只要彻底，就能说服人。所谓彻底，就是抓住事物的根本。”要追踪理论前沿，坚持基础研究、应用研究、对策研究相结合，围绕完成重大任务、聚焦现实问题搞研究，多出高质量研究成果，为基层建设提供理论支撑；加大对驳斥资本主义错误思想的研究力度，形成辩证科学、更有说服力的理论体系，彻底击溃西方势力险恶宣传和用意。

3.狠抓理论武装

要紧密结合马克思主义中国化历史进程，推动中国特色社会主义理论体系学习教育，尤其要在普及化和大众化上多用力；深入推动学习科学发展观向深度和广度拓展，使干群不仅弄清“是什么”“为什么”，更关键的是要学会“怎么用”“怎么办”。深刻领会党和国家重大战略思想，使干群从思想上和行动上做到“自觉转”“科学干”。

4.加强四史学习

深入学习掌握党史、新中国史、改革开放史、社会主义发展史，帮助干群认识为什么选择社会主义、选择共产党，弄清坚持党的领导、不搞多党执政的原因所在，认识到履行使命取得光辉成就和为之献身的根本所在，潜移默化地强化信念根基。

5.狠抓经常性思想政治教育

扎实做好形势政策、道德法纪、奋斗精神、群众纪律教育和经常性思想工作，落实学习制度，加强心理和法律服务，着力澄清模糊认识、激发奋斗意志、疏解矛盾情绪和解决实际问题。

（二）紧紧扭住单位文化建设这个长期任务不放松

1.继续推进社会主义核心价值观培育

坚持把培育社会主义核心价值观作为基础工程、灵魂工程紧抓不放，通过理论灌输、教育引导、文化熏陶、典型示范、实践养成等方式，更好地凝魂聚气、强基固本。

2.传承传统文化

坚持从中华优秀传统文化中寻找力量，从我党优良传统中汲取养料，用好历史馆、荣誉室和"红色文化"资源，组织读优秀书籍、讲英模故事、唱革命歌曲、看红色影视、编励志短剧等活动，用先进文化陶冶干群情操。

3.打造特色文化

坚持紧贴时代特征、紧贴历史使命、紧贴干群特点，唱响时代主旋律，创作高品位、高格调文艺作品，坚决抵制低俗、庸俗、媚俗之风，始终弘扬新风正气、引领社会风尚。

4.建好网络文化

建好用好网络新媒介，坚持把网络教育与传统方式有机结合，使信息网络成为传播先进文化的新阵地、基层文化服务的新平台、健康文化生活的新空间。

（三）紧紧扭住人才建设这个重要工程不放松

1.建强理论人才队伍

坚持顶层规划、重点培养，鼓励着眼前沿领域、研究重要课题、承担重点任务，培养一批基层马克思主义理论骨干、思想骨干，同时注意形成全面覆盖、梯次搭配的队伍体系。

2.建强新闻宣传队伍

科学整合现有资源，借助社会主流媒体力量，在基层单位打造一支专兼结合的新闻宣传队伍，加强基层单位的新闻宣传，同时加强对互联网、手机等新兴媒体的利用，提高新闻传播能力。

3.建强文体骨干队伍

坚持落实文件要求与满足单位需求相结合、内部选拔与社会招聘相结合，建好业余文艺队伍和体育队伍，加强本级培养和外送培训，注重保留文体骨干，确保基层文化生活健康有序开展。

4.建强思想保卫骨干队伍

择优选拔基层干部，把有责任心、懂管理、会做思想和保卫工作人员配备一线，发挥作用干好工作。

5.建强网络人才队伍

精心选拔培养网络管理人才、技术研发人才、网络评论员和舆情引导员，聘请专家教授指导，有效掌控网上意识形态工作的话语权。

（四）紧紧扭住完善制度机制这个根本举措不放松

1.完善形势分析制度

定期召开形势分析会，梳理意识形态工作遇到的新情况新问题，结合重大政策出台、执行重要任务等，从而制定针对性对策措施。

2.严格安全管控措施

定期组织以保密为重点的安全隐患大排查，分片区建设电视闭路监控、周界防护、防盗报警等安全系统；制定《基层人员安全教育管理办法》，开展经常性安全教育。

3.制定舆情处置应急预案

坚持24小时监控网络舆情，正确引导、妥善处置舆情，最大限度地避免、缩小和消除负面影响。

4.落实重点措施

严格审查和教育管控重要部门和重要岗位人员，要求广大职工重点掌握防火墙技术、访问控制技术、病毒防范技术等，做好网络安全防范工作。

5.健全对外宣传审查机制

严格审批核查新闻发布、报告交流、媒体访谈等活动，坚决封堵错误观点传播渠道。

（五）紧紧扭住强化组织领导这个重要职责不放松。

1.搞好顶层谋划

加强对意识形态工作的顶层谋划和深度研究，对目标方向、形势任务、职责程序、主要方法等认真分析梳理，摸清规律特点，制定近期和中长期工作方法，有重点、有成效地推进各项工作，掌握好意识形态工作的主导权。

2.党组织统抓统管

基层党组织要把做好意识形态工作作为重大政治责任提上重要议事日程，大事大抓，一把手主抓，加大工作领导和指挥力度。定期召开专题会议，研究形势和重点工作，制定具体措施；听取情况汇报，对难点问题作出针对性指示要求。

3.基层狠抓落实

充分调动基层组织和骨干积极性，及时掌握干群思想言行，坚持定期检查和随时抽查相结合，加强经常性教育工作，有效做好个别人工作，切实铸牢基层干部职工理想信念，维护基层单位安全稳定大局。

第六节　“数智时代”加强思想作风建设的策略研究

基层的思想政治工作是整个思想政治工作的基础，也是重点。数智时代，我们需要科学筹划，推进基层思想作风建设，凝聚思想力量，为基层建设增光添彩。

一、在深化认识中增强思想作风建设的责任感和紧迫感

（一）加强思想作风建设是思政工作的内在要求

思政工作的职责是为党、为国家、为单位提供强大的精神动力，回答和解决的是听谁的话、朝什么方向、往哪里走的问题，作用特殊，责任重大。“方向盘”能不能把得准、把得住、把得稳，靠的是信念、品行、能力等力量支撑，这就需要将锤炼过硬的思想作风作为永恒课题。

（二）加强思想作风建设是思政工作的使命所系

当前，信息化转型加速推进，建设发展要求不断提升，形势逼人，时不我待。我们必须主动作为，以致精、致新、致高的思想境界，面向实际、注重实效、服务实践的思想作风，早谋抢先机，早抓争主动，切实发挥好服务保障作用。

（三）加强思想作风建设是政治工作的现实所需

新形势下，社会成分结构的层次性、思想行为的多变性、价值取向的多样性更加鲜明，基层单位建设发展的外部环境更加复杂，尤其是意识形态领域的复杂性不可低估，腐朽思想文化侵蚀的严重性不可低估，多元价值理念对奋斗奉献精神的冲击不可低估，面对新的考验，我们必须以强烈的事业心、责任感，创造性地开展工作、破解难题、迎接挑战。

二、切实找准加强思想作风建设的着力点和突破口

加强思想作风建设是个长期性的系统工程，必须有所突出、有所侧重，善于抓住主要矛盾和主要环节用力气、下功夫。

（一）抓住坚定理想信念这个根本点

理想信念是思想作风的灵魂和源泉。要坚持用党的创新理论武装头脑，切实掌握蕴含其中的马克思主义立场、观点、方法，注重运用理论问题解决重大现实问题，从根本上提高思想理论水平和辨别是非能力，打牢正确判断形势、把握科学理论方向的根基，不断增强政治敏锐性和政治免疫力。

（二）抓住提高思维层次这个关键点

思想的高度、谋划的深度、视野的广度决定思政工作开展的成效，也是衡量基层单位思想作风建设的重要尺度。基层干部要善于当好“观察员”，着眼意识形态领域复杂形势，提高思想警惕、强化预警职能，时刻绷紧政治安全这根弦；当好“瞭望者”，以敏锐的洞察力紧跟思想工作发展趋势，在学习掌握前沿理论、现代知识中使大脑不断升级换代，切实增强思政工作的时代感、创造性；当好“设计师”，用大局观统筹谋划，以缜密思维搞好顶层设计，不断增强思政工作的系统性、规范性。

（三）盯住履行使命任务这个聚焦点

当前世界，百年变局加速演进，科学技术飞速发展、各种竞争博弈日益加剧……这就要求我们在想问题、出思路、抓落实时，必须始终向使命任务聚焦，为提升竞争力、服务力服务。对于基层单位来讲，就是要着眼当前工作实际，在强化组织功能、确保单位持续发展中有新举措；着眼社会的信息化转型对人才建设的新需求，在锤炼复合型行政人才、信息化建设人才、专家型技术人才中有新作为；着眼一线工作出现的实际问题、基层群众遇到的实际困难，在激发干部职工昂扬斗志、满足基层民众精神需求中有新招法。

（四）把住增强党性修养这个着力点

作风问题说到底是党性问题，培育良好思想作风就要引导党员干部把加强党性修养作为紧迫任务和终身课题。要牢固树立正确的政绩观，着力克服眼睛盯着上头抓工作、盯着位子干工作的不良倾向，端正工作指导思想，从单位建设的需要出发抓建设、谋发展。牢固树立正确的权力观，着力构建任人唯贤的用人环境、公平公正的干事环境、和谐纯洁的内部环境，真正做到公道正派、秉公用权。牢固树立正确的群众观，把基层群众当亲人看，充分尊重群众、相信群众、依靠群众，始终心系基层、情注一线。

三、采取有效举措保证思想作风建设落到实处、见到实效

抓思想作风建设不能停留在泛泛提要求上，关键是要真抓、实抓、深抓，切实作为一项长期性、基础性的“铸魂工程”来构建。

（一）明晰衡量标准，让思想作风建设更加“实”

思想作风不是抽象空洞的，必须戒虚、戒粗、戒空，确立起可行的衡量标准，具体是讲，主要是把握好“四看”：看学风正不正，是不是真学、真信、真懂、真用党的创新理论；看工作作风实不实，是不是以强烈的事业心、责任感对待本职工作；看生活作风好不好，是不是以良好的德行修养立身处世；看奋斗意志强不强，是不是经得起急难险重任务的考验。

（二）提高制度执行力，让思想作风建设更加“硬”

狠抓各项制度机制落实，是加强和改进思想作风建设的重要保证。要坚持思想教育从严，认真搞好理论学习、党课教育和政治教育，使基层干部牢固确立明确的是非标准、鲜明的荣耻观念；坚持解决问题从严，以敢于较真碰硬的狠劲和反复抓、抓反复的韧劲，严肃纠治思想作风方面存在的倾向性问题；坚持检查督导从严，对思想作风建设的目标、任务、要求和时限进行全员全过程全方位跟踪问效，增强考核评估的科学性和实效性。

（三）确立鲜明导向，使思想作风建设更加“优”

把思想作风建设与干部任用、奖惩有机结合起来，与培树先进典型有机统一起来，对那些谈想法头头是道、讲成绩夸夸其谈、出了问题遮遮掩掩，甚至弄虚作假的人，坚决不使用；对那些政治思想上强、想干事、能干事、敢担当的干部，大力褒奖，予以重用，让干部职工从身边典型中看到努力方向和奋斗目标。

第七节 “数智时代”做好思想意识工作应着眼“四力”

当前，意识形态领域斗争日益复杂尖锐，基层单位干部职工的思想观念、价值取向、行为方式都受到前所未有的冲击。对此，要保持高度的政治警惕性，自觉坚定理想信念、站稳政治立场、保持政治定力、严守政治纪律，始终同党同心同德。面对意识形态领域斗争新变化，必须掌握规律，积极应对，创新方法，主动作为，才能打好意识形态主动仗。

一、着眼意识形态渗透方式隐蔽化，强化居安思危的危机意识，提高政治鉴别力

习近平总书记强调：“一个政权的瓦解往往是从思想领域开始的，政治动荡、政权更迭可能在一夜之间发生，但思想演化是个长期过程。思想防线被攻破了，其他防线就很难守住。”当前西方国家意识形态的扩张，更加注重采取间接的、隐蔽的、温和的方式进行，更具复杂性、欺骗性、迷惑性，而“90后”“00后”的工作人员，大都是在好莱坞大片、迪斯尼动画、西方流行音乐及麦当劳快餐等外来消费文化陪伴下成长的，难免不受影响。因此，要做到

“敏感但不过敏”，用正确的舆论教育大家，用科学的理论武装大家，用优秀的作品感染大家，切实筑牢思想防线。

（一）教育引导，增进政治认同

思想是行为的先导。在教育中，特别是在学习贯彻习近平新时代中国特色社会主义思想上，要把大道理讲活，既要讲得理直气壮，更要讲得生动活泼，要制订“专题实施计划”，以“班子成员上好精品课、中层干部上好辅导课、基层干部上好随机课”的教育模式，形成宣扬党的声音的强大攻势，强化干部职工政治意识；要广泛开展辨析会、新闻点评、演讲比赛等群众性活动，让干部职工学得透、信得真、讲得出、用得好，培养知党、信党、爱党、跟党走的坚定举旗人。

（二）思想引路，增进理论认同

习近平总书记强调：崇高信仰、坚定信念不会自发产生。要炼就“金刚不坏”之身，必须用科学理论武装头脑，不断培植我们的精神家园。深刻领会习近平总书记系列重要讲话的内涵，必须主动研究探讨“机关系统化、基层规范化”的理论学习方法，采取知识竞赛等多种形式，推动党的创新理论普及；组织理论骨干轮训，大力加强基层理论骨干队伍建设，充分发挥理论骨干“宣传员”“辅导员”“引导员”作用，不断推动党的创新理论进入干部职工思想、进入中心工作、进入本职岗位。

（三）文化引领，增进感情认同

“中华优秀传统文化是中华民族的突出优势，是中华民族自强不息、团结奋进的重要精神支撑，是我们最深厚的文化软实力”。这就要求要强化“以文育人、以文化人”的理念，用红色文化熏陶，深入开展“读”“唱”“演”“评”等丰富多彩、健康有益的文化体育活动，使干部职工在耳濡目染中深扎忠诚根，切实增强干部职工对党的热爱之情；用特色文化推动，大力发掘单位厚重历史、优良传统，发展单位文化，用先进文化占领单位思想阵地，堵塞非法出版物、玄幻小说等载体的渗透；用荣誉文化感染，发挥荣誉室、光荣墙等的育人作用，坚定干部职工的思想意识，自觉做中国特色社会主义的忠实捍卫者。

二、着眼意识形态斗争手段网络化，强化与时俱进的创新意识，提高思想免疫力

当今世界计算机网络、通信系统等媒体广泛运用，思想文化交往具有鲜明的跨国性，意识形态斗争手段的网络化成为关注重点。习近平总书记强调：互联网已经成为舆论斗争的主战场，是我们面临的“最大变量”。针对意识形态斗争手段的网络化，我们依托“六小阵地”建设，紧盯干部职工精神文化生活上的新需求，下大力建好、用好、管好信息网络资源。

（一）育人于网，深化社会主义核心价值观培育

打造资讯型思政工作网、广播网、闭路电视网、单位“网吧”，抓住干部职工关注的热点、焦点，用丰富多样、精彩纷呈的资讯吸引大家。建立网上单位历史馆、荣誉室、标兵风采录等，增强培育的覆盖面和影响力；安装硬件防火墙和上网行为管理系统，做到技防和人防相结合，确保不出现政治性问题。

（二）寓教于网，延伸思想教育触角

坚持一个时期突出一个主题、一个阶段突出一个重点，运用网络调查、专题网页、博客论坛，鼓励干部职工网上“晒”心得、辨是非、解疑难，发挥单位网站有影有声、形象直观、感染力强的特点，有效激发干部职工参与教育的主动性、积极性。同时，要注意实时更新网络内容，不断增加网络服务功能，积极利用广播、电视、网络等媒体开展文化活动，让干部职工人人有自己的乐处、个个有自己喜爱的活动，使干部职工能够在紧张的训练工作之余放松心情，消除疲劳，融洽感情，增进团结。

（三）学习于网，拓宽理论武装路子

着眼满足干部职工多层次、多方面、多样性的学习需求，积极设法为干部职工搭建优秀学习教育平台。积极与省、市图书馆联系，建立“单位数字图书馆”，推动“单位有图书馆或阅览室，干部有书柜，部门有书架”，定期把《习近平著作选读》《论党的自我革命》等最新书籍送到干部职工身边，方便学习；收集整理集思想性、知识性、趣味性于一体的图书资料，在单位网站开设“网上图书馆”“学习园地”等栏目，让干部职工足不出户就能享受网络学习的乐趣；开设“班子讲堂”，利用网络进行直播，由单位班子成员进行辅导授课，使网络成为干部职工理论学习的重要阵地，增强意识形态教育的系统性和高效性。

三、着眼意识形态输出力量多样化，强化善于职守的阵地意识，提高行为约束力

随着互联网的普及，微博、微信、各种App小程序等进入干部职工生活，网购、物流盛行，导致大量邮件、包裹进入各个单位，西方“普世价值”“拜金主义”等不良思潮容易乘势而入。面对意识形态的多样化输出，我们必须强化“守土有责、守土负责、守土尽责”的阵地意识，加强干部职工的行为管控。

（一）筑牢纪律防线，严格依法管制

坚持以“十严禁”“十不准”等政治纪律为基本准则规范干部职工行为，落实网络管理相关制度和网络泄密“十条禁令”，严禁干部职工参与政治敏感问题的跟帖发帖；要细化完善单位相关管理制度，强化对在外人员的纪律约束，确保在外人员教育随人走、思想不掉队、行为不出轨；加大纠察力度，严格控制小道消息、政治谣言的传播，发现一起处理一起，用纪律的“紧箍咒”约束干部职工的言行，使干部职工时刻保持清醒头脑，站稳正确立场。

（二）筑牢舆论防线，严格信息管控

在筑牢舆论防线上，必须坚持主动出击、主动作为，给单位网吧引进网络监控软件，定期更新安装漏洞补丁，实时阻断干部职工擅自在网上发布敏感信息，将问题解决在萌芽状态，提高抗侵袭能力；规范新闻出版管理，认真贯彻落实新闻出版管理法规制度，搞好检查、督促和指导，严防擅自进行出版、印刷、发行、传播活动，确保不发生任何失泄密和政治性问题。

（三）筑牢内部防线，严格日常管理

一直以来，敌对势力渗透窃密从来没有消停和放松过，必须下大力筑牢内部防线，防止被"打进来、拉出去"。开展每季组织专项治理和专项检查，及时排除隐患、堵塞漏洞；要加强对涉密人员的监督，加强对外来人员、物品、车辆等的检查力度，做到"一问、二查、三登记"，对出现违禁物品或危险品及时果断处理，及时上报。

四、着眼意识形态领域斗争常态化，强化持之以恒的责任意识，提高打赢内动力

近年来，国际形势变幻莫测，在国际力量不断分化组合的前提下，舆论交锋更加突出。当前，"世界范围内各种思想文化交流、交融、交锋更加频繁，思想文化领域斗争深刻复杂"，西方国家把我国发展壮大视为对其价值观和制度模式的挑战，加紧对我国进行思想文化渗透。因此，必须清醒认识到，意识形态领域的斗争和较量是长期的、复杂的，是不以我们意志为转移的，必须要强化持之以恒的责任意识，做到因势而谋、应势而动、顺势而为。

（一）突出领导带头，提升感召力

习近平总书记指出："意识形态工作是党的一项极端重要的工作，能否

做好意识形态工作，事关党的前途命运，事关国家长治久安，事关民族凝聚力和向心力。”对此，领导干部必须把意识形态工作摆在战略位置、提上议事日程，掌握领导权、管理权、话语权，提升影响力。要带头树好旗帜，坚持正确的政治方向，宣传党的创新理论、路线方针政策，主动参与形势分析判断，带动干部职工思考；要带头表明态度，对那些侵犯群众利益、违反党纪国法的事情，要了解迅速、判断清楚、表明态度，用言行让干部职工清楚什么是正确、什么是要批驳的；要带头唱响旋律，主动发表正面的言论，发表支持党和政府的言论，驳斥那些攻击、污蔑党和政府的言论，用洪亮的声音唱响“中国好声音”，讲好“中国故事”，以身先士卒的实际行动感召干部职工。

（二）建强骨干队伍，提升执行力

贯彻执行好上级决策指示，打好意识形态工作主动仗，关键就是建设一支政治强、业务精、纪律严、作风正的骨干队伍。要按照梯次抓人才培养、逐次扩大队伍规模的思路，采取送学外训、办班培训、帮带强训等方法，突出培养能理论联系实际和宣讲党的创新理论的理论骨干队伍，能及时掌握、反映和解决干部职工现实思想问题的思想骨干队伍，能组织开展富有吸引力和感染力文体活动的文体骨干队伍，能科学把握舆论导向的新闻报道骨干队伍，能搞好网络信息管理、维护网络安全的网络骨干队伍，以及能有力支撑意识形态斗争的优秀政治教员队伍，不断提高舆论引导能力、应对媒体能力、舆情控制把握能力和处理敏感、棘手问题能力，进而提升意识形态斗争工作在末端开展的贯彻力和执行力。

（三）完善制度机制，提升防范力

注重通过建立健全制度机制来完善意识形态斗争的防护屏障，不断增强体系防范力。建立党委统抓统管、机关统筹协调、基层狠抓落实的意识形态工作应对机制，有重点、有成效地推进各项工作，在谋略层面上掌握意识形态工作主导权、制胜权；健全政治考核、形势研判、舆情管控等制度，采取季度检查、半年通报、年度讲评的方法推动落实，确保意识形态工作规范有序、扎实有力。

第八节 “数智时代”提高基层单位建设活力的几点思考

基层和谐是社会和谐的基础，基层社会是创新发展的活力源泉，基层工作的开展关系到社会的整体运转和发展。“数智时代”加强基层的建设，需要在调动基层干部群众的热情和活力上下更大功夫。

一、活力来源于信念，必须从加强理想信念、增强事业心责任感入手，解决“干什么”“为什么干”的问题

信念是人生的指路明灯。一些职工之所以干劲不够、活力不足，一个根本原因就在于事业心责任感不够强。基层实践也一再表明：基层工作说一千道一万，九九归一事业心。为此，要着力引导基层干群坚持“三个统一”。

（一）坚持实现复兴伟业与个人价值相统一

习近平总书记在参观《复兴之路》展览时，深情地阐述了实现中华民族伟大复兴这个中国梦。的确，“国家好，民族好，大家才会好”。作为干部职工，要实现个人的价值，“让青春焕发出绚丽的光彩”，必须把复兴伟业作为目标来追求，自觉践行“天下兴亡，匹夫有责”；必须把职业生涯作为机遇来把握，在工作实践中勇挑重担、勇为大事，努力做到“不辱使命、不负重托”；必须把本职岗位作为平台来锤炼，将报国热情融入进一岗一哨，落实到一职一位，做到“听党指挥，热爱工作，服务群众，矢志奉献”。

（二）坚持精神追求与物质追求相统一

马克思主义从来不回避个人利益、物质原则，因为“人们奋斗所争取的一切，都与他们的利益有关”。但如果过分强调个人利益，就会“功利化”“名利化”。在物质生活条件不断改善的今天，因为基层工作的奉献性，要求我们必须把艰苦奋斗作为品格来坚守，树立“辛苦我一个，幸福千万家”的高尚情怀；因为基层职业的重要性，要求我们必须把抵御侵蚀作为经常性课题来强化，自觉抵御西方错误思潮和资产阶级腐朽思想文化的侵蚀，始终站稳政治立场；因为基层职业的政治性，要求我们必须把“走在前列”作为标准来提升，坚持贯彻社会主义核心价值观，努力在提升道德境界、加强精神文明建设中发挥好引领示范作用。

（三）坚持单位整体建设与个人成长进步相统一

工作中，个别同志心装“小九九”，在提升、入党等方面打自己的“小算盘”，甚至“争风吃醋”，影响了风气，挫伤了士气。为此，必须把团队荣誉当成最大荣誉。不搞偏离组织需要的“自我设计”，不搞脱离群众基础的“个人主义”，不搞与单位建设方向背道而驰的“变味变质”。必须把维护团结当成第二生命。“团结就是大局，团结就是力量”。在交流沟通中增进团结，在“小事讲谦让、大事讲原则”中维护团结，在批评与自我批评中保证团结。必须把懂得感恩当成终身习惯。个人成长进步尽管内因在个人努力，但离不开组织的培养、同事的帮助、家人的支持，我们一定要怀感恩之心、行感恩之举，尤其在逆境中、挫折时，始终以阳光、乐观的心态保持旺盛的进取活力。

二、活力来源于信任，必须从完善制度机制、增强科学性实效性入手，解决“不愿干”“不敢干”的问题

抓单位建设，主要在以制度管人管事，良好的制度、机制是单位顺利运行的关键。

（一）要勇于放权

责、权、利相统一是现代管理中一条重要法则。要充分信任职工，牢固树立“依靠职工建基层”的观念，对于职工提出的意见建议，只要有利于基层建设，就要大力支持；要充分尊重职工，对属于其职责范围内的事，干部不要随意插手干预，确保他们有处理权、参与权；要真心帮助职工，对职工遇到的问题正确客观地看待，帮助他们分析原因，拿出对策，使他们时刻感受到组织的信任、上级的关心，始终保持主动作为、爱岗敬业的精神状态，充分调动职工们投身基层建设的积极性、主动性、创造性。

（二）要善于统筹

搞好统筹是基层建设发展的“总调度”“总开关”。首先，要做到思想上“合”，要通过经常性教育，使基层干部明确，业务分工虽有不同，但工作的出发点和落脚点都是为基层服务；其次，要做到组织上“合”，能够抓统一的工作，要加强协调，要进行优化组合，避免政出多门、层层下达，充分考虑职工感受，使职工有足够的时间和精力推进工作；最后，要在工作制度上“合”，建立抓工作协调制度，把能合并的工作一起抓，杜绝沟通不畅，造成工作“扎堆儿”，确保上级部署的任务高质量完成，确保基层每完成一项任务，单位建设就上一个台阶。

（三）要精于检查

检查督导是一项基本功，也是影响基层活力的一个关键环节。当前，可探索实现检查的“两个转变”：由检查人员在位向检查履职转变，不能只做点名查在位的“简单活”，更要以负责的态度检查好广大职工履职尽责情况，杜绝“夹着本子走，走马观花看”的现象；由到一线“检查”向与职工群众交流转变，充分利用检查时机，深入一线了解职工群众思想状况，结合工作实际，问计于民。同时，通过在检查中发现的问题，“倒推”出工作存在的差距，真正做到“原因两头找，问题一起改”。

三、活力来源于创新，必须从提高能力素质、增强思维力创造力入手，解决“不会干”“干不好”的问题

创新引领未来，人才支撑跨越。当前，因经历单、视野窄、紧迫感不强造成的部分基层干部职工创新不足和活力不够的问题还存在。为此，要从以下几个方面着手。

（一）要走多交流的路子

坚持双向交流，按照“缺什么补什么”的原则，合理挖掘利用社会资源，采取“请进来教、走出去学”的方法，促进单位技术骨干能力水平整体跃升；坚持基层干部职工多岗交流，注重培养“一专多能”“一人多岗”型人才；坚持传帮带交流，采取集中培训、观摩交流等形式，提高基层干部组织开展教育、训练、管理工作和处置突发情况的能力，使他们成为基层建设的“顶梁柱”和“主心骨”。

（二）要搭起竞争的平台

竞争是创新的基础，鼓励创新的最好方式就是努力营造公平竞争的环境。要把创新意识纳入考评体系，作为衡量综合素质的重要内容来体现，激发基层干部职工学习动力，增强事业心责任感；广泛开展“建功成才标兵”“爱岗先进个人”评选等活动，增强职工们“见红旗就扛、见第一就争”的竞争意识；要把“我的岗位无差错、我的工作请放心”等口号融入重点任务中去，激励干部职工直面困难、勇挑重担。

（三）要发挥典型的作用

提高单位发展层次，推进建设创新发展，典型的引领示范力量是无穷的。

要按照“从平凡岗位中挖掘、在搭建平台中巩固、在广泛学习中升华”的典型工作思路，注重紧贴时代，坚持实事求是，定期评选有代表性、说服力的基层党组织和优秀职工，利用橱窗、网络、广播等载体，加强宣传报道，促使广大职工学有榜样、比有目标，努力形成“鼓励创新者、激励成功者、勉励受挫者”的良好风尚，营造“尊重劳动、尊重知识、尊重人才、尊重创造”的良好氛围。

四、活力来源于公正，必须从培树新风正气、增强凝聚力向心力入手，解决“干偏了”“干歪了”的问题

风气连着士气，廉洁力关系战斗力。营造一个风清气正的好环境，既是单位建设的强大动力，也是调动基层积极性的重要保障。

（一）对歪风邪气不松手

反对奢侈之风，要发扬艰苦奋斗传统，牢固树立过紧日子的观念，严格控制经费支出，防止大手大脚和奢侈浪费现象；反对庸俗之风，时刻注意纯洁社交圈、净化生活圈、规矩工作圈、管住活动圈，始终保持健康向上的生活情趣和精神追求，以良好的形象取信群众、凝聚力量、推动发展；反对跑要之风，严格调整干部任用规定，该公开的公开，该透明的透明，切实让跑的跑不上，让要的要不着。

（二）对敏感问题不插手

要把“公平、公正、公开”贯穿敏感问题解决全过程。在涉及评优评先问题上要公平，不仅要看工作业绩、思想基础，还要看群众威信、能力素质，确实让大家感到干与不干不一样，干好与干坏不一样；在处理违规违纪问题上要公正，坚持依法办事、严肃查处，决不因为平时“优秀”就避重就轻，也决不因为平时“落后”就无限放大；在党务事务上要公开，进一步规范公开内容、

细化公开程序、明确公开责任、完善公开措施，自觉接受群众监督。

（三）对职工困难不甩手

必须牢固树立“职工的事再小也是大事”的思想，要注重平时查思想，及时建立《思想档案》，积极调动思想骨干工作积极性，采取“一帮一”“多帮一”的方法，跟进做好“个别人”的转化工作；要倾尽全力解决困难，在不违反原则的基础上，集中力量排忧解难，真心实意为职工多办“雪中送炭”之事；要深入一线听呼声，尊重职工主体地位，采取个别谈话、座谈讨论、调查问卷等形式，积极开展征集“金点子”活动，使基层建设真正变成是全体职工的事。

第五章

“数智时代”高校提升思想意识工作引领力的理论与实践创新

习近平总书记在全国高校思想政治工作会议上指出，做好高校思想政治工作，要因事而化、因时而进、因势而新。要教育引导学生正确认识世界和中国发展大势，正确认识中国特色和国际比较，全面客观认识当代中国、看待外部世界；正确认识时代责任和历史使命，用中国梦激扬青春梦，为学生点亮理想的灯、照亮前行的路，激励学生自觉把个人的理想追求融入国家和民族的事业中，勇做走在时代前列的奋进者、开拓者。

第一节　数智传播背景下高校思想意识教育的现状调查

数智传播背景下，我们对高校思想意识教育的现状展开研究，需要探析大学生参与数智传播实践的空间分布情况、时间分布情况、目的分布情况等，以此得到科学的调查结果。

一、调研概况

本研究主要采用问卷调查、访谈等研究方法。在样本的选择上，本次收集的样本数据庞大并且多样。课题组以非概率抽样调查为基础，涉及不同年龄层次、不同学历层次、不同政治面貌的调查对象，故较能反映被调查群体的实际情况。

二、统计方法

课题组将使用MICROSOFT Excel2021与IBM SPSS22.0统计软件通过频数分析等统计学手段对数智传播背景下思想意识教育的实际情况进行统计分析。

（一）样本的信度和效度检验

首先，本次问卷的调查信度检验将使用Cronbach’s α 系数。Cronbach’s α 系数的数据应当在大于0小于1的数据区间内。如果Cronbach’s α 系数小于0.6，这说明该问卷调查样本数据之间的关联性不大，一致性小。如果Cronbach’s α 系数大于或等于0.7且小于0.8则说明该调查样本数据相关性良好，一致性较好。如果Cronbach’s α 大于或等于0.7小于0.8，则说明问卷样本数据之间关联性较好，一致性较高。本问卷的内容与调查对象之间的关联性较好，一致性良好，该问卷的测量结果有效，可以进一步分析，见表5-1。

表5-1　Cronbach’s α 系数表

Cronbach’s α 系数	标准化Cronbach’s α 系数	项数	样本数
0.741	0.795	84	465

其次，课题组采用折半信度法检验问卷的信度。本调查研究的折半系数为0.699，位于0.6~0.9，可以看出问卷数据内部数据一致性较高，见表5-2。故此，可以判断本问卷调查中选项与选项之间的信度良好。

表5-2　折半信度分析

<table>
<tr><td colspan="5">Cronbach’s α 系数</td><td>前后两部分间的相关系数值</td><td colspan="2">折半系数（Spearman-Brown系数）</td><td>GuttmanSplit-Half系数</td></tr>
<tr><td colspan="2">前半部分</td><td colspan="2">后半部分</td><td>总项数</td><td rowspan="3">0.538</td><td rowspan="2">等长</td><td rowspan="2">不等长</td><td rowspan="3">0.699</td></tr>
<tr><td>值</td><td>项数</td><td>值</td><td>项数</td><td rowspan="2">84</td></tr>
<tr><td>0.457</td><td>42</td><td>0.745</td><td>42</td><td>0.699</td><td>0.699</td></tr>
</table>

最后，课题组将用Bartlett法检验本问卷的效度。课题组以问卷选项作为变量一，选取人次为变量二，进行变量分析抽取，分析结果见表5-3。

表5-3　KMO检验和Bartlett的检验

KMO值	Bartlett球形度检验		
0.778	近似卡方	d*f*	*p*
	15 944.551	3 486.000	0.000***

注：***表示$p<0.001$。

该方法可以检验变量之间的相关性KMO的理论数值应当在0~1。当KMO值越接近于理论上限时，表明问卷效度较好。本问卷样本的KMO值为0.778，表明此问卷的效度比较好。

（二）样本的自然特征

此研究样本中男性样本略多于女性样本，其中共有209份男性样本，占比54.15%；共有177份女性样本，占比45.85%，见表5-4。

表5-4　样本的性别特征　*N*=386，%

选项	频数	百分比
男	209	54.15
女	177	45.85

18~21岁受访者最多，共有264名，约占68.39%。22~24岁受访者次之，共有100名，约占25.90%，见表5-5。总体上该样本比较符合大学生的年龄分布规律。

表5-5　样本的年龄特征　*N*=386，%

选项	频数	百分比
18岁及以下	12	3.10

续表

选项	频数	百分比
18~21岁	264	68.39
22~24岁	100	25.90
24岁以上	10	2.59

（三）样本的社会特征

首先，本次样本的教育程度主要以本科程度为主，人数为264人次，占比为68.39%，硕士研究生学历人数为75人次，占比为19.43%，见表5-6。

表5-6 样本的学历分布情况 N=386，%

选项	频数	百分比
大专	39	10.10
本科	264	68.39
硕士研究生	75	19.43
其他	8	2.07

其次，此次调查中调查样本主要以经济学为主，总人数为72人，占比18.65%；哲学为辅，总人数为62人，占比16.06%，见表5-7。

表5-7 样本的专业分布情况 N=386，%

选项	频数	百分比
经济学	72	18.65
哲学	62	16.06
历史学	46	11.91
工学	31	8.03
文学	39	10.49
教育学	35	10.10

续表

选项	频数	百分比
理学	26	6.73
法学	30	7.77
农学	9	2.33
管理学	36	9.32

最后，此次调查中受调查者的政治面貌以中国共产主义青年团团员为主，总人数为161人，占比为41.70%，以群众为辅，总人数为68人，占比为17.61%，见表5–8。

表5–8　样本的政治面貌分布　　N=386，%

选项	频数	百分比
群众	68	17.61
中国共产主义青年团团员	161	41.70
党员	62	16.06
预备党员	42	10.88
入党积极分子	45	11.65
民主党派	5	1.29
其他	3	0.77

总之，本次样本数据呈现了三个特征：第一，以本科生为主。本次调查中以18~22岁的本科生的样本数据居多，符合我国高等教育的实际情况。第二，涉及专业门类齐全。本次调查涉及教育部所规定的多数教育门类，较能反映当前大学生专业的整体面貌。第三，涉及政治面貌程度全面。本次调查研究所涉及的政治面貌涵盖“群众”“中国共产主义青年团团员”“党员”“预备党员”“入党积极分子”“民主党派”等几个不同的政治面貌，较好地反映当前大学生群体主要的政治面貌分布。

三、大学生参与数智传播的实践情况

（一）空间分布情况

调查研究首先要从用户使用何种数智传播平台，在数智平台上花费多少时间等基本问题开始。这样有利于掌握大学生参与数智传播实践的详细数据。

由表5-9可知，首先，大学生群体主要使用商业法人主办的数智传播平台作为自己接受信息的主要渠道。其中微博、抖音是典型的数智传播平台，在其数智传播平台存在"猜你喜欢"的内容推荐模式，具有较强的数智传播属性。其次，约有30.76%的受访者使用人民日报App、人民日报小程序、人民日报公众号等、光明日报App、光明日报小程序、光明日报公众号等官方媒体主办的数智传播平台。这些由官方媒体主办的数智传播平台聚合了多方信息源，形成了具有新闻视野、文化视角、思想高度、理论深度的数智传播平台。最后，约有20.32%的受访者表示会选择如学习强国、党建网等党政机关主办的数智传播平台。这些数智传播平台定位于党员同志与领导干部，传播语言往往以宏大叙事为主，未能贴近符合大学生偏爱的语言体系，因此难以实现对大学生的社会影响。

表5-9 大学生群体使用数智传播平台的主要情况 N=386，%

您个人使用数智传播平台主要是有哪些（多选）	百分比	排序
微博、抖音、快手等商业法人主办的数智传播平台	45.88	1
人民日报App、小程序、公众号等，光明日报App、小程序、公众号等官方媒体主办的数智传播平台	30.76	2
学习强国、党建网等党政机关主办的数智传播平台	20.32	3
其他	3.44	4

（二）时间分布情况

由表5-10可知，大学生群体每日参与数智传播实践活动的1~2小时的总人数占比约为37.36%，每日参与数智传播实践活动的2~3小时的总人数占比约为33.86%。通过计算，多数人参与数智传播平台实践的平均时长已经超过3小时。

表5-10　大学生每日使用数智传播平台的时间情况　　N=386，%

选项	小计	百分比	排序
1~2小时	235	37.36	1
2~3小时	213	33.86	2
3~4小时	92	14.63	3
1小时以下	62	9.86	4
4小时以上	27	4.29	5

（三）目的分布情况

由表5-11可知，大学生参与数智传播实践活动的主要目的是搜索查找相关资料，占比为27.16%，在数智传播平台上，不仅有教科书上的知识总结，更有生活中的经验提炼。多数受访者指出他们更愿意在数智传播平台搜索“经验贴”或“避坑指南”等，而不是向专业课老师或者辅导员询问生活经验。社交活动占比为23.32%，当代大学生的社会交往不仅存在于以血缘、业缘、地缘等“差序格局”，更存在于以情感和兴趣为核心的“虚拟圈层”。在数智传播平台上，多数大学生会结交网友、抖友等虚拟关系以满足自身的社交需要。娱乐与游戏，占比为15.12%。

表5-11　大学生使用数智传播平台的主要目的情况　　N=386，%

您是出于何种目的使用数智传播平台	百分比	排序
搜索查找相关资料	27.16	1
社交活动	23.32	2
娱乐与游戏	15.12	3
浏览新闻	13.78	4
获得相关信息	9.63	5

续表

您是出于何种目的使用数智传播平台	百分比	排序
发表个人意见	9.10	6
其他	1.89	7

第二节　数智传播背景下高校思想意识教育存在的主要问题及原因探析

数智时代，高校的思想意识教育发展势头一直向好，取得了一系列重要成果。但是，由于各种因素的影响，高校的思想意识教育还存在一些亟待改进的问题。正视现有问题，深入剖析原因所在，是破解问题的必要之举。

一、当前存在的主要问题

（一）大学生的媒介素养有待提升

媒介素养是大学生群体正确处理数智传播环境下海量信息时的必备素养，但是当前，大学生们的媒介素养并不高，未必能全部跟得上数智传播发展步伐。一是学生们喜欢享受“搭便车”的感觉，他们在享受信息推荐技术为自身阅读带来的便利，但是他们并不知晓如何过滤劣质信息，筛选优质信息为己所用，较为容易被技术、媒介、信息所操纵。二是学生们对不良信息的辨识力不强，抵制力同样也不强，当前是信息大爆炸的时代，各种信息鱼龙混杂、良莠不齐，学生们缺乏去伪存真、去粗取精的“火眼金睛”。三是具有惯性思维和信息偏见。大学生们经常习惯于选择与个人认知相似、兴趣相投的信息，而比较排斥与自己意见、观念相反或不符的内容，长此以往，会导致视野窄化，影响判断能力。

（二）主流意识形态宣传吸引力和感染力有待加强

主流媒体在数智传播背景下大学生社会主义核心价值观培育活动中具有激浊扬清的重要作用。课题组设计了“大学生对于数智传播平台热点新闻的看法态度情况”“不同媒体对同一社会热点新闻报道说法不一致时，您更倾向于哪个”两个问题。通过观测大学生对数智平台热点新闻的看法态度情况，能够了解大学生群体对于数智传播平台的信任度，从而对于主流媒体的话语信任进行横向对比。通过观测不同媒体对同一社会热点新闻报道说法不一致时，大学生群体的信任偏向，从而可以对于主流媒体的话语信任进行纵向对比。但是根据观测，大学生们对于商业数智媒体的信任度还是比较高，有超越主流媒体的趋向。作为数智媒体发展的见证者，学生们是伴随互联网成长起来的，他们早已习惯于网络话语体系的表达方式。

（三）大学生对社会主义核心价值观的认知和践行有待进一步加强

理念认知是价值观念培育的逻辑起点。绝大部分的学生是认可并积极践行社会主义核心价值观的，但是若谈及全面、深入理解，以及有效践行，就不是人人都可以做到的了。一是尚有部分大学生还未准确全面地认知社会主义核心价值观的内容。例如，一些同学对“富强”“爱国”“敬业”“诚信”等能够理解，但是，对于“公正”“民主”的理解却不尽相同，有的将自身遇到的困难归结于不够公正所致，有的将看到听到的小道消息与所谓的民主不充分来挂钩，有的同学不能认清“自由”的底线，还说自己不够自由，等等。在践行方面，有的将价值观培育当作一个筐，什么都往里装，有些不是这方面的活动也被放在了这里面。

（四）高校意识形态工作队伍能力有待提升

高校意识形态教育工作者还存在“懂技术的不懂理论、懂理论的不懂技术”的现象，一些意识形态教育工作者年龄偏大而导致积极性难以发挥，一些意识形态教育工作者跟不上信息技术发展速度，既懂思政理论又懂数智传播技术的专业人才不足，这也导致数智媒体在高校意识形态教育中的积极作用受到限制。一些高校学生就表示，有的老师在教学过程中对数智媒体的使用不太熟练、不太善于，有待改进。一些老师也表示，在数智技术面前，自己显得被动。因此，如何完善数智媒体人才培育机制，让高校意识形态工作队伍既懂理论又会操作，是当前的要务。

二、问题的成因探析

尽管从调查研究的结果中分析出了目前数智传播背景下高校思想意识教育尚存的问题，但是造成这些问题的深层原因仍然值得进一步分析，从而为解决数智传播背景下高校思想意识教育存在的问题，从根本上对症下药，创新高校思想意识教育的路径，提供实证基础。

（一）大学生德育建设有待加强

大学生是国家未来事业的接班人，是思想政治教育效果的主要呈现者。其自身道德建设与思想政治教育的效果息息相关。

课题组以“您认为当前德育活动中大学生存在哪些问题”为题进行观测。由表5-12可知，有23.83%的大学生表示“道德水平待提升”；22.27%的大学生表示“缺少相关政治素养”；17.09%的大学生表示“散布小道信息”；16.83%的大学生表示“态度不端正”等是数智传播背景下大学生德育建设自身存在的主要问题。总言之，多数人认为当前数智传播背景下大学生存在散布小道信息、缺少相关政治素养、道德水平较低等问题。这说明，在数智传播背景下高校思想政治教育受到其道德素质约束，应当得到思想上的积极引导。

表5-12 数智传播背景下大学生德育建设情况 N=386，%

您认为当前德育活动中大学生存在哪些问题	小计	回复情况
态度不端正	65	16.83
道德水平待提升	92	23.83
散布小道信息	66	17.09
缺少相关政治素养	86	22.27
缺失媒介素养	62	16.06
其他	15	3.88

（二）数智传播平台发挥介体作用有待加强

数智传播平台由于能够承载特定的信息和内容，是数智传播背景下高校思想意识教育各个环节的中介因素。正因为"网络思想意识教育发生的介体要素，沟通着主体要素和客体要素，是二者之间的桥梁和纽带"，所以，没有数智传播平台链接思想意识教育的主体和客体，就没有数智时代的思想意识教育活动。

课题组以"您认为数智传播平台在思政教育中应当承担哪些责任"为题，重点观测数智传播平台的体现作用及其效果。由表5-13可知，当被问及"您认为数智传播平台在思政教育中应当承担哪些责任"时，调查发现多数同学均认为数智平台应当承担相应责任。其中约有44.04%的受访者认为数智传播平台应当对于违反相关规定的账号进行处理，27.72%的受访者认为数智传播平台应当提升技术，加强技术治理。因此，数智传播背景下高校思想政治教育应当考虑数智传播平台的介体作用，就要从多角度综合施策。

表5-13 大学生希望数智平台采取哪些措施改善思政活动中存在的问题情况 N=386，%

您认为数智传播平台在思政教育中应当承担哪些责任	小计	回复情况	排序
对于违反相关规定的账号进行处理	170	44.04	1

续表

您认为数智传播平台在思政教育中应当承担哪些责任	小计	回复情况	排序
加强技术治理	107	27.72	2
出台相关规定	77	19.94	3
其他	32	8.29	4

（三）主流媒体发挥价值主导作用有待加强

主流媒体是数智传播背景下高校思政教育的一类特殊主体。当代大学生是数智传播平台的原住民，他们的政治立场、政治观点等必然深受数智传播影响。因此，主流媒体是大学生政治社会化的必然参与者。在数智传播背景下主流媒体承担价值引导的主导作用，是主流媒体责之所在。

课题组以“您认为数智时代主流媒体应采取哪些措施来改进思政活动”为题，重点观测主流媒体的主导作用及其效果。由表5-14可知，当被问到“您认为数智时代主流媒体应采取哪些措施来改进思政活动”时，调查统计发现，其中约有41.45%的受访者认为应当提升话语吸引力，有31.08%的受访者认为应当提升形式传播力，还有22.27%的受访者期待主流媒体发挥其外部监督者的作用，加强对于数智平台的外部监管。

表5-14 大学生希望主流媒体采取哪些措施改善思政活动中存在的问题情况 *N*=386，%

您认为数智时代主流媒体应采取哪些措施来改进思政活动	小计	回复情况	排序
提升话语吸引力	160	41.45	1
提升形式传播力	120	31.08	2
加强对于数智平台的外部监管	86	22.27	3
其他	20	5.18	4

第三节　智能时代高校思政教育信息化资源整合与共享机制研究

智能时代云计算的兴起将对各行各业产生重大影响，它不仅是技术上的进步，而且是思维方式上的进步。本文结合云计算与教育信息资源的整合与共享，深入探讨了如何利用云计算实现高校信息资源的共享。本文提出了层次分析法（AHP）来评价共享机制。层次分析法是一种系统的、层次的、定性的、定量的分析方法。该算法可以将半定性、半定量问题转化为定量问题，实现思维层次的分层。本文的实验结果表明，有5名学生和2名教师认为传统的共享机制具有高度的共享性，37名学生和22名教师认为本文设计的共享机制具有高度的共享性。

以信息化为主要特征的智能时代到来，对传统的思想政治教育（以下简称IPE）模式造成了深刻而广泛的冲击，“智能时代”高校思想政治教育信息资源的整合与共享发生了一系列变化。思想政治教育资源要实现现代化，必须依靠信息来推动，而最关键的一步就是资源的整合和共享。因此，政治教育信息资源共建共享不仅是信息化发展的现实要求，也是促进学生全面发展的重要途径。

一、高校思政教育信息化资源整合共享的目的与意义

改革开放以来，高校思想政治教育进入了快速发展阶段。高校是思想政治教育的重要参与者和推动者，应该探索如何更好地共享思想政治教育资源，拓宽校际合作的方式，使思想政治教育得以继续发展。高校教育资源是高校生存和发展的必要条件和重要因素，因此高校教育资源的数量和质量与人才培养方式和办学水平密切相关。如何更好地整合和共享高校的教育资源，更好地发挥高校现有教育资源的潜力，是所有高校在求生存谋发展时都需要面对和解决的问题。

近年来，在国家的倡导和各种项目的推进下，高等教育资源共享建设取得了很大的成就。然而，由于观念落后、技术制约、制度制约等因素，高校之间的数字教育资源共享效果不佳，还有待进一步完善。随着中国高等教育对优质资源的需求越来越大，而优质资源的供给越来越少。在这种情况下，促进教育资源的开放和共享已成为中国高等教育可持续发展的重要战略。虽然高校思想政治教学资源共享是一种基于现有存量的优化配置模式。然而，当“垄断”向“共享”转变时，势必会引起高校思想政治教学资源的变化，包括其现有状态、运行模式、功能模式等，从而形成重构和促进新资源生成的需要。

二、高校思政教育信息化资源整合共享的学术梳理

在国家政策和网络形势的双重推动下，思想政治教育资源信息化基础设施建设成效显著，思想政治教育资源整合共享成效显著。孟昊老师发现，目前高校的传统IPE教学大多采用现场教学的方式，缺乏生动性，教育效果也有限。为此他研究了基于云计算的高校微思想政治平台建设，发现在平台的设计开发过程中，平台能够根据不同用户的需求提供相应的服务。焦丽娟提出，合作办学机构是实现中国高等教育国际化的重要机构，在培养具有国际竞争力的创新型人才方面成效显著；在整合教育资源的过程中，思想政治教育课程建设遇到了前所未有的挑战。她主要探讨了合作学校和合作项目的思想政治教育存在的问题，并构建了一个教育共同体，实现合作教育的可持续发展。学者们发现，思想政治教育研究中依旧存在着许多问题，需要及时加以解决。

在新时期，思想政治教育的发展也应与时俱进。宁文英认为，问题意识和实践导向是思想政治教育发展和创新的重点。人们应该洞察大数据对思想政治教育发展创新的渗透，反思思想政治教育在发展过程中应对大数据的现状。刘云娜提出，新时期高校思想政治教育课程的重点已经从传授知识转向传授课程的内涵和价值。她从高校人才教育的现状出发，分析了教学的内容和方法，教师自身道德素质和专业知识的培养，逐步完善了思想政治课程下的资源共享。

Charband Yeganeh探讨了教育领域先进的知识共享技术、知识共享机制以及未来的研究方向，他的成果为未来研究提供了可供借鉴的参考价值。学者们发现，教学资源的共享可以更充分地发挥思想政治教育教学资源的价值。

人们应该将计算机、通信网络等技术与思想政治教育资源改革相结合，在更高层次上实现宏观与微观共同发展，在实际操作中加快高校现代化进程。国家应加快信息资源建设，促进高校教师、学生、家长、社会企业、政府等方面的资源共享。这样可以使思想政治教育资源更好地达到信息化的目的，进而提高教育教学质量和效率，降低成本，更快地为社会培养人才，从而促进经济社会发展。

三、思想政治教育资源整合与共享机制研究

（一）整合和共享IPE资源的必要性

1.避免教学资源浪费

随着中国经济社会的不断发展，党和国家对高校思想教育的投入也在不断加大，为其工作提供了必要的物质基础。思想政治教育已成为高校最受关注和最有前途的学科之一，但当前高校思想政治课资源浪费、闲置、重复建设的现象也较为突出。

中国有大量的思想政治理论课实践教学基地，具有非常丰富的思想政治理论课实践教学资源。但由于多重管理、缺乏协调和重视不够等多重原因，造成这些教学资源分散，大量闲置和长期浪费，无法用于思想政治理论课的教学。因此，要改变当前高校思想政治理论课教学资源浪费的现象，就必须对高校的教学资源进行有效整合。这样可以使高校的教学资源得到最大限度地共享，从而提高高校思想政治理论课教学资源的使用效率。

2.缓解资源的相对短缺

在高校，教师的教学任务较重，准备时间普遍较短，缺乏足够的时间去查

找资料、制作课件、设计和实施实践教学环节。因此，课堂上的准备往往是不够的。在实际工作中，教师往往会感到物质、条件和能力的匮乏，这就导致了思想政治理论课教学资源在微观层面的匮乏。

在此背景下，整合高校思想政治理论课教学资源，可以有效地实现资源共享，充分发挥规模优势和合作效率，缓解地方思想政治教学资源相对匮乏的问题。许多大学在这方面做了一些积极的尝试。例如，可以以教研室或课程为单位进行集体备课，减轻教师备课压力，改善教学设计，提高教学水平。

（二）信息资源的整合与共享

信息资源由硬件教育资源和软件教育资源两部分组成。硬件教育资源是指在教学活动中使用的各种数字设备，如计算机、投影仪、视频显示平台、数码相机等；软件教育资源主要包括教学软件、视频、音频、网络课程等。

信息资源的整合与共享包括教育资源公共服务平台、教育管理服务平台、智能云计算教学服务平台、基础支撑服务平台、智能教育应用平台。信息技术改变了思想政治教学资源存储、加工和传输的技术方式，进一步丰富了教育资源的积累，扩大了资源的传播范围。同时，技术的变化必然导致人们信息意识和素养的变化，这与教育的目标是一致的。因此，思想政治教育也应该着眼于教育公平，努力提升信息资源的整合与共享水平。因为，当由于地域、民族、性别等原因所获得的知识和技能存在差异时，资源可以起到很大的弥补作用，从而促进学习的公平发展。

（三）高校数字化教育资源共享机制

高校思想政治教育信息资源共享是一项系统工程。虽然云计算目前发展迅速，但其技术和理念也很新颖。它代表了未来的发展趋势和方向，但无法实现高效共享。除了技术，还有很多其他因素。要在云计算环境中实现高效的资源共享，除要有高效的共享平台外，还需要有效的机制保证共享模式能够正常运行。在云计算环境下，构建教育资源共享机制，需要将各个构成要素在资源云共享模式中的位置和作用联系起来，这样才有一定的针对性。针对不同的用户需求量身定制了相应的解决方案，其解决方案要规范、灵活，确保其长期可持续发展。

1.学校资源共享机制

云计算受到网络规模、资源协作等因素的制约，它的应用大多是商业性的，只有少数面向教学的项目，这些项目仅限于企业自己的计算资源。据调查，我国高校基本建立了自己的校园网络，拥有自己的信息资源。如果人们充分使用现有服务提供商提供的云计算解决方案，不仅短期内成本很低，而且很容易实现。它面临的问题是原有教育资源的移植和高校原有计算能力的处理，这将导致大量的资源浪费。

教学资源从网络到服务器、网络打印机，最后通过防火墙、路由器、交换机到达客户端。因此，对现有教学网络进行改造，并在此基础上实现云计算是一种可行的解决方案。整合高校原有软硬件资源后，可以对原有的校园网架构进行改造和优化，形成云环境。这是目前一种切实可行的方法。

基于云计算的校园网架构，包括云计算服务中心、网络、用户、计算机终端和移动终端。它利用虚拟技术建立了一个可以在线使用的信息资源库。校园资源共享模式使师生有效利用校园信息资源，不受时间、空间等因素的影响。网络管理、软件管理和平台管理能够以服务的方式为用户提供资源。用户只要注册并获得批准，就可以获得有用的教育资源。

2.校际资源共享机制

除利用云计算实现思想政治教育信息资源共享外，还可以与实力较强的高校组成共享联盟，共同投入思想政治教育信息资源建设。在信息资源建设的过程中，各高校在发展的核心和方向上有不同的侧重点。每个学校都有自己的优点和缺点。如果人们可以在不同的学校之间共享资源，这样不仅可以提高各个学校使用资源的效率，而且可以相互学习，取长补短，达到优势互补的目的。

在校际资源共享机制的实践中，可以从一些性质相同的高校建立一个基于信息的资源共享模型。用户可通过统一的数字教育资源共享门户访问资源。校内外均有访问接口，用户可在校内进行统一的动态用户认证，也可实现一次性验证，简化访问壁垒，从而实现高校联盟的建设与共享。

校际资源共享机制，将高校共建的资源整合为共享资源和服务，定制并嵌入高校资源和服务私有云中，最终交付给学校统一的资源共享门户，再面向校外用户。要提高IPE资源的利用效率，不应局限于学校本身，而应将视野从教育领域拓展到全社会。学校资源可以看作整个社会资源的一部分，通过进一步提高对社会的开放程度来提高办学效率。在校际资源共享机制下，会员还可以进行简单认证，方便访问学习资源。因为资源是由各个大学共同建立的，所以根据贡献程度共享，除了大部分是免费的，也有一些是收费的。因此，学校的资源可以纳入社会的整体资源，从而提高办学效率，造福更多的人。

（四）基于层次分析法的评价

构建思想政治教育信息化资源共享机制的主要目标是为相关专业的教学提供教学课件、习题、案例、虚拟教材等。教学资源很少从学习者的课程学习、专业培训、自主学习、继续教育等方面进行整合，使得不同类型的用户难以根据自己的需求选择适合自己的教学资源。目前，资源共享机制的使用者和管理者缺乏话语权，资源库的建设和验收仍以专家的评价为主。其对资源的评价更多地着眼于资源本身，其评价也更多地针对专家，很少从用户和管理者的角度进行评价。

AHP算法将资源共享机制的各个相关因素逐层进行比较，为分析、决策、预测和控制提供定量依据，特别是对于难以用定量手段分析的复杂问题，AHP算法为解决此类问题提供了一种简单实用的方法。

判断矩阵法的构建是将同一层的因子与上一层的相关因子进行比较，得到判断矩阵。比较时采用相对尺度法，尽量减少各要素之间的比较。在这个过程中，要根据实际问题的具体情况，尽量减少主观因素在决策过程中的影响。得到两两比较矩阵，即判断矩阵：

$$\boldsymbol{a}_{ij}=\frac{1}{\boldsymbol{a}_{ij}} \tag{5–1}$$

它也被称为判断矩阵和正倒数矩阵。根据正倒数矩阵的性质，在特殊情况下，如果判断矩阵的元素是可传递的，也就是说：

$$\boldsymbol{a}_{ik}\boldsymbol{a}_{kj}=\boldsymbol{a}_{ij} \quad (5\text{–}2)$$

取判断矩阵归一化后n列向量的算术平均值作为近似权值w_i，即：

$$w_i=\frac{1}{n}\sum_{j=1}^{n}\frac{\boldsymbol{a}_{ij}}{\sum_{k=1}^{n}\boldsymbol{a}_{kj}} \quad (5\text{–}3)$$

对每行相加的向量进行归一化，得到相应的加权向量。从现实中得到的判断矩阵并不总是一致的，即它并不总是可传递的或相容的。在实践中，不一定要完全一致，但要总体一致，即不一致的程度要在允许的范围内。其主要一致性指标CI为：

$$CI=\frac{\lambda_{\max}-n}{n-1} \quad (5\text{–}4)$$

一致性比指标CR：

$$CR=\frac{CI}{RI} \quad (5\text{–}5)$$

RI是一个随机的一致性索引。

层次分析法利用一定的尺度客观量化人们的主观判断，从而将定性问题转化为定量分析。AHP方法是分析复杂系统中的各个元素及其相互关系，将整个系统划分为各个元素，并将每个元素划分为不同的层次。这样可以客观地形成多层次的分析模型。AHP方法将每一层中的各因素进行成对比较，并根据一定的量表理论得出其相对重要性的比较量表。在此基础上，可以对多个方案进行综合权重分析，并对各方案进行权重比较，确定各方案的权重。

四、思想政治教育资源共享现状及共享机制效果实验

（一）思想政治教育资源共享现状

目前，高校信息资源整合共享进度不一致，信息资源共享水平不高，教育资源数量少，资源分布不均。在此背景下，如何实现各类教学资源的有效利用

和合理配置，实现资源的整合与共享，促进高校信息化和可持续发展，进而推进高校现代化，是高校面临的紧迫任务。为了真正了解和掌握我国高校教育资源共享的现状，本文对某高校120名学生和60名教师进行了调查。

1.对IPE信息资源的需求

目前，高校公众思想政治教育资源大致可分为图书馆数字文献资源、网络课程资源、教学课件与案例资源、多媒体资料资源、相关软件资源、教学管理信息资源等。在当前形势下，加快信息资源的建设和共享是非常必要的。学生和教师对信息资源的需求情况如图5–1所示。

由图5–1（a）可以看出，非常需要信息资源的学生有67人，占55.8%；比较需要信息资源的学生有45人，占37.5%；5名学生不需要信息资源，占4.2%；3名学生不太需要信息资源，占2.5%。

根据图5–1（b），认为非常需要信息资源的教师有33人，占55%；认为比较需要信息资源的教师有22人，占36.7%；3名教师表示不需要信息资源，占比5%；2名教师表示不太需要信息资源，占比3.3%。

当前，信息教育资源已成为高校用户最需要的资源。在过去，传统的教科书和期刊不再是学生和老师的首选。也就是说，与信息资源相比，传统资源的地位和重要性有所降低。

2.资源共享意识淡薄

目前，我国高校思政教育信息资源的整合与共享存在诸多问题，资源共享意识也比较淡薄，这不仅是制约资源共享的重要因素，而且制约着大学生思想政治工作质量的提高。由于教育体制和传统观念的限制，各个学校专注自身较多，在充分利用自身资源的情况下，还没有充分实现学校与学校之间思想政治工作资源的共享。而在思想政治课程的部分课程资源共享上，一些高校往往只注重自身的课程建设，忽视甚至不利用其他高校的课程资源。这给思政教育资源的共享造成了较大的障碍。

在当前高校教育资源共享没有统一、不太完善、不太规范的情况下，大多数学校的教育资源共享还存在一些问题。教师资源共享意愿见表5–15。

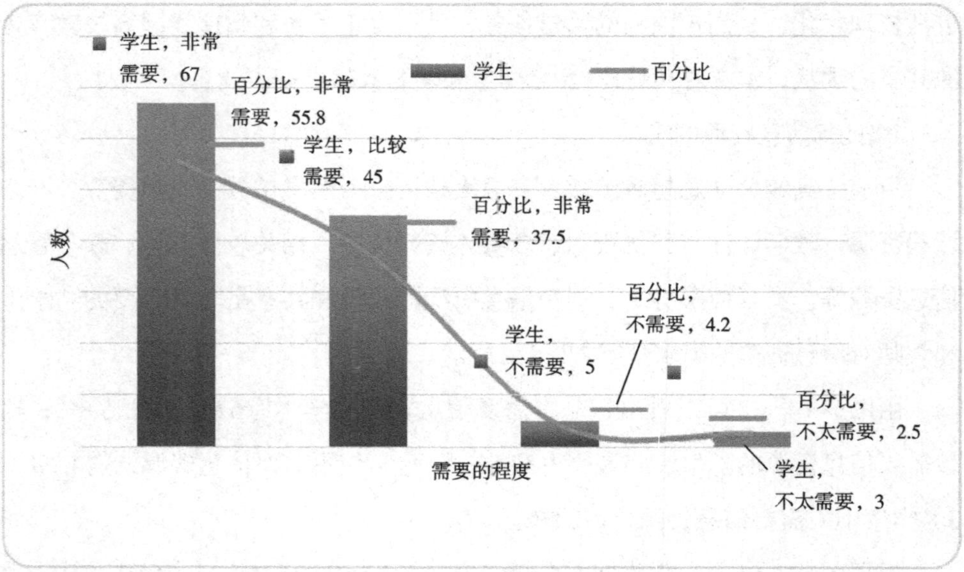

（a）学生对信息资源的需要

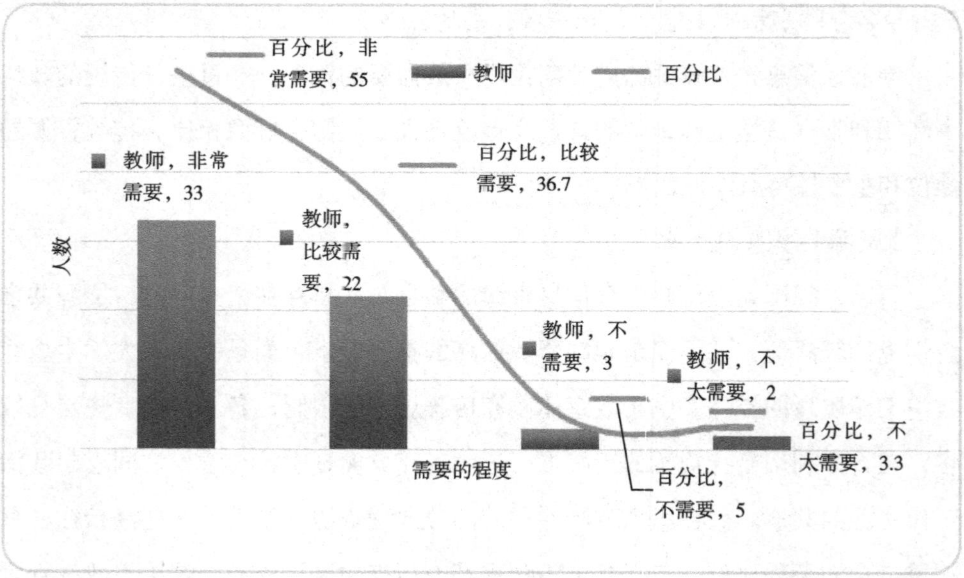

（b）教师对信息资源的需要

图5-1　学生和教师对信息资源的需求

从表5-15可以看出，非常愿意分享教学资源的教师只有1名，占1.7%；愿意分享教学资源的教师只有3名，占5%；不愿意分享教学资源的教师有12人，占20%；非常不愿意分享教学资源的教师有41人，占68.3%。

表5-15　教师资源共享意愿调查　　单位：人，%

意愿程度	教师	百分比
非常愿意	1	1.7
比较愿意	3	5
一般愿意	3	5
不愿意	12	20
非常不愿意	41	68.3

目前，IPE资源还没有得到充分利用和共享，无法向更大的用户组开放。即高校间信息资源没有得到充分利用，高校间信息资源共享情况也不容乐观。

3.共享的技术壁垒

高校思想政治教学资源共享技术有限，缺乏有效的共享平台是制约高校思想政治教学资源共享的关键。尽管现代信息技术为思想政治教育资源的开发提供了最基本的技术环境，但目前思想政治教育资源的共享还没有统一的技术规范。客观上，它并没有为IPE资源的广泛共享和交流提供一个有效的平台。共享技术先进程度见表5-16。

表5-16　认为共享技术先进的学生和教师　　单位：人

高级学位	学生	老师
非常高	13	5
比较高	10	3
一般高	15	6
落后	25	17
非常落后	57	29

从表5-16可以看出，有13名学生和5名教师认为共享技术非常先进，有10名学生和3名教师认为共享技术比较先进，有15名学生和6名老师认为共享技术普遍先进，25名学生和17名老师认为共享技术落后，有57名学生和29名老师认为共享技术非常落后。

最突出的问题是技术不够先进。随着计算机技术和网络技术的飞速发展，硬件的更新周期越来越短。这造成了数字教育资源建设的缓慢，更多人对硬件的升级感到焦虑，造成了大量财力和精力的浪费。如果能提高硬件的使用效率，延迟或不需要升级，将大大促进高校教育资源的建设。另外，要最大限度地实现学校信息资源的共享，必须有一个合理的方式和平台。目前，高校在建设数字教育资源时，从工具、平台到内容，都遵循不同的规范和标准，造成了大量异质资源的积累和严重的资源重复。

因此，在此基础上建立统一的数据格式，以保证系统之间的数据转换、交换、兼容性和数据共享就显得尤其重要。

（二）传统机制与本文机制的比较

目前，我国高校已经建立了一批信息资源，更多的信息资源正在建设中。通过对云计算的特点和服务模式的分析，可以看出在高校教学中运用云计算，促进信息资源共享具有明显的优势。本书将120名学生和60名教师分为两组，每组60名学生和30名教师。一组使用传统共享机制中的资源，另一组使用本文设计的共享机制中的资源。

1.成本节约比较

目前，各高校已投入大量资金建设独立的、本土化的高校信息资源共享平台。但由于这些平台都是独立封闭的，共享平台缺乏开放性和互联性。不同共享机制的成本节约情况如图5-2所示。

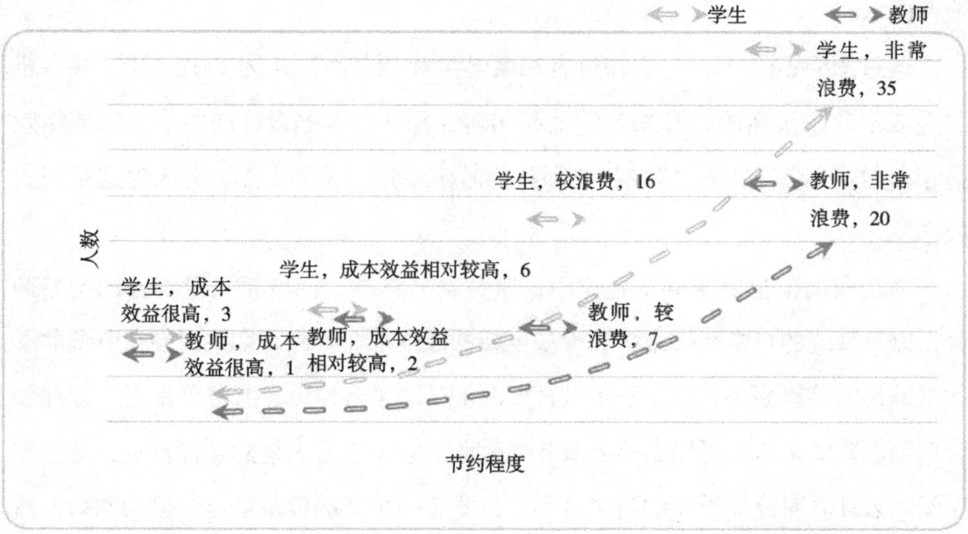

（a）传统分担机制节约费用

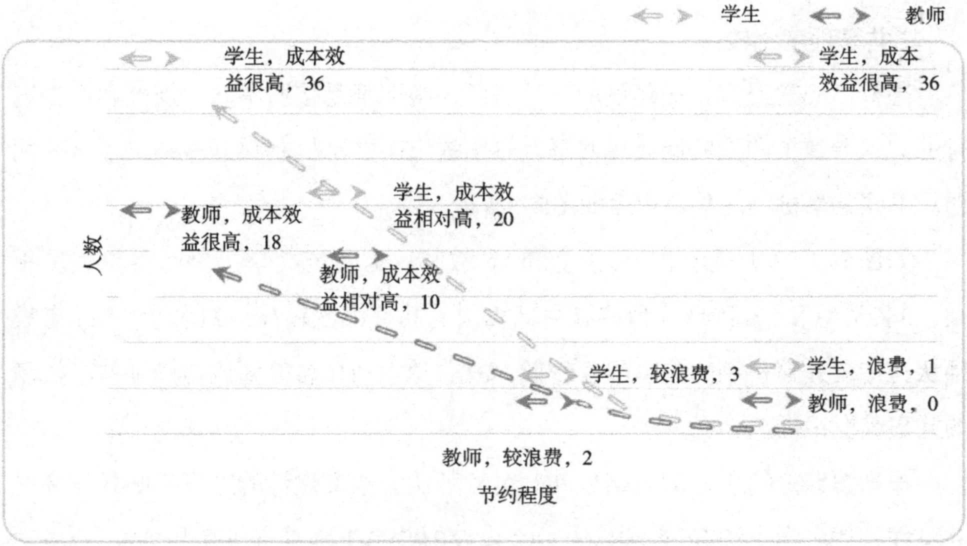

（b）本书设计的共享机制的成本节约程度

图5-2 不同共享机制的成本节约

如图5-2（a）所示，3名学生和1名教师认为传统共享机制的成本效益很高，6名学生和2名教师认为传统共享机制的成本效益相对较高，16名学生和7名教师认为传统共享机制较浪费成本，35名学生和20名教师认为传统共享机制非常浪费成本。

通过图5-2（b），人们知道有36名学生和18名教师认为本书设计的共享机制是成本效益很高的，有20名学生和10名老师认为本书设计的共享机制成本效益相对较高，有3名学生和2名老师认为较浪费的，只有1名学生认为这是浪费成本。

在当前的信息资源共享建设中，服务器、终端、网络接入等设备的初始购置，以及系统的日常运行维护和设备更新的成本都非常高。如果说高校资源共享的基础是云计算服务，那么数字教育资源的共享平台建设、服务器配置、存储和管理等烦琐的工作都可以交给云服务提供商。它不需要大量的硬件投资，甚至零投资。云计算对终端设备的需求最小。只要有一个终端设备可以连接到网络，然后通过浏览器连接到网络，所有的任务都可以完成。低投资和用户多样化使得云计算更容易应用到高校，可以大大降低高校信息资源共享的建设成本。

2.共享程度比较

高校已经建设和正在建设的信息资源，很多都是按照不同的规范和标准进行的。这导致了严重的低质量共享，本书提出的共享机制很好地解决了这一问题。不同共享机制的共享程度如图5-3所示。

如图5-3（a）所示，5名学生和2名教师认为传统共享机制的共享程度很高，3名学生和4名教师认为传统共享机制的共享程度较高，21名学生和8名教师认为传统共享机制的共享程度较低，31名学生和16名教师认为传统共享机制的共享程度很低。

根据图5-3（b），37名学生和22名教师认为本文设计的共享机制具有高度共享性，19名学生和7名教师认为本文设计的共享机制具有较高共享性，3名学生和1名老师认为本文设计的共享机制太低，只有1名学生认为本文设计的共享机制很低。

目前高校间的转化与共享存在一定的困难。如果高校信息资源共享建设基于云计算，则可以通过云计算协同能力组织人员集中建设高校信息资源。这样可以解决重复建设和信息资源共享不足的问题，使高校之间的信息共享更加紧

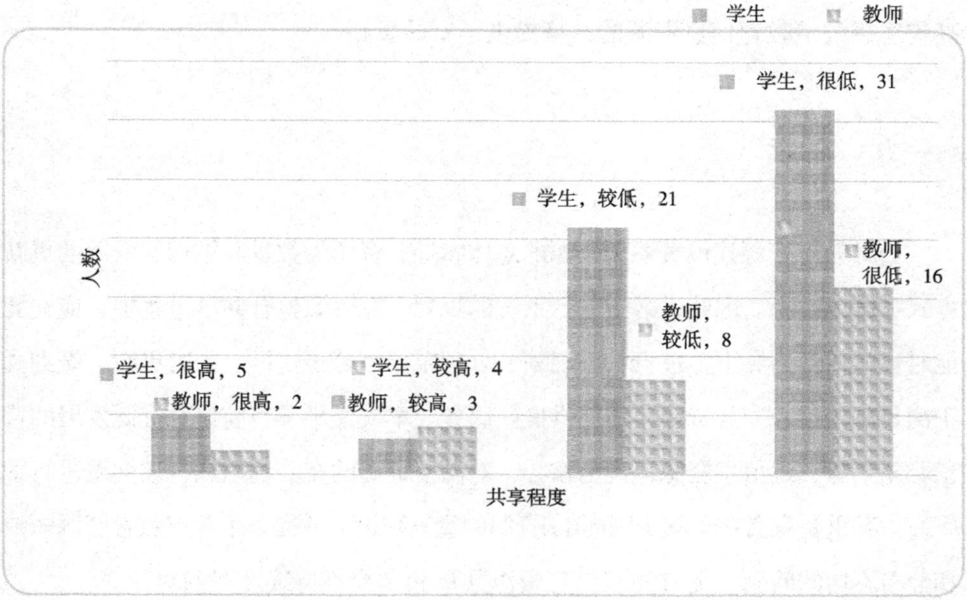

（a）传统共享机制的共享程度

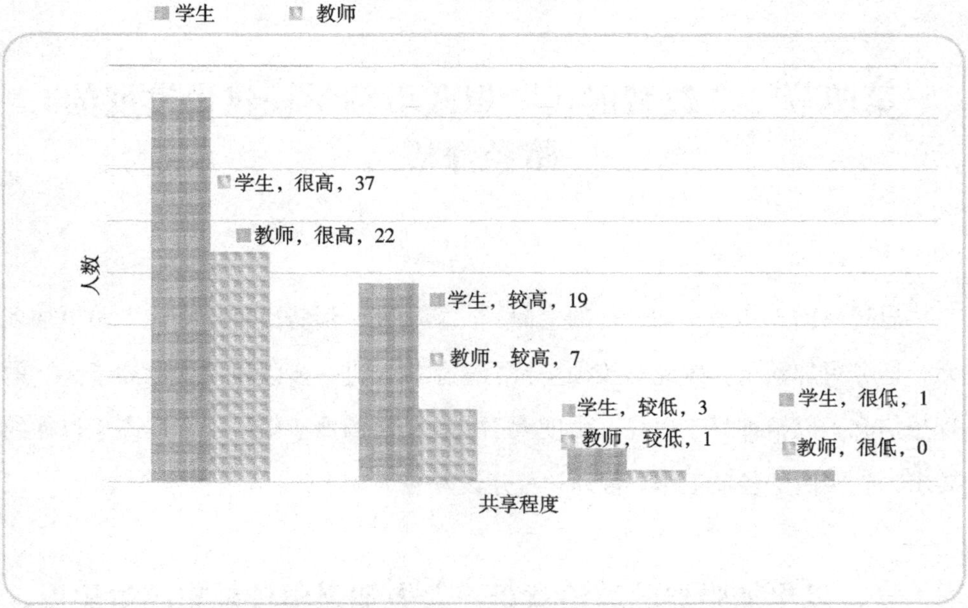

（b）本文设计的共享机制的共享程度

图5-3 不同共享机制的共享程度

密、高效。云计算技术不仅促进了高校思想政治教育信息资源的共享，而且为高校思想政治教育信息资源的共享提供了新的思路。

五、结论

公共教育资源建设关系到资源的总体布局、资源的数量和结构、资源的更新方式和服务效果。因此，必须进行系统的规划。在资源整合共享过程中，应在智能时代的科学指导下，进行精心规划、合理布局、分步建设、及时更新，做到真正满足高校需求，为资源共享提供良好服务。本文立足于当前信息资源发展的背景和新形势，以信息资源建设为核心，对高校资源的充分利用和合理配置进行了研究。其重要意义在于减少国内IPE资源的重复建设，并提出了缓解教育资源短缺和分布不均的问题，促进高校信息资源共享和高校可持续发展的对策。

第四节 "数智时代"思政引领学校建设发展的路径探析

思想政治工作是一切工作的生命线。新时期，形势更加严峻，考验更加多元，任务更加繁重，因此高校须坚持思想引领，进一步强化"使命高于天"的理想信念，以精神好于以往、力度大于以往、措施严于以往、标准高于以往的要求，扎实做好各项工作，推动学校建设发展。

一、以更加强烈的政治意识，大力加强学校思想政治建设，确保师生政治坚定、思想纯洁

当前，西方资本主义国家运用新闻媒体对我国政局、社会发展、未来走

向等重大问题妄加猜测，散布谣言，迷惑人心；国内虽然总体安定，但民间或互联网上传播攻击我方的帖子仍是“抽刀断水”。因此，我们务必保持清醒头脑，周密防范，确保师生坚决听党指挥跟党走，对党绝对忠诚可靠。

（一）引导师生加强理论学习

要始终把习近平新时代中国特色社会主义思想作为高校理论武装工作的主题、思想政治教育的主课，强化师生拥护“两个确立”、增强“四个意识”、坚定“四个自信”、做到“两个维护”的信心和决心，切实依靠理论上的清醒和坚定，保证政治上的成熟和可靠。要按照上级的统一部署，持续抓好学习贯彻习近平新时代中国特色社会主义思想主题教育，大力宣传、生动反映党和国家各项建设取得的辉煌成绩，始终以主流声音统一思想、凝心聚气，大力营造争创新业绩、奋进新时代的良好氛围。

（二）引导师生纯洁价值追求

要加强党性修养，持续抓好培育社会主义核心价值观活动，引导师生关注时事政治、关心国家大事和学校发展，不为名利所累、不为世俗所扰，全身心地投入工作学习上来。要理直气壮地批驳“大道理无用论”“自私合理论”“无私奉献吃亏论”等歪理，防止师生因政治幼稚而导致“口无遮拦”、因立场松动而导致“责任淡化”、因愿望暂未实现而导致“本色缺失”。

（三）引导师生严守政治纪律

要密切关注意识形态领域斗争动向，深入揭批社会上打着爱国旗号、举着反腐招牌、挂着请愿幌子等欺骗行为的真实本质，防止别有用心的人造谣滋事、反宣煽动、制造混乱。坚决贯彻政治纪律，守好政治规矩，防止师生犯政治上的自由主义。对社会上政治谣言、政治笑话，要主动出击，加大批判力度，坚决克服过分容忍、优柔寡断、畏难手软、息事宁人等做法，引导师生不听、不信、不传，确保思想行动同党中央保持高度一致。

二、以更加强烈的使命意识，深入做好核心竞争力提升，确保重要工作顺利推进、圆满完成

当前，百年变局加速演进，国际力量对比深刻调整。和平、发展、合作、共赢的历史潮流不可阻挡，同时霸权主义、单边主义、保护主义依然横行，冷战思维和集团政治沉渣泛起，两股潮流、两种道路的较量更加激烈。作为人才培养的摇篮、科技创新的重镇、文化传承的高地，高校必须以强烈的使命意识，务实高效，超前作为。

（一）强化奋斗意识

坚持毫不松懈、坚韧不拔，始终以提高办学治校能力作为牵动各项工作的“抓手”，衡量全面建设的“尺子”，积极主动谋划中心工作，聚焦聚力狠抓中心工作，群策群力保障中心工作。要着眼实际需要，抓好形势教育，抓细思政工作，抓实教育教学，强化师生综合素养。要针对可能发生的情况，修订完善各类应急方案预案，确保中心工作及各项事务的顺利推进。

（二）加强工作研究

针对担负的使命任务和可能面临的困难，要加强资料收集和情况研判，从海量资料中找出有价值、有规律的东西，做到知己知彼，确保每个人对要干什么、什么时候干、怎样干、干到什么程度都心中有数，处置每件事务都有章可循，知道怎么干得好、如何干得成。

（三）搞好政策法规学习

近年来，陆续颁布了《中华人民共和国国家安全法》《中华人民共和国网络安全法》《中华人民共和国国家情报法》《中华人民共和国反间谍法》《中华人民共和国反恐怖主义法》等一系列政策法规，我们必须要逐章逐项地抓好学习理解，让大家学懂弄通，知法、遵法、守法，做好普法宣传。

三、以更加强烈的宗旨意识，积极服务地方经济社会建设，助力经济发展、社会和谐

服务社会是高校的重要功能，高校有责任有使命助力经济社会发展，高校师生要坚定理想信念，始终当好社会和谐发展的坚定拥护者、热情宣传者、积极实践者。

（一）定好“助力”规划

要本着学校所能、政府所需、群众所盼原则，搞好助力地方经济社会建设的顶层设计。对以往已经展开的助学兴教、扶贫帮困、技术服务等工作，要在巩固效果、扩大成绩上下功夫；对没有开展且学校能有所作为的帮扶领域，要主动涉及，积极参与，加强与驻地党委政府和人民群众沟通了解，搞好调研论证，细化实施方案，把“干什么、分几个阶段进行、达到什么效果”搞实在，确保服务工作看得见、摸得着、干得了。

（二）建好“助力”队伍

要根据国家政策、社会需求、发展需要等，分专业分领域组建精干的理论研究队伍、咨询服务队伍、技术攻关队伍、教育培训队伍等，走向社会，走进机关、企业、街道之中，助力统筹决策，助力产业升级，助力企业发展，助力经济腾飞，助力社会进步。

（三）做好乡村振兴工作

乡村振兴是重要的国家战略，关系到国计民生，关系到亿万人民福祉。近年来，各个学校均派出队伍下到乡村，开展乡村振兴工作，作出了较大贡献，取得了不俗成绩，应该更进一步，切切实实让乡村富起来、强起来，真正振兴乡村。

四、以更加强烈的安全意识，着力强化政治担当，确保学校形象好、安全无事故

我们要按照平安创建的要求，把安全稳定工作从全局中突出出来，从具体工作中凸显出来，老老实实、扎扎实实地做好平安创建工作。

（一）定期开展维稳形势研判

学校要每月举行安全稳定形势研判工作例会，由安保部门与相关职能部、处、室共同研判当前安全形势；安保部门要定期与驻地综治办、公安等部门研判校园及周边安全形势；平时，保卫处综治办应定期召开工作例会，研判安全形势。

（二）建立安全隐患预警机制

我们建立信息主导、反应敏捷的预警机制，深入开展排查调处工作，把安全隐患消除在萌芽状态，防止激化。定期组织全校性的安全大检查，检查内容包括消防安全、危化品安全、校舍安全、食品安全、电气设备安全等内容，并形成隐患清单，经研判确定的重大事故隐患实行“一单四制”，限期整改到位，对整改不到位的进行约谈。

（三）促进内部和谐的工作要系统抓

把筑牢学校安全管理的组织防线、思想防线、制度防线、人文防线统筹起来逐一落实，变消极保为积极抓，变被动保为主动抓，变单一保为整体抓，变静态保为动态抓，扎实做好经常性、基础性工作，确保安全稳定工作在空间上不留盲区、时间上不挂空档、对象上不留死角、工作上不会断线。

（四）化解矛盾隐患的工作要提前抓

要下好先手棋、打好主动仗，按早发现、早报告、早介入、早解决的要

求，及时就地化解各类矛盾。要从细微小节抓起，从苗头抓起，一个领域一个领域地排查，一个问题一个问题地化解，一项工作一项工作地展开，始终做到问题想在前，措施定在前，工作做在前，切实为学校长远安全扫清障碍。

五、以更加强烈的责任意识，加强组织领导，确保各项工作部署到位、落实到位

我们干事创业，大家的精神状态至关重要。广大师生要进一步强化事业心责任感，以更为坚定的信心、更为必胜的勇气、更为务实的作风抓好工作落实。

（一）端正工作思想

要克服“事故难以避免”“思政工作是业务部门的事”“不落实是下面的事”“别的工作不插手”等片面认识和消极思想，树立正确的岗位意识，增强责任意识，能够真正担负起责任，认认真真地做好本职工作。同时要增强大局观念，要认识到学校是一个整体，各部门之间需要相互配合，共同发力；部门内也是一个整体，同事之间也要相互配合，齐心协力，这样才能将工作做好做优。

（二）落实工作责任

坚持一级抓一级、一级带一级，要层层分解落实责任，把工作任务分化到部门、精化到个人、固化到岗位，真正做到千斤重担千人挑、人人肩上有指标。各级干部要发挥主导、力推、表率作用，永葆敢于负责、勇于担当的操守，采取科学措施，把工作抓得紧而又紧，干得好上加好。

（三）转变工作作风

一是要打“假”，坚持讲实话、办实事、求实效，把对上负责与对下负

责统一起来，把促进师生全面发展与学校建设全面进步结合起来，杜绝弄虚作假、欺上瞒下、敷衍塞责等问题发生。二是要纠“偏”，突出工作重点，围绕工作主线，遵循事物发展的客观规律，按照上级的指示要求抓好落实。三是要防“粗”，坚持一丝不苟、绝不马虎，扎实打基础，反复抓落实，真正把功夫下在干实事，干成事上面，把精力用在解决本单位存在的薄弱环节上，聚精会神干事业，一心一意谋发展，满怀信心向前走。

第五节　在新的高度和起点上加强理论武装的认识与思考

“数智时代”，国内外形势纷繁复杂，西方资本主义意识形态强势入侵，国内多元社会思潮碰撞激荡，在高校，加强思想政治与意识形态工作尤其重要，而加强思想政治与意识形态工作首要在于紧紧围绕建设发展，在新的高度和起点上加强理论武装。

一、深刻认清新形势下理论武装工作的地位作用

我们感到，增强抓好理论武装工作政治责任感，要从以下四个方面提高认识。

（一）加强理论武装是党提高执政水平、巩固执政地位的重要因素，必须以强烈的责任意识认识理论武装工作的地位作用

学习党的二十大报告中的重要论述，就要坚持把党的思想理论建设放在首位，以理论武装为先导推进建设发展，只有这样才能不断提高领导水平、执政水平，经受各种考验，应对各种挑战，巩固党的执政地位。

（二）加强理论武装是确保高校高举旗帜、坚持社会主义方向的重要保证，必须以强烈的责任意识认识理论武装工作的地位作用

政治上的坚定源于理论上的清醒。面对意识形态领域斗争日趋严峻复杂的形势，只有紧紧抓住用中国特色社会主义理论体系武装师生这个根本，才能把各级党组织建设成为坚强的战斗堡垒，把广大党员干部和全体师生培育成忠诚可靠的先锋模范。

（三）加强理论武装是推动科学发展、有效履行使命的紧迫任务，必须以强烈的使命意识认识理论武装工作的地位作用

新使命、新任务、新要求迫切要求高校各级党组织班子和领导干部不断增强贯彻落实习近平新时代中国特色社会主义思想的水平和能力，只有通过深化学习、实践运用，才能认清发展趋势、把握发展规律、破解发展难题，谋求办学水平和学校建设新的发展进步。

（四）加强理论武装是增强党性观念、改进领导作风的终身课题，必须以强烈的党员意识认识理论武装工作的地位作用

加强学习修养是共产党人增强党性、保持本色的长期任务、终身课题；要解决党性、党风、党纪存在的相关问题，我们每一名党员领导干部就要从理论武装入手，坚持不断学习、终身学习。总之，在新的起点上把学习贯彻习近平新时代中国特色社会主义思想向深度和广度推进，就必须在新的高度、新的起点上加强理论武装工作。

二、切实解决理论武装工作存在的相关问题

新时期对党的创新理论武装提出了新的要求，结合师生党员学习现实状况，尚有不少差距和不足需要引起重视，主要有三个方面。

（一）认识没有完全到位

一些同志对于理论学习还有"偷工减料"之嫌，说起来重要，做起来次要，常常以任务重、工作忙为借口，把学习不自觉、不主动作为可以原谅的缺点泰然处之。有时即使内容、时间落实了，也是当作不得已的任务完成，只记本子不装脑子，只求了解不求甚解，其根本还在对理论学习的认识高度没有上去，学习的政治意识、使命意识、责任意识、紧迫意识不强。特别是一些同志没有着眼新形势、新使命、新任务，理解认识理论学习的新地位、新作用、新要求，自认为通过学习理论知识有较大的进步，脑子里有自满、松懈和老一套的思想，没有在解放思想与时俱进中提高认识、自我加压。

（二）理论学习并不系统

一些同志个人自学的计划性、目的性不强，学习上盲目随意、零打碎敲、简单重复。根据调研情况显示，从学习的效果看，有的对马克思主义基本原理系统学习掌握不够，思想理论基础比较薄弱；有的对中国特色社会主义理论体系的基本思想、基本观点、基本内涵系统学习掌握不够，政策理论水平不高；有的对习近平新时代中国特色社会主义思想、习近平总书记关于教育的重要论述，没有按照原原本本学、反复深化学、重点精选学、系统梳理学的方法步骤，有联系地、全面地、系统地学习和把握。

（三）实践转化并不明显

学习的目的全在于转化运用、指导实践、推进发展。要善于把党的创新理论转化为坚定的政治信仰、自觉的行动指南和执着的价值追求，转化为先进的思想理念、正确的思想方法和辩证的思维方式，转化为科学的决策指导、正确的工作方法和纯正的党性党风。通过学习贯彻习近平新时代中国特色社会主义思想主题教育，很多同志在更新思想观念、解决突出问题、创新制度机制、改进工作作风上虽然取得了进步、见到了成效，但在改造思想、破解难题、解决新矛盾新问题上还是有差距的，比如对思想政治教育针对性实效性不强、少数党员干部保密观念不强、少数学生上课违规使用手机等老问题，以及对“数智时代”思想意识工作的新方式新方法、高学历干部教育培养、学生心理疏导等新情况新问题，研究解决不够得力，还没有很好地把学习成果转化为推进学校建设发展的实践成果，这些都是摆在我们面前的现实问题。

三、不断开创理论武装工作的新局面

在新的高度和起点上学习贯彻党的二十大精神，用党的创新理论武装师生头脑，全面加强理论武装工作，必须要提高思想认识、规范学习内容、创新学习方法、抓好转化运用，力求认识上有新高度、学习上有新拓展、运用上有新成效。

（一）认识上要有新高度

注重在深化学习教育中提升认识高度，当前最重要的就是要学习贯彻好党的二十大精神；注重在更新思想观念中提升认识高度，着力纠正重工作轻学习的模糊认识，牢固树立学习是第一政治责任、人生第一需要的理念，是兴党兴国之基、安身立命之本的理念，是高尚精神境界、积极生活方式的理念，真正把学习当作信念追求、价值追求、品质追求；注重在学起来、深进去中提升认识高度，采取必要的刚性措施和考查制度，真正让党员干部学有所获、学有所悟，亲身感悟到学习的好处、学习的差距，增强学习的自觉性和紧迫感；注重在强化示范作用中提升认识高度，引导党员干部以自身的学习带动广大师生学习，在用自身的学习成果促进创新理论经常化、大众化、普及化的实践中强化责任，增强动力。

（二）学习上要有新拓展

要丰富学习内容，紧紧围绕学习贯彻党的二十大精神这个根本，持续学理论、学科技、学管理，把学创新理论、学哲学原理、学传统文化、学信息化知识、学现代管理结合起来，把理论学习、党性党风教育、社会主义核心价值观培育结合起来，把学创新理论与学政策法规、学专业知识结合起来，使理论素养、党性素养、道德素养、科技素养同步提高，相互促进；要创新学习方法，采取集中学习、个人自学、办班轮训、课题研究等多种途径，运用授课辅导、专家讲座、研讨交流、社会实践等多种方式，借助上级、社会、网络等多种资源，丰富学习载体，促进学习落实，提高学习质量；要完善学习制度，研究探索年度学习、阶段学习和个人自学相配套的学习计划制度，理论学习、党课教育、组织生活相结合的专题学习模式，理论学习、调查研究、课题研究、任务执行相一致的转化运行行制，理论考试、知识考核、政绩考评、综合评议相统一的考核考评方式，确保学习制度落实、学习质量提高。

（三）运用上要有新成就

为有效应对意识形态斗争激烈、腐朽思想文化渗透、社会价值取向多元、社会生活方式诱惑等新挑战，努力在改进教育模式、构建培育机制、创新方法手段中加强和改进思想政治工作；围绕抓准备、谋提升，着力在办学治校、人才培养、教学科研、社会服务等方面寻求综合竞争力建设新突破；围绕抓基层、打基础，通过贯彻以人为本、提高师生素质，加强统筹协调，切实增效减负，开展"帮带"活动，促进团结和谐，不断夯实学校科学发展的基础；围绕抓核心、作表率，不断用党的创新理论筑牢思想根基，加强党性，努力提高民主集中制、党内监督和党员教育管理质量；围绕抓安全、保稳定，深入研究探索新形势下办学治校特点规律，力求把从严治校与以人为本统一起来，提高学校教育管理科学化水平，瞄定"双一流"建设目标要求，从而促进学校建设科学发展、和谐发展、安全发展。

第六节 对基层辅导员队伍建设情况的调查与思考

数智时代，高校辅导员是开展思想政治及意识形态工作的重要力量，那么，了解当前辅导员队伍建设现状，提升辅导员队伍整体素质，就成为思想政治及意识形态工作的重要内容，课题组采取问卷调查、个别谈话、跟班观察和侧面了解等形式，进行了调研。

一、当前高校辅导员队伍的基本状况

主要呈现“三高、两短、三多、三不够”的状况。

（一）“三高”，即学历高、智商高、素养高

根据调查显示，大部分辅导员拥有硕士研究生及以上学历学位，少数拥有本科学历学士学位，并且其中相当一部分人员正准备通过在职攻读等途径进行学历学位升级。随机抽查部分辅导员，采用国际通用试卷对其进行智商测试，他们平均得分为105.62分（根据标准，总分为150分，得分在140分以上者为天才，120~140分为最优秀，100~120分为优秀，90~100分为常才，80~90分为次正常），可见其整体智商已达到优秀，智力水平较高。调研发现，当前大部分辅导员知识丰富、视野开阔、工作上路快、发展后劲足，能够文明带学生、依法办实事，自觉维护辅导员良好形象。随机抽调部分学生进行问卷调查，认为辅导员个人修养好、文明程度高的占92.6%，认为辅导员工作方法科学文明的占97.6%，反映辅导员有不良爱好和习惯的仅占1.3%。

（二）“两短”，即工龄短、党龄短

调查发现，辅导员中，首先工龄1~3年的居多，其次是3~5年的，5年以上的辅导员占比不大，10年以上的更少。党龄最短的2年，调研对象的平均党龄

为6.5年。"两短"问题的存在，是当前辅导员队伍成分偏新、经验不足、能力不强的根源，其因是他们普遍工作历练不够、带学生经验欠缺，特别是应届毕业生，从一个校门走进另一个校门，刚毕业就带学生，对高校思政工作缺乏理性认识，对学生缺乏深入了解。学生问卷中，一部分学生认为辅导员在他们心目中有"学生官"的形象，而另一部分学生认为辅导员不够成熟稳重。

（三）"三多"，即在少子女家庭中长大的多、个性色彩浓厚的多、有爱好和特长的多

调研发现，辅导员当中，绝大部分是独生子女，非独生子女当中大部分只有1个兄弟姐妹。他们大多数具有自尊心强、追求完美、渴望得到肯定、缺乏人际沟通经验、有个人主义倾向等特点。根据调查显示，有的承认自己的性格带点叛逆色彩，有的认为自己崇尚追求自由与自我，有的表示希望自身的思想和行为能够被认可。座谈时一些辅导员反映，现在有些辅导员在工作中一旦不认同上级的安排或计划，经常会当面提出质疑和不同意见，一旦挨了批评、受了委屈，就容易发牢骚或说极端的话，甚至与上级顶撞。此外，大部分辅导员兴趣爱好广泛，有的喜欢打球，有的喜欢唱歌，有的喜欢上网，有的喜欢读书看报，并且他们大多数在就读期间接受过特长培训，很多人都有一技之长，有的擅长组织活动，能主持、会编演；有的文艺特长突出，会吹拉弹唱、懂琴棋书画；还有的是计算机爱好者、动漫制作手。

（四）"三不够"，即阅历不够丰富、情商不够高、激情不够足

调查发现，年轻辅导员占比很多，他们大多数是出了一个校门进入另一个校门，在校时间长、接触社会少、生活磨砺少，阅历不够丰富。采用国际通用试卷对一些辅导员进行情商测试，他们平均得分为105.36分（根据测试标准，最高分为174分，得分在150分以上属于高情商，130~149分属于较高情商，90~129分属于普通情商，90分以下为低情商），其中得分在90分以下的占8.9%，可见其整体情商不够高，以情带学生、用情管学生的基本素质有欠缺。

此外，调查发现，当前部分辅导员缺乏工作激情，有“躺平”倾向，如会推一推才动一动，致使工作陷入被动。

二、当前辅导员队伍建设面临的新情况新问题

（一）知识面广、接受能力强，但政治理论素养有待提高

从调查了解的情况看，大部分辅导员的知识面普遍较广，现代科技、历史文化、文学艺术和心理学、教育学、管理学等方面知识均有涉猎，对电脑操作、网络使用、信息技术等方面技能掌握好。正是由于他们的这些知识和技能优势，使得干工作有思路，搞活动有特色，抓落实有创新。但同时发现，他们在政治理论素养方面存有不足。例如，对党的创新理论了解不深不透，对党的组织生活制度了解不全面等，有一些辅导员对运用党的创新理论育人铸魂感到力不从心，还有一些辅导员不了解如何运用理论去解决现实问题。

（二）工作干劲足、积极性高，但实际经验和能力比较欠缺

调查发现，当前大部分辅导员都比较爱岗敬业，事业心、进取心、责任心都很强。但对照岗位职责要求，他们的工作经验和实际能力还比较欠缺。问卷显示，有的施教能力弱。有的辅导员表示在开展学生思想意识工作中会遇到自己无能为力的问题，有的学生表示对辅导员开展的思想工作不太满意……有的辅导员在管理工作上存在“宁做老好人、不愿得罪人”和“多栽花少挑刺”的思想，有的辅导员反映现在的学生难管难带，有的辅导员反映现在学生的思想工作不太好做。

（三）成长进步、有所作为的愿望强烈，但工作不安心、精力不集中的现象时有呈现

调查发现，大部分辅导员都有在学校干一番事业的信心和决心，他们在本

职岗位上谋发展求进步的愿望强烈，希望在学校建设中有所作为。但是，受多种因素影响，面对平凡的基层生活和紧张的基层工作，也有一些同志感到不适应。有的辅导员认为担子重、责任大，对基层的日子有厌烦情绪，加上有的同志受年龄、学历、任职年限等方面的限制，感到自身没有优势，缺乏动力，有的辅导员心理承受能力较弱，情绪波动大，一遇到挫折就灰心泄气，产生转岗或交流的想法；有的当辅导员不到1年就想着法子调机关或去当教师；有的任辅导员2年就觉得“老”了，就想提升，没有提升还心存不满甚至灰心泄气；有的工作精力难集中。

（四）各级党组织对辅导员队伍建设高度重视，但帮带不好、减压不够的问题依然存在

调查发现，近年来虽然各级党组织对辅导员队伍建设高度重视，但同时发现，在加强辅导员队伍建设上还存有一些薄弱环节。有的单位对人事调动等环节把关不严、调控欠科学，造成辅导员队伍调整过频、流动过快。有的机关干部到基层查问题多、理思路少，指责多、帮教少，一些干部对辅导员的帮带大多是一般事务性指导，缺乏深入细致的引导，致使辅导员队伍能力素质提高不快。另外，目前一些高校对辅导员的要求逐渐提高，要求辅导员既要管好学生事务，还要开展教学科研，一些辅导员表示有点忙不过来。

三、进一步加强辅导员队伍建设的意见建议

（一）加强教育引导，不断强化职责意识

始终坚持把教育引导工作贯穿辅导员队伍建设，通过强化事业心责任感，帮助辅导员认清组织重托、肩上责任、学生期望，正确处理好得与失、苦与累、“大家”与“小家”之间的关系。要注重典型激励，引导广大辅导员传好思想政治工作的接力棒，甘当基层建设的奉献者。建立考评机制，将辅导员应

具备的素质能力细化为具体标准，结合并落实学校的考核评价体系，利用参加基层党支部组织生活会、半年工作总结、年终工作总结等时机，采取个人述职、群众评议、组织讲评等方法，每年对辅导员的“德、能、勤、绩、廉”等情况进行一次全面考核，并将考核结果作为评选优秀党务干部和提拔使用的重要依据。

（二）严格选配管理，不断优化整体结构

坚决贯彻“德才兼备、以德为先”用人原则，大力推行考试与考核相结合的办法选拔辅导员，真正把那些政治上靠得住、工作上有本事、作风上过得硬、学生信得过的同志选拔到辅导员岗位上来。对每年“进、出、升、调”的数量要进行测算，坚决防止和纠正大面积调整、随意调整、照顾调整等短视行为，确保辅导员队伍梯次合理、充实稳定。实行任职年限和流动比例双重控制，即不满最低任职年限的，不得调离岗位或提拔使用。建立健全学校机关与基层辅导员的上下交流制度，同时要注意全面提高大家的理性思维能力和政治理论素养。

（三）搞好培养帮带，不断提升能力素质

每年应对在职辅导员进行一次业务培训。培训时，突出抓好案例式、研究式、示范式教学，变封闭式培训为开放式管理，把辅导授课、研讨交流和参观见学等形式有机结合起来。要充分发挥数智传播的功能作用，进一步丰富培训载体，增强培训实效。要通过召开思政工作会议，对辅导员在日常工作中遇到的难点问题进行集体商讨、共同研究、制定对策，同时可通过这个平台把各自在工作中好的点子、好的经验、好的做法一起交流互动；通过召开思政教育准备会，向辅导员传授如何撰写思政教育授课提纲，如何利用现代传媒开展思政教育等方法，提高其开展政治教育的能力。采取“请进来、走出去”的办法，聘请思政工作专家到校辅导授课，组织辅导员到先进单位参观见学，帮助他们开阔眼界、提高素质。

（四）增加人文关怀，不断激发内在动力

学校在制订计划、布置任务时要考虑辅导员的承受能力，避免层层加码。要减少“五多”，放手放权、减压解套，改进检查指导的方式方法，留下足够时间和空间让辅导员学习思考和谋划工作，施展个人才能。要注意经常性做好辅导员的思想工作，学校领导每半年要与辅导员谈一次心，搞好沟通交流，化解思想压力。要正确处理好完成事务性工作与开展思政工作的关系，确保他们有时间和精力去研究、开展思政工作。

第七节　“数智时代”高校思政工作创新发展研究

数智时代，高校思想政治工作必须跟上时代要求和信息化建设步伐，不断丰富内容，改进方式手段。在积极推进“双高”建设的大背景下，主动适应新的形势任务，充分运用信息技术发展最新成果和科学知识前沿理论，不断推进新时期思想政治工作的创新发展，是当前高校建设发展中的一项紧迫任务。

一、利用网络平台，积极探索“数智时代”思政工作的新途径

当前，网络已经成为高校师生传播信息、获取知识、愉悦身心的重要平台。思想政治工作应当适应这一变化，努力探索通过网络开展思想政治工作的新途径。

（一）要进一步丰富网络资源

着眼时代性、丰富性、可读性，在网上及时发布最新的国际国内形势、教育发展动态、教学培训信息，宣传建设发展中涌现出的先进人物和事迹，解答

建设发展中师生思想疑惑和心理问题，征集师生对建设发展的意见建议等，使网络内容真正能够吸引师生。

（二）要进一步拓展网络功能

在增强网络传播功能的基础上，应重点增强网络的交互和整合功能，让师生在互动中消除疑问、开启心智。例如，可以设置“发展论坛”“体会交流”“难题会诊”“献计献策”“培训小贴士”等栏目，开展网上答题攻关，网上典型评选……使网络信息更加贴近学习实践、更加贴近师生生活，最大限度地激发师生的成长、成才动力。

（三）要进一步提高网络效益

充分利用现有的政府政工网、教育系统各种政工网和本单位局域网，加强整合和完善，并推动网络向基层延伸；加强网络日常维护和管理，确保网络畅通、信息“新鲜”；强化网络安全教育，严防失泄密事件，切实发挥网络应有的效能。

二、运用心理知识，积极寻求“数智时代”思政工作的新方式

随着改革开放的不断深入和市场经济的发展完善，师生们的思想日趋活跃，思想问题与心理问题相互交织、相互转换、相互影响。运用心理知识，进行心理教育训练，是新的形势对思想政治工作的现实要求。

（一）要加强心理教育，培养师生良好的心理素质

采取上心理课、心理测试、心理咨询和情感宣泄等多种方法，让情绪波动大、有一定心理压力的师生能够得到心理上的适当调节，让有心理烦恼、无处发泄的师生得到比较科学的心理宣泄，始终保持健康良好的心态，正确应对建设发展带来的挑战。

（二）要强化心理训练，锻造师生过硬的心理攻防能力

强化心理调节训练，让师生掌握常用的心理调节方法，减弱不良的心理反应；强化意志品质训练，通过有难度、有强度、有硬度的训练课目，培养师生过硬的意志品质；强化心理进攻训练，帮助师生掌握心理进攻的常用方法手段；强化心理防护训练，通过模拟逼真的压力环境，让师生提高心理承受能力。

（三）要完善机制，提高心理教育训练的质量和效果

一是加强组织建设。建立心理教育训练领导机构，明确任务要求，明确职责分工，确保计划制订、训练组织和骨干培训等有人抓、有人管。二是加强基础建设。建立心理行为综合训练场、压力环境模拟训练室、信息收集制作室、网上对抗演练室、心理学习资料室等，更新现有装备器材，改善学校心理教育训练条件。三是加强制度规范。坚持定期分析，把师生心理情况作为分析学校发展形势的重要内容，查找问题，提出对策。四是完善业务培训。每年组织专门培训，重大任务搞好应急培训，充实学校心理工作骨干。五是搞好考核督查，既要结合教育教学对心理教育质量、效果进行经常性评估，又要结合年度教育考核对心理教育训练进行全方位的考评，促进心理教育的健康发展。

三、开发师生智能技能，积极拓展“数智时代”思政工作的新领域

数智化背景下开展思政工作，需将师生的思政素养和智能技能作为重要内容，使师生的理想信念、能力素质与时俱进，并与未来的发展相适应。

（一）通过发扬民主开发师生智能技能

充分发挥师生的主体作用，参与决策订计划、组织活动提素质，让师生开

动脑筋，建言献策；积极开展工作创新，组织师生学习新知识、新装备、新技能，探索新方法，从而促进师生聪明才智的不断发展。

（二）通过答题闯关开发师生智能技能

网上答题闯关是一项青年师生非常喜爱的活动，抓好网上答题闯关的开发利用，既可以丰富培训资源，又能够充分调动师生的工作学习热情。要把网上答题闯关作为团体训练的有效形式，组织大家通过多人联网答题闯关，形成双方“团体对抗”，经过日益默契的协调配合，不断提升团结协作能力，引导大家从“单打独斗”转变到“合力制胜”上来。要定期开展“网络答题闯关擂台赛”、评选“答题标兵”等竞赛评比活动，开发师生的观察能力、反应能力、协调能力、配合能力等，以提高大家的综合素养。

四、关注热点难点，积极研究数智时代思政工作的新课题

（一）要深化认识，消除模糊观念

要认真克服普世价值、拜金主义等西方资本主义思想所带来的错误认识，自觉把思想政治工作紧贴“数智传播”环境去谋划，着眼复杂的网络传播环境去开展，立足复杂网络环境去检验，不断提高“数智传播”环境条件下高校思想政治工作的质量效益。

（二）要加强研究，提供理论支撑

高校宣传思政部门和思政干部要积极探索“数智传播”环境下下思想政治工作的特点规律，弄清“数智传播”环境下对师生心理的影响，以及对思想政治工作组织开展的影响，以及“数智传播”环境下思想政治与意识形态工作的主要对策等，为工作实践提供科学的理论支撑。

（三）要勇于实践，提高思政工作效能

抓好数智传播知识的学习，帮助师生了解"数智传播"的概念、特点，以及对思想意识的影响等；加强对"数智传播"背景下思想政治工作的研究，熟悉其主要工作方法。

通过学习，提高师生对"数智传播"环境的认知能力、判断能力和应变能力，增强对"数智传播"环境的心理适应性。大力开展"数智传播"环境下思想政治工作演练，了解基本内容，掌握基本方法，熟悉其基本程序，明确其基本要求，强化对特殊情况的应急处置能力，提高"数智传播"环境下思想政治工作效能。

第八节　高校推进数字化思政教育的思考与探索

新时代，高校的思政教育目标明确，任务艰巨，要以习近平新时代中国特色社会主义思想为指导，坚持立德树人，加强创新引领，不断完善和改进工作方式方法，以期取得良好成效。

大数据时代，互联网作为一种跨界的融合性较高的工具，它可以应用到各个行业和领域，同样也适用于高校的思想政治工作。"互联网+"虽然不受传统思政教育模式的束缚，但是它也不完全脱离传统思政教育，而是在思想政治教育目标和实践内容的基础上，对教育形式进行新一轮的创新，为打造高校思政教育新生态创造了可能。

一、高校数字化思政教育的特征分析

（一）宣教内容多元化

随着经济社会的持续发展，信息化建设的加快，校园文化建设的重要性

日益凸显，对高校大学生思政教育工作也提出了新的要求。与传统思政教育相比，网络思政的内容就显得更加丰富，无论是外来文化还是本土文化，学校都会运用“互联网+”技术，对各类型文化进行抽丝剥茧、去伪存真，引导大学生从丰富的文化中树立主流价值观，培养高尚的道德情操和优秀的人格品质。

（二）宣教渠道多样化

传统的思政教育多是通过思想政治理论课程、主题班会或者辅导员说教的形式进行的，关于国家的政策方针、战略计划、热点时事则是通过橱窗展示和粘贴海报进行宣传的，这种“填鸭式”的教育虽然在一定程度上发挥了作用、起到了效果，但是宣教方式使得学生接受知识被动，就当前而言，效果一般。而以“互联网+”为手段的宣教方式就比较多样，以传统方式为基础，增加了微信公众平台、微信群、QQ群、网络论坛、手机App等，拓宽了宣教渠道，因其宣教方式的多样化，提高了可选择性，使学生在学习的过程中增加了趣味性，因此广大学生更乐于接受这样的宣教模式。

（三）传播范围扩大化

大数据时代，运用“互联网+”技术，不仅传播速度快，而且传播范围广。在学校，无论师生都是人手一机，对各种信息都能及时阅读、观看、回复、转发，思政教育、文化建设、文化育人等内容均能借助现代技术手段进行大面积传播。高校学生群体庞大，加上互联网本身具有的互动性、传播性等特性，以及不受时间、空间的限制，因此把“互联网+”运用到大学生思想政治教育、文化建设、文化育人工作中，可以更好地适用于这个网络环境，扩大宣教范围。

（四）宣教效果明显化

与传统的宣教手段相比，运用于“互联网+”的宣教模式更加新颖，它已完全突破了文字宣传、图片宣传的静态化，而更偏向于动态宣传。例如，更好地利用色彩亮丽的滚屏图文播放、视频、直播、论坛交流、实时弹幕点评等方式，让学生在观摩学习、体验式互动下进行思政教育，能更好地带动学生主动参与学习的积极性，起到了很好的宣教效果。

二、“互联网+”背景下高校思政工作面临的挑战

（一）“速食文化”对高校思政团队提出更高要求

互联网文化属于一种“速食文化”，它的更新和传播速度之快、内容之广、影响力之大是高校思政团队不容忽视的一个问题。它的内容涉及社会的各个层面：时事政治、社会民生、法律法治、娱乐论点等，每一条互联网上面的信息都会在思想上、心理上影响着大学生们，对他们的价值观都会起到重要的影响作用。因此，作为高校的思政团队，要时时关注互联网动态，对媒体发布的新闻消息进行深层次的解剖和分析，对学生进行舆情引导；要以较高的理论水平，从正面培养和帮助学生树立正确的价值观……这些都对高校的思政团队提出了新的要求。

（二）网络监管及舆情控制力度有待进一步加强

当前，网络传播平台的门槛比较低，几乎任何一种传播媒介都可以针对网络上的某一信息进行转发传播，如QQ、微信、微博、贴吧、论坛等，加之目前互联网还未形成对身份进行审核的实名制，对于学生个体来说，未经充分甄别的信息也可以凭借个人的喜好进行随意的发布和转发，如果遇到隐蔽性强的信息，或者缺乏甄别力的学生，相关带有不良性质的信息一经发布或转发，随之产生的负面影响的可控性会较低，因为高校思政团队暂无法将该种行为落实到真实的行为主体，所以较难进行监管、控制和干预，这对思政工作又提出了挑战。

（三）青年学生缺乏互联网法律法规意识

以“00后”为主的大学生主体意识比较强烈，思想活跃，但自控能力比较差，他们喜欢探索和发现新鲜事物，但易受外界环境的影响；学习主动性较强但辨别是非能力较差；关注自己的物质和精神得失较多，但缺乏以集体利益为上的大局观。经随机调研显示，非法律专业的大学生对网络相关法律法规知识较缺乏、认知度较低。因此，如何提高大学生的网络安全意识，强化互联网法律法规的学习，是大学思政团队需要努力的重要方向。

（四）网络风险及网络安全问题依然存在

互联网因为其传播速度快、传播面广的特性也被一些不法之徒利用，而深受其害的大学生不在少数，如网络诈骗、网络传销、利用网络虚假信息欺骗学生，以及利用网络实施校园贷、网贷等。所以，加强网络的监督和管理，提高网络安全和网络风险防范意识也是高校思政教育应该注意的重点。

三、加强高校数字化思政教育的路径探析

（一）网络思想政治教育平台建设

在当前高校思政教育工作中，加强网络思想政治教育平台建设是不可或缺的内容。“互联网+”背景下的高校思政宣教可以利用其特点使教育方式多样化，可以针对不同的宣教内容开展丰富多彩的活动，将主流意识和先进文化内涵注入各板块的宣教活动中。

1.建立多个主题网页

高校的校园网站不仅是一个信息展示的平台，也是文化传播的平台。可以在校园网上拟建各种不同的主题网页，一方面通过网站展示校园文化的魅力和学校风采，增强广大学子的自豪感、自信心和爱校情怀；另一方面，通过设置思政教育网页、时事政治网页等主题网页，可使大学生能够及时了解党的方针

政策、国家发展情况和社会民生等，增强大学生的政治素养，培养其大局观、全局观，从而有针对性地结合经济社会发展需要进行生涯规划，在努力实现梦想的同时，为国家为社会作出应有的贡献。

2.建好网上党校团校

除学校设置的党校和团校机构之外，也可以通过学校网站或者App的开发设置网上党校和网上团校课程。加入党组织、团组织，融入党团生活，是每个进步青年的向往。网上党校团校的建立，能使得同学们学习党团知识更加便利，有利于其政治理论水平的提升和政治素养的增强，让大家都努力向党组织靠拢，早日成为光荣的党员。

3.建好校园“自媒体”

“自媒体”又称“个人媒体”，其组建相对而言比较简单，它主要依赖于个体独立性的展示，随着信息化普及以及公民个人主体意识的增强，“自媒体”传播越来越广泛，在广大学子中的运用也越来越多。

大学生就是一个庞大的“自媒体”群体，他们思想活跃、个性张扬，经常利用文字、图片、视频等将自己的学习、生活、情感、思想等展示在各个载体上。高校并不反对学生用“自媒体”，但必须在教学和生活中多关注学生们的思想和心理动态，帮助他们坚定理想信念，树立正确的价值取向，引导学生运用自媒体传播时应追随主流文化的潮流，传播正能量，将当代大学生的优良品质和道德素养展现在自媒体平台上，同时要通过自媒体激发周围同学的文化创新创造活力，以自己来感染他人，在理想、信念、道德观念上团结一致，使“自媒体”形成群体的力量来弘扬时代精神。

在学校这个大集体里，“自媒体”产生于群体之中，同时会对群体产生作用力。因此，高校在思政教育工作中也可以利用“自媒体”打造典型形象，并通过先进典型、优秀事迹的自媒体传播，去感染、影响他人。例如，将优秀同学的光辉事迹、经典语录、成长日记、学习感悟等发布到他的“自媒体”平台上，然后以点带线、以线到面的方式将他个人的优秀品质和文化素养传播给其他同学，逐步扩大到整个二级学院甚至整个学校的学生群体，榜样的力量不容忽视，有着强大的带动引领作用，会引起大家的竞相效仿。因此，科学合理地运用自媒体，也是高校思政教育工作的重要方法。

（二）网络思政教育平台监管机制建设

高校对网络平台需要建立严格而规范的监管制度，掌握对校园网络的控制权，要对网络进行科学管理，构建良好的网络秩序，营造积极健康的网络氛围，以提供给学校思政教育一个安全稳定的宣传平台。监管制度的建立主要可以从两个方面开展，一方面是技术，另一方面是法律。技术方面，可以利用终端后台对可控的操作平台进行监控，例如学校与二级学院的微信公众平台、学校论坛、校内网站等，可以通过终端对大学生在微信公众平台上的留言、论坛上发布的主题、网站上发布的信息进行观察和监督，一旦发现有不当的网络言论行为，则通过终端自动删除或者人为删除，进行及时止损以防止负面影响扩散。但是，这种技术性的操作属于硬性操作，它不能解决根本的问题，治标不治本，因此还需要通过法律宣传的手段进行教育。法律宣传方面，主要是以提高大学生法治意识、规范网络行为为主，要通过互联网法制宣讲、网络安全讲座等来加强学生的网络思想道德建设，并将其化为大学生的日常行为，使学生们主动地参与到营造神清气朗的网络氛围中。

（三）学校网络舆情处置机制建设

越来越多的人通过网络关注了解国内外动态和新闻事件，但青年学生辨别能力、自控能力不太强，可能由于关注到一些负面信息而受到干扰，影响到正确判断，甚至影响到正常的学习生活。因此，作为高校思想政治教育工作者，要正视舆情信息对学生的影响，及时对其进行干预。例如，专门建立或者开发一个手机App，上面同步发布重大事件、热点事件，但需设置评论区，置顶首评的必须是学校的思政教育工作人员，从而起到思想引领的作用，对相关事件进行正面评价，以先入为主的方式正面引导学生正确看待社会现象，学会思考与分析，以正向思维对新闻事实进行剖析，培养学生理性分析判断能力，树立正确的价值观。

（四）辅导员网络思政教育能力建设

辅导员与学生联系最紧密，是高校思政队伍中的重要力量，是学生的人生导师，这就要求其具备较高的政治素养、强烈的责任心和使命感，能够以培养新时代的有理想、有文化、爱学习、懂技术、心怀“中国梦”的大学生为己任。因此，需对辅导员队伍进行网络思政培训，使他们掌握互联网思想政治教育手段和传播技术，并将该技术应用于日常工作实践中，以求掌握网络话语权和网络思想政治教育主动权。只有建好网络思政教育工作队伍，才能更好地把握时代脉动，倾听学生心声，引导学生行为，推进思政教育宣传工作。

第九节　数智传播背景下高校思政教育策略探赜——以高职院校为例

推动思政教育转型是新时代落实立德树人根本任务、助力高职院校高质量发展的重要改革行动。数智传播与高职院校思政结合是高职院校思政教育现代化的必然要求，是职业道德精神培育的现实需要，也是数智传播健康发展的内在需求。针对数智传播背景下高职院校思政教育出现“师”导转向“机”导、“育人”转向“育技”、“有情”转向“无情”、“真学”转向“难辨”的倾向，应构建“理念上守正创新、技术上协同创新、行动上价值引领、培养上师生一体”四位一体的策略体系，以探索优化路向。

当今时代，中西意识形态明暗交锋、媒体融合纵深发展，数智传播应用日益广泛，推动了教育的快速变革，也为高职院校思政的发展带来了新的契机。因此，阐明数智传播的内涵，厘清数智传播与高职院校思政教育的耦合关联、现实困境与破解路径，将为数智传播的潜能转化为思政育人的效能，为高职院校思政教育转型发展提供有益借鉴、注入强劲动力。

一、数智传播的内涵释义

“数智”是“数字智慧”与“智慧数字”的综合体，将人的智慧融入大数据之中，同时运用数字技术管理人的智慧，即以数据连接现实与虚拟，使人类与机器共享智慧。

“数智传播”伴随人工智能、大数据、深度学习、机器学习等技术发展而出现，是以互联网为主干，以智能技术为驱动，以智能终端为关键，通过数智媒介进行的智能、交互、个性的信息传播活动。众多学者认为数智传播是一个动态的概念，因为数智媒介的概念会随着技术发展与社会进步而不断变化，今天所定义的数智媒介可能会变成明日黄花，但是无论如何，其技术属性应当得到肯定。从根本上来说，数智传播是人们利用智能技术媒体属性的一种传播方式。

数智传播技术的发展经历了三个时期

Web1.0 时期（1994—2000年），其主要特征是大量使用静态HTML 页面技术来进行信息聚合，这一阶段的网络技术将用户产生的“微内容”进行汇总与聚合。

Web2.0 时期（2001—2014年），其主要特征是挖掘用户自身产生的信息资源，形成流畅的信息渠道，进而实现了信息传播的“泛中心化”特征，强化了信息渠道自下而上的树状结构。

Web3.0 时期（2014年至今），其主要特征有两个方面：

（一）微内容的高效聚合

Web3.0 技术将内容信息进行语义分析，让用户可以检索出其语义特征。同时，对于用户特征的个性分析技术也日益成熟，这些技术的进步使个性化、精准化、快速化的搜索结果成为可能。

（二）传播格局的分裂化

与Web2.0技术只能通过 PC 接入互联网相比，Web3.0 技术使得各种终端设备的用户都可以享受互联网生活的便捷。因此，有一些学者也认为，Web3.0时期才是数智传播时代的开启。

数智传播技术的产生使得信源密度，受众广度、介体效度和反馈精度得到大幅提升。一是万物皆媒，数智传播的信源密度增加。技术进步使得传统意义上的“非媒体”与“媒体”的界限逐渐模糊，物体的媒体能力依赖于安装在物体上的传感器，而反馈维度的增加可以更加真实、准确、快速地收集信息，也使得信息生产的实时调节、精确生产与智能推荐成为可能。二是人机共生，数智传播的受众广度提升。与数智媒体的海量受众相比，传统媒体的受众仅是九牛一毛。数智传播的技术进步使传播媒体的范围从公共空间逐步拓展到私人领域，也让用户能从多个平台获取信息。三是自我进化，数智传播的介体效度提升。机器学习技术可以分析数据、执行特定任务甚至完成自动编程任务，这使得人工智能自我编程成为可能；同时，数智技术通过分析历史记录，获取用户偏好，发现关联关系，从而让人们获得更优化的推荐信息。四是效果量化，数智传播的反馈精度提升。当前主要采取用户画像算法、协同过滤、排序式推荐三种推荐模型对信息进行筛选。

二、数智传播与高职院校思政教育的耦合性分析

马克思主义科学技术观认为，科学技术是人类改造自然对象的产物，是推动人自由全面发展的动力。人类在推动经济社会发展中创造了数智传播技术，该技术在与现代生产生活加速融合的同时，对新时代高职院校的办学、治校与人才培养产生巨大影响，是推动高职学生成长、成才的重要动力。而思政教育作为思想塑造、行为调适、价值引领的特殊教育活动，需与同数智传播互融共进，引领高职学生全面发展，成就精彩人生。

（一）高职院校思政教育现代化的必然要求

《中国教育现代化2035》强调，加快信息化时代教育变革，推进管理精准化和决策科学化。《关于新时代加强和改进思想政治工作的意见》提出，推动思想政治工作传统优势与信息技术深度融合。《新一代人工智能发展规划》指出，利用智能技术加快推动人才培养模式、教学方法改革。作为中国式现代化的重要组成部分，职业教育现代化是党领导下的中国特色社会主义职业教育事业，在推进职业教育现代化的过程中，必须坚持改革创新。2022年，我国正式启动国家教育数字化战略行动，当前推动教育数智化是形势所需。高职院校思想政治教育是实现高职院校教育现代化的基础环节，因此推动高职院校思想政治教育数智化是关乎立德树人根本任务的重大战略，亦是实现高职教育高质量发展的重要途径。

（二）职业道德精神培育的现实需要

技能是强国之本、立业之基，技能型社会是支撑经济高质量发展的社会基础。职业道德是一种职业或者职业岗位的道德要求，包括职业态度、职业责任、职业作风等；职业精神是指从事一种职业精神状态与能力自觉，他们是一种职业、一个行业必不可少的内涵要义。职业教育是与经济社会发展联系最为紧密的教育类型，各行各业的发展，都需要其从业者具有正确的职业精神和良好的职业道德，但是职业道德与职业精神的培养并非一日之功，而是需要长期潜移默化的侵润。高职学生的成长伴随数智传播的产生与发展壮大，对网络有很强的依赖性。根据马斯洛需求层次理论，数智传播满足了“归属与爱的需要”，即 “社交的需要”，高职学生对于自我的满足，自我的认可等，可以借助网络的力量实现。因此，根据高职学生的兴趣所在，选择客体所偏好的载体——数智传播载体，是培育高职学生职业道德精神的应有之义。

（三）数智传播健康发展的内在需求

在数智传播背景下，观念碰撞已是常态，价值观冲突已是日常，如果任由这些冲突肆意传播，将会影响高职院校思政教育的实效性。如果在平台上只有失控的言论，错误的价值观念，五光十色的传播形式，即使一开始能吸引一部分高职学生的关注，但也不会长久。数智传播应当以传播正确的科学知识、技术技能及进步积极的价值观念为第一目标，才能真正触动高职学生的内心、影响高职学生的思想。科技与工具是人的延伸，“数智传播”需要与引领培养高素质技术技能人才的高职思政教育相融合，对信息的智能收集、智能生产、智能分发、智能反馈等各环节工作人员进行思想引领，才能在源头上防止问题的发生，同时推动数智传播自身的健康发展。

三、数智传播背景下高职院校思政教育的调查思考

笔者面向东西南北12所高职院校、职业本科院校的学生，发放问卷400份，回收到有效问卷386份。受调查学生中，党员占21.5%，预备党员占11.6%，入党积极分子占10.3%，团员占37.5%，群众占18.1%，民主党派占1%，较全面地展现了高职学生的构成情况，使问卷能客观反映现状（表5-17）。

表5-17　高职学生选用数智传播平台主要类型情况

数智传播平台选用（多选）	百分比（%）	排序
抖音、快手、微博等商业法人主办的数智传播平台	69.2	1
人民日报 App 小程序、微信公众号，光明日报 App小程序、微信公众号等官方媒体主办的数智传播平台	36.3	2
学习强国、党建网等党政机关主办的数智传播平台	28.1	3
其他	9.8	4

从表5-17可知，根据多项选择结果，高职学生群体主要使用商业法人主办的数智传播平台作为接受信息主要渠道，商业平台存在“猜你喜欢”的内容

推荐模式，具有较强的的吸引力；其次是官方媒体主办的数智传播平台，这些由官方媒体主办的数智传播平台聚合了多方信息源，形成了具有新闻视野、文化视角、思想高度、理论深度的数智传播平台；而党政机关主办的数智传播平台，定位于领导干部及党员同志，传播语言以宏大叙事为主，暂未密切贴近高职学生偏爱的语言体系。

由表5-18可知，根据多项选择结果，高职学生参与数智传播实践活动的主要目的分别是搜索查找相关资料与社交活动。在数智传播平台上，不仅有教科书上的知识总结，更有生活中的经验提炼，受访者指出他们更愿意在数智传播平台搜索“经验贴”或“避坑指南”等，而不是向家人、朋友或者辅导员询问生活经验。另外，当代高职学生的社会交往不仅存在于以血缘、业缘、地缘等“差序格局”，更存在于以情感和兴趣为核心的“虚拟圈层”，在数智传播平台上，多数高职学生会结交网友、抖友等虚拟关系以满足自身的社交需要。同时，“娱乐游戏”与“浏览新闻”的占比基本持平，值得引起注意。

表5-18 高职学生使用数智传播平台主要目的情况

数智传播平台使用目的（多选）	百分比（%）	排序
搜索、查找资料	43.2	1
社交活动	41.7	2
娱乐游戏	37.6	3
浏览新闻	36.3	4
获得相关信息	25.3	5
发表个人意见	17.1	6
其他	1.2	7

由表5-19可知，根据多项选择结果，有46.6%的学生表示“政治素养需提高”；有45.2%的学生表示“道德水平待提升”；有40.8%的学生表示“缺少媒介素养”。这是数智传播背景下高职院校思政活动中，学生存在的主要问题；与此同时，有20.3% 的学生表示“散布过负面消息”，亦有19.1%的学生认为大家的“态度不端正”，以及尚有一些其他问题存在，同样也应该引起高度重视。

表5-19　数智传播背景下高职思政学生问题自查情况

思政活动中学生现存问题（多选）	百分比（%）	排序
政治素养需提高	46.6	1
道德水平待提升	45.2	2
缺少媒介素养	40.8	3
散布过负面消息	20.3	4
态度不端正	19.1	5
其他	12.2	6

由表5-20可知，根据单项选择结果，有部分高职学生信任小道消息。“十分信任”“比较信任”是属于信任类别，“一般”“不信任”“非常不信任”是属于不信任类别。少数受访者信任数智传播平台上流传的小道消息。

表5-20　高职学生对于网络小道消息的认同情况

浏览到小道消息采取的态度（单选）	非常不信任	不信任	一般	比较信任	十分信任
百分比（%）	3.9	29.9	40.8	21.9	3.5

四、数智传播背景下高职思政教育的问题倾向

（一）“师”导转向“机”导

高职院校讲求知行合一、工学结合、德技双修，通过思政教育培养三观正、能力强、素质高的技术技能人才，这需要学校教师和企业导师共同努力，以身体力行的榜样作用、言传身教的典范作用，来引导高职学生。但是，随着数智传播的介入，教育内容被智能生产、智能分发并精准投喂，将校企双方的

思政教育者本要进行的“主动作为”转化成了的“被动执行”，按部就班地进行数据整理和程序执行，这些重复性的机械操作，使得原本应具有的育人积极性、教育创造力等逐渐消散；同时，数智传播对思政内容的筛选让“个性化教育”批量生产成为可能，也让高职学生的深层次思考能力退化。“人—机—人”替代“人—人”，数智传播平台成为了现代高职思政不可或缺的存在，逐步取代人，成为高职思政教育主体。

（二）“育人”转向“育技”

数智传播背景下，高职院校思政教育的渠道平台、方式方法、育人流程等发生了变革，逐渐呈现出“器以载道”的趋势，数智传播工具和数智传播产品嵌入高职院校思政，并开展了引导人、培养人、塑造人的一系列工作。长此以往，教育者与受教育对象对数智传播的依附程度、校企双方对数智传播的依赖惯性将不断增强，这将导致数智传播在高职院校思政教育中的作用与地位大幅提高，人们会将注意力聚焦于如何运用数智传播开展好高职院校思政教育并执着于钻研进一步优化提升。这时的高职院校思政教育就成为与其他专业课雷同的“技术技能训练”，偏离了育人铸魂的人格塑造使命而彰显出工具属性，对于新时代工匠的政治引领、信念锻造、情怀涵养等的效力将大打折扣，这与高职院校思政教育的价值旨归背道而驰。

（三）“有情”转向“无情”

思政教育是春风化雨式的熏陶，是润物无声的感化，在培养品德高尚、技艺精湛、爱岗奉献的时代工匠的过程中，需要校企双方“身”“心”共育。用心育人、以情感人、立德树人。数智传播在扩展人的智慧智能方面展现出巨大的优势，使得教育者和教育对象双双进入技术崇拜的樊篱，甚至以为数智传播技术可以拓展到所有育人领域，但它终究是一种计算逻辑，现阶段尚无法准确识别与有效诊断高职学生思想情绪、价值困境等复杂多变的问题，无论是在高职院校的课堂上，还是在企业的工位上，高职学生情绪情感与行为行动无法被

“精准画像”和精准反馈，这将导致“情感迷局”的出现，高职院校思政校企携手“晓之以理、动之以情”的景象将再难看到；同时，高职学生情感认知能力、情感控制能力及交流沟通能力的培养可能成为空谈。

（四）“真学”转向“难辨”

高职院校思政的一大亮点即是“学真理、懂真技、行真事、做真人”。数智技术的迅猛发展，催动了数字校园、智慧校园的蓬勃兴起，高职院校逐步成为了虚拟学校与实体学校的有机融合物，但是至今为止，数智传播尚未实现信息真伪辨别功能的缔造，对于披着仿真外衣的虚假信息更是无能为力。若是数智传播从信息收集之始便引入了虚假信息，其结果也必然存在错误，这将会使思政教育走向另一个方向，其权威性和可信度将彻底丢失。同时，在实施思政教育过程中，高职学生最本真的想法、态度、爱好等隐藏在内心深处的信息将暴露在多元化、匿名化的数字空间，思政教育者对高职学生思想状况的认知也建立在符码之上，为达到“精准”了解高职学生的思想动态，机器将不会对师生的数据隐私进行保护，同时还会形成统一的标准对高职学生的思想意识进行驯化。

五、数智传播背景下高职院校思政教育的优化路向

（一）理念上守正创新

高职教育立德树人，强调德技并举，以德为先。立德即德育，育社会公德、职业道德、个人品德；树人即以生为本，培树高素质技术技能人才，这不仅彰显了马克思人学理论的价值内核、体现了中华德育文化的内涵，也凸显了行业精神的时代风采。数智传播时代，科技的发展导致育人的形态发生变化，立德树人的内容、方式、平 台、环境被赋予新的时代内涵，但德技双修、育人铸魂的目标不会变。党的二十大强调了“意识形态”的极端重要地位，要求坚

守立德树人的教育使命，习近平总书记一直强调“营造人人皆可成才、人人尽展其才的良好环境，努力让每个人都有人生出彩的机会”，因此，我们要占领数智传播制高点，建好校园育人阵地、守住舆论阵地，坚持以一元统领多元，把政治原则贯穿到教育链、产业链、创新链全过程，借助数智传播技术分析、处理、推送数据，以对高职学生的精准画像，增强高职院校数智思政的精准度和有效性。作为首批全国职业院校数字校园建设试点学校，湖南商务职院在培根铸魂，以文化人等思政教育领域，科学界定数智传播的技术标准、数据系统、算法逻辑，有效驾驭数智传播的工具理性，以兼具人文理性和科学理性的思政教育，助力学生成长为高素质工匠。

（二）技术上协同创新

数智传播背景下，高职院校需对思政教育的基架设施、资源系统、传播矩阵进行科学规划，以实现育人场景重塑、教学内容再造。职业教育是多主体参与的教育，高职院校需在产教融合、校企合作之中联合行业企业协同作战，推动以5G、Wi-Fi6、AIoT等为代表的网络基础设施建设，推进以智慧教室、虚拟仿真活动室等为代表的硬件设施建设，挖掘数智传播在联结各级各类思政教育系统方面的潜力，构建有亮点、无盲点的思政教育新型基座，建立内容丰富、立体多样的思政教育资源库，打造共建共享、互联互通的思政数智化教育平台，坚持一元统领多元，促进校企网站、微信、微博、短视频等不同媒介间的同频共振，健全优化思政教育数智传播矩阵建设。例如，深圳职院大力发展云计算、人工智能等，优化算力算法；着力发展5G、传感物联等，推动万物互联；建立“云上学、实地练、强交互”的数字研学平台、XR体验空间、STEAM创新实验室等，创新育人形式；同时，开发多种媒体融合的数字化教学资源，建设“平台+生态”资源供给体系，加强“网报端微屏”一体化建设，营造了思政教育与深圳实践融通、学校教育与企业培养融通、理论教学与实践育人融通、管理服务与学习生活融通、文化育人与技术教育融通的良好环境，推动了三全育人。

（三）行动上价值引领

马克思揭示了技术运行的资本逻辑，指出技术具有意识形态属性。高职院校应结合数智传播技术探索新时代学生思政教育规律，寻找数智传播与主流意识形态、职业素质培养的契合点，紧跟国家倡导、价值关怀、行业认同、职业体验等进行数智传播的技术选择和思政育人场景构建，通过体验式、沉浸式教育，让主流价值成为思政数智化的主引擎。通过智能技术的跨时空联结，将主流价值注入数智传播全过程，并在智能反馈环节中通过抓取多模态、多场域、多样化数据，把握学生的思想现状、心理特点、行为特征，对学生的"知""情""行""意"进行画像，助力学生成长；同时，建构意识形态监控系统，加强对错误思潮、负面价值观的技术识别，辨明西方技术裹带下的"价值营销"，提升主流意识内容的优先传播权重，使其在高职院校思政教育活动中发挥建设性作用。例如，济宁职院整合"四史"等红色文化和"井冈山精神""沂蒙精神"等，打造"永不落幕思政馆"；建设传统文化馆，开展实境礼仪、经典诵读等线上传统文化活动；推出"百年回望 红歌颂党"线上下主题音乐党课。同时，开设《为祖国而歌》《鏖战鲁西南》等微党课。同时，依托儒家文化发祥地优势，建成享誉全国的"文化+网络"思政育人共同体，制定中华优秀传统文化课程国标，出版《中国传统文化》《蒙学阅读》等数字一体化教材，打造了职业教育"扫码"教材新形态，助力具有"中国心、世界眼、时代脑、工匠手"的职业人培养，荣获教育部网络应用优秀校、全媒体中外人文交流基地等多项荣誉。

（四）培养上师生一体

数智能力和媒介素养是数智传播背景下高职院校思政教育者与受教育者的必备素质能力。思政教育者要通过系统培训、内外研学等方式提升数智思政能力，在现实场景与虚拟空间时刻坚持"身体在场"与"意见在场"，提升"言传身教"水平，通过以情动人、以德育人和以文化人彰显人文关怀；大力弘扬主旋律，通过一条条抖音、朋友圈、快手视频等能为数智传播平台内容池注入“红色活水”，同时要把握时代动态，增强信息识别力，严格把关传播内容，过滤不良信息，主动激浊扬清，为高职学生系好职业生涯“第一粒纽扣”；教育对象要加强对数智传播技术及资源的运用能力，避免“信息茧房”“回音室”对自身求知愿望、交流行为、反思意向的主体性消解；增强在网络世界同理论对话、与历史交流的体验时间，延伸政治素养、信念意识、道德品行形成与发展的体验空间，历练形成通过局部看全局、透过现象看本质、立足现实看长远的思维和本领。例如，河北软件职院构建党组织统一领导、教学与管理齐抓共管、各新闻通讯员联动、任课教师共同参与的思政格局，加强网络思想引领，健全师生“自己学、自己做、自己讲”的机制，运用互联网使思政教育“活起来”，建立党、团双体联动机制，指导师生挖掘思政元素，以学生视角创作、制作图文、短视频等，参与网络文化生产与传播，传递主流价值观，形成了“学生影响学生、学生引领学生”的好氛围。

参考文献

[1] 马克思，恩格斯.马克思恩格斯选集（第1–4卷）[M]. 北京：人民出版社，2012.

[2] 马克思，恩格斯.马克思恩格斯文集（第1、5、8、9、10卷）[M]. 北京：人民出版社，2009.

[3] 马克思，恩格斯.马克思恩格斯全集（第19卷）[M]. 北京：人民出版社，1963.

[4] 马克思，恩格斯.马克思恩格斯全集（第26卷）[M]. 北京：人民出版社，2014.

[5] 马克思，恩格斯.马克思恩格斯全集（第47卷）[M]. 北京：人民出版社，2004.

[6] 马克思，恩格斯.共产党宣言[M]. 北京：人民出版社，2018.

[7] 马克思，恩格斯.德意志意识形态（节选本）[M]. 北京：人民出版社，2018.

[8] 恩格斯.社会主义从空想到科学的发展[M]. 北京：人民出版社，2018.

[9] 马克思.哲学的贫困[M]. 北京：人民出版社，1961.

[10] 列宁.列宁选集（1–4卷）[M]. 北京：人民出版社，2012.

[11] 列宁.列宁专题文集.论社会主义[M]. 北京：人民出版社，2009.

[12] 列宁.列宁专题文集.论无产阶级政党[M]. 北京：人民出版社，2009.

[13] 列宁.列宁全集（第9、13、33、34、35、36、39、41、43、47、55卷）[M]. 北京：人民出版社，2017.

[14] 列宁.列宁全集（第36卷）[M]. 北京：人民出版社，1959.

[15] 毛泽东.毛泽东选集（第1–4卷）[M]. 北京：人民出版社，1991.

[16] 毛泽东.毛泽东文集（第3、4、6、7、8卷）[M]. 北京：人民出版社，1996.

[17] 刘少奇.刘少奇选集（下卷）[M]. 北京：人民出版社，1985.

[18] 邓小平.邓小平文选（1–3卷）[M]. 北京：人民出版社，1993，1994.

[19] 江泽民.江泽民文选（1–3卷）[M]. 北京：人民出版社，2006 .
[20] 江泽民.论党的建设[M]. 北京：中央文献出版社 ，2001.
[21] 江泽民.论“三个代表”[M]. 北京：中央文献出版社，2001.
[22] 胡锦涛.胡锦涛文选（1–3卷）[M]. 北京：人民出版社，2016 .
[23] 习近平.习近平谈治国理政（第 1 卷）[M]. 北京：外文出版社，2014.
[24] 习近平.习近平谈治国理政（第 2 卷）[M]. 北京：外文出版社，2017
[25] 习近平.习近平谈治国理政（第 3 卷）[M]. 北京：外文出版社，2020
[26] 习近平.习近平谈治国理政（第4卷）[M]. 北京：外文出版社，2022.
[27] 习近平.论党的宣传思想工作[M]. 北京：中央文献出版社，2020.
[28] 习近平.习近平著作选读（第一卷、第二卷）[M]. 北京：人民出版社，2023.
[29] 毛泽东，邓小平，江泽民.论党的建设[M]. 北京：中央文献出版社，1998.
[30] 中共中央党史和文献研究，中央学习贯彻习近平新时代中国特色社会主义思想主题教育领导小组办公室.习近平新时代中国特色社会主义思想的世界观和方法论专题摘编[M]. 北京：中央文献出版社，党建读物出版社，2023.
[31] 中共中央党史和文献研究院.习近平关于网络强国论述摘编[M]. 北京：中央文献出版社，2021.
[32] 中共中央宣传部.习近平新时代中国特色社会主义思想三十讲[M]. 北京：学习出版社，人民出版社，2018.
[33] 中共中央宣传部.习近平新时代中国特色社会主义思想学习纲要[M]. 北京：学习出版社，2019.
[34] 中共中央宣传部.习近平总书记系列重要讲话读本[M]. 北京：人民出版社，2014.
[35] 中共中央党史和文献研究院.习近平关于协调推进“四个全面”战略布局论述摘编[M]. 北京：中央文献出版社，2015.
[36] 中共中央党史和文献研究院.习近平关于防范风险挑战、应对突发事件论述摘编[M]. 北京：中央文献出版社，2018.
[37] 中共中央党史和文献研究院.习近平关于总体国家安全观论述摘编[M]. 北京：中央文献出版社，2018.
[38] 中国社会科学院马克思主义研究院.马克思、恩格斯、列宁论意识形态[M]. 北京：人民出版社，2009.

[39] 人民日报社评论部. 论学习贯彻习近平总书记新闻舆论工作座谈会重要讲话精神[M]. 北京：人民出版社，2016.

[40] 新华月报. 新中国 70 年大事记（1949.10.1—2019.10.1）（下）[M]. 北京：人民出版社，2020.

[41] 中共中央党史和文献研究院.十七大以来重要文献选编[M]. 北京：中央文献出版社，2011.

[42] 中共中央党史和文献研究院.十八大以来重要文献选编[M]. 北京：中央文献出版社，2014.

[43] 中共中央党史和文献研究院.十九大以来重要文献选编[M]. 北京：中央文献出版社，2019.

[44] 中国共产党第十九次全国代表大会文件汇编[M]. 北京：人民出版社，2017.

[45] 中国共产党第二十次全国代表大会文件汇编[M]. 北京：人民出版社，2022.

[46] 中共中央文献研究室. 习近平关于社会主义政治建设论述摘编[M]. 北京：中央文献出版社，2017.

[47] 中共中央文献研究室，中央档案馆. 建党以来重要文献选编（1921—1949）（第 10 册）[M]. 北京：中央文献出版社，2011.

[48] 赵云献. 毛泽东建党学说论[M]. 北京：人民出版社，2003.

[49] 俞吾金. 意识形态论[M]. 修订版.北京：人民出版社，2009.

[50] 黄传新，等. 社会主义意识形态的吸引力和凝聚力研究[M]. 北京：学习出版社，2012.

[51] 侯惠勤. 马克思的意识形态批判与当代中国[M]. 北京：中国社会科学出版社，2010.

[52] 侯惠勤，等. 马克思主义意识形态论[M]. 南京：南京大学出版社，2011.

[53] 宋惠昌.当代意识形态研究[M]. 北京：中共中央党校出版社，1993 .

[54] 陈锡喜. 马克思主义：意识形态和话语体系[M]. 上海：华东师范大学出版社，2011.

[55] 陈锡喜. 意识形态：当代中国的理论和实践[M]. 北京：中国人民大学出版社，2018.

[56] 张秀琴. 马克思意识形态概念理解史[M]. 北京：人民出版社，2018.

[57] 黄明理.马克思主义魅力与信仰研究[M]. 北京：人民出版社，2016.
[58] 俞良早.经典作家探索理想社会与实现中国梦[M]. 北京：人民出版社，2017.
[59] 刘同舫.马克思的哲学立场[M]. 北京：人民出版社，2017.
[60] 夏银平，等.当代意识形态论[M]. 北京：人民出版社，2017.
[61] 王绍臣，等.意识形态学[M]. 天津：天津人民出版社，1996.
[62] 胡隆辉.当代中国意识形态论[M]. 郑州：河南人民出版社，1996.
[63] 吴学琴，等.当代中国日常生活维度的意识形态研究[M]. 北京：人民出版社，2014.
[64] 任志锋.当代中国社会主义意识形态主导性研究[M]. 北京：中国书籍出版社，2015.
[65] 吴建国，陈先奎，刘晓，等.当代中国意识形态风云录[M]. 北京：警官教育出版社，1993.
[66] 陈中奎.互联网时代中国意识形态安全问题研究[M]. 北京：社会科学文献出版社，2019.
[67] 吴满意，等.网络意识形态相关问题初探[M]. 北京：人民出版社，2019.
[68] 朱继东.新时代党的意识形态思想研究[M]. 北京：人民出版社，2018.
[69] 朱继东.新时期领导干部意识形态能力建设[M]. 北京：人民出版社，2014.
[70] 李超民.新时代提升网络思想政治教育话语权研究[M]. 北京：人民出版社，2019.
[71] 闫方洁.自媒体时代意识形态工作研究[M]. 北京：人民出版社，2018.
[72] 孟宪平.社会主义核心价值体系建设常态化研究[M]. 北京：人民出版社，2018.
[73] 赵勇.社会主义意识形态功能研究[M]. 上海：上海人民出版社，2012.
[74] 宋文生.高校意识形态安全研究[M]. 南昌：江西人民出版社，2017.
[75] 郑永扣.意识形态与社会冲突治理[M]. 北京：中国社会科学出版社，2017.
[76] 胡伯项，等.我国现代化进程中意识形态安全问题研究[M]. 北京：人民出版社，2017.
[77] 庄友刚.跨越风险社会：风险社会的历史唯物主义研究[M]. 北京：人民出版社，2008.
[78] 潘斌.风险社会形上阐释[M]. 上海：上海人民出版社，2018.

[79] 郭洪水.当代风险社会：基于哲学存在论与复杂系统论的研究[M]. 北京：中国社会科学出版社，2015.

[80] 贾英健.风险生存论[M]. 北京：人民出版社，2017.

[81] 李谧.风险社会的伦理责任[M]. 北京：中国社会科学出版社，2015.

[82] 高鹏程.危机学[M]. 北京：社会科学文献出版社，2009.

[83] 陈秋玲.社会风险预警研究[M]. 北京：经济管理出版社，2010.

[84] 韩云平.决策认识论[M]. 北京：人民出版社，2013.

[85] 薛晓源，周战超.全球化与风险社会[M]. 北京：社会科学文献出版社，2005.

[86] 张广利，等.当代西方风险社会理论研究[M]. 上海：华东理工大学出版社，2019.

[87] 张治库.风险社会与人的发展[M]. 北京：人民出版社，2015.

[88] 钱亚梅.风险社会的责任分配初探[M]. 上海：复旦大学出版社，2014.

[89] 毛明芳.现代技术风险的系统学审视[M]. 北京：人民出版社，2020.

[90] 蒯正明.中国共产党维护意识形态安全研究[M]. 北京：中央文献出版社，2016.

[91] 孙乃龙.社会意识形态危机与规避：当代中国社会思潮的本质及导引研究[M]. 北京：中国社会科学出版社，2013.

[92] 姚建军.主流意识形态建设与社会整合研究[M]. 北京：光明日报出版社，2016.

[93] 申文杰.马克思主义意识形态话语权理论阐释与实践探索[M]. 北京：人民出版社，2017.

[94] 郝保权.多元开放条件下中国社会主义意识形态安全研究[M]. 北京：人民出版社，2018.

[95] 张骥，等. 中国文化安全与意识形态战略[M]. 北京：人民出版社，2010.

[96] 张志丹. 意识形态功能提升新论[M]. 北京：人民出版社，2017.

[97] 关海宽. 改革开放以来我国社会主义意识形态建设研究：经验·问题与路径选择[M]. 北京：中国社会科学出版社，2012.

[98] 王永贵，等.经济全球化与社会主义意识形态建设研究[M]. 北京：人民出版社，2005.

[99] 王永贵，等.马克思主义意识形态理论与当代中国实践研究[M]. 北京：人民出版社，2013 .

[100] 陈先达，等.坚持马克思主义在意识形态领域指导地位研究[M]. 北京：经济科学出版社，2015.

[101] 张骥，等. 马克思主义意识形态引领多样化社会思潮若干问题研究[M]. 北京：人民出版社，2013.

[102] 杨立英，曾盛聪. 全球化、网络化境遇与社会主义意识形态建设研究[M]. 北京：人民出版社，2006.

[103] 肖巍. 马克思主义与当代社会思潮[M]. 北京：北京师范大学出版社，2021.

[104] 涂子沛. 数据之巅：大数据革命，历史、现实与未来[M]. 北京：中信出版集团，2019.

[105] 李慎明. 领导权与话语权："颜色革命"与文化霸权[M]. 北京：社会科学文献出版社，2016.

[106] 喻国明，李彪，杨雅，等. 新闻传播的大数据时代[M]. 北京：中国人民大学出版社，2014.

[107] 黄冬霞. 网络意识形态话语权研究[M]. 北京：中国社会科学出版社，2020.

[108] 李本乾，吴舫.智能传播[M]. 上海：上海交通大学出版社，2018.

[109] 李本乾，吴舫.智能传播机遇与挑战第3辑[M]. 上海：上海交通大学出版社，2019.

[110] 陈昌凤.智能传播：理论、应用与治理[M]. 北京：中国社会科学出版社，2021.

[111] 李成旺.德意志意识形态导读[M]. 北京：中国民主法制出版社，2012.

[112] 樊常宝.思想政治教育[M]. 北京：北京理工大学出版社，2017.

[113] 王瑞荪.比较思想政治教育学[M]. 北京：高等教育出版社，2001.

[114] 张耀灿.陈万柏.思想政治教育学原理[M]. 北京：高等教育出版社，2001.

[115] 郑永廷.社会主义意识形态研究[M]. 广州：中山大学出版社，1999.

[116] 聂立清.我国当代主流意识形态认同研究[M]. 北京：人民出版社，2010.

[117] 王娟.社会思潮与大学生主流意识形态认同[M]. 天津：天津人民出版社，2017.

[118] 杨曦阳.全媒体时代思想政治教育新论[M]. 吉林：文史出版社，2017.

[119] 王永进.高校意识形态工作话语权研究[M]. 上海：上海交通大学出版社，2017.

[120] 杨昕.中国共产党意识形态话语权研究[M]. 北京：社会科学文献出版社，2015.

[121] 童世骏.意识形态新论[M]. 上海：上海人民出版社，2006.

[122] 杨继红.谁是新媒体[M]. 北京：清华大学出版社，2008.
[123] 宫承波.新媒体概论[M]. 北京：中国广播电视出版社，2007.
[124] 石磊.新媒体概论[M]. 北京：中国传媒大学出版社，2009.
[125] 蒋宏，徐剑.新媒体导论[M]. 上海：上海交通大学出版社，2006.
[126] 唐绪军，黄楚新，吴信训. 新媒体蓝皮书：中国新媒体发展报告 No.11（2020）[M]. 北京：社会科学文献出版社，2020.
[127] 邹庆华. 提升当代社会主流意识形态认同度研究[M]. 北京：中国社会科学出版社，2015.
[128] 朱勋春. “微时代”视阈下大学生主流意识形态认同研究[M]. 北京：研究出版社，2018.
[129] 江畅，戴茂堂，周海春，等. 我国主流价值文化及其构建研究（研究报告集）[M]. 北京：人民出版社，2013.
[130] 黄世虎，等. 网络时代中国主流意识形态建设研究[M]. 南京：南京大学出版社，2020.
[131] 曹长盛，张捷，樊建新，等. 苏联演进过程中的意识形态研究[M]. 北京：人民出版社，2004.
[132] 李向国，李晓红. 主流意识形态新论[M]. 北京：社会科学文献出版社，2012.
[133] 季广茂. 意识形态[M]. 桂林：广西师范大学出版社，2005.
[134] 王成兵. 当代认同危机的人学解读[M]. 北京：中国社会科学出版社，2004.
[135] 沈壮海，王晓霞，王丹，等. 中国大学生思想政治教育发展报告2017[M]. 北京：北京师范大学出版社，2018.
[136] 申小翠.全球主义批判与当代中国意识形态建设[M]. 北京：光明日报出版社，2011.
[137] 王学俭，刘强. 新媒体与高校思想政治教育[M]. 北京：人民出版社，2012.
[138] 赵继伟. 马克思主义意识形态接受论[M]. 武汉：武汉大学出版社，2009.
[139] 郑晓云. 文化认同与文化变迁[M]. 北京：中国社会科学出版社，1992.
[140] 张再兴，等. 网络思想政治教育研究[M]. 北京：经济科学出版社，2009.
[141] 蔡雯. 媒体融合与融合新闻[M]. 北京：人民出版社，2012.
[142] 陈力丹. 精神交往论：马克思恩格斯的传播观[M]. 北京：中国人民大学出版

社，2008.

[143] 栾轶玫. 融媒体传播[M]. 北京：中国金融出版社，2014.

[144] 张国庆. 媒体话语权：美国媒体如何影响世界[M]. 北京：中国人民大学出版社，2012.

[145] 杨翠芳. 媒体融合发展综论[M]. 北京：人民出版社，2015.

[146] 万小广. 媒体融合新论[M]. 北京：新华出版社，2015.

[147] 杨溟. 媒介融合导论[M]. 北京：北京大学出版社，2013.

[148] 宫承波，庄捷，翁立伟. 媒介融合概论[M]. 北京：中国广播影视出版社，2011.

[149] 金梦玉. 融媒体时代下的传媒教育[M]. 北京：中国广播影视出版社，2014.

[150] 孟繁华. 传媒与文化领导权：当代中国的文化生产与文化认同[M]. 济南：山东教育出版社，2003.

[151] 李军. 治国理政的思维艺术[M]. 北京：人民出版社，2018.

[152] 李学同，陈金龙. 新时代全面从严治党知识问答[M]. 北京：人民出版社，2018.

[153] 马立诚. 当代中国八种社会思潮[M]. 北京：社会科学文献出版社，2012.

[154] 胡惠林，胡霁荣.国家文化安全与治理[M]. 上海：上海人民出版社，2019.

[155] 吴琦，等.意识形态与国家安全[M]. 武汉：华中师范大学出版社，2011.

[156] 王真.中国共产党抵御执政风险研究[M]. 北京：人民出版社，2011.

[157] 崔耀中，等.中国马克思主义大众化研究：历史进程和基本经验[M]. 北京：中国人民大学出版社，2014.

[158] 黄苇町.苏共亡党二十年祭[M]. 南昌：江西高校出版社，2013.

[159] 周栋.中国特色社会主义话语体系初探[M]. 北京：人民出版社，2019.

[160] 周宏仁.信息化论[M]. 北京：人民出版社，2008.

[161] 徐志远.现代思想政治教育学范畴研究[M]. 北京：人民出版社，2009.

[162] 韦诚.方法论系统引论[M]. 合肥：安徽大学出版社，1999.

[163] 乌杰.系统哲学基本原理[M]. 北京：人民出版社，2014.

[164] 萧功秦.中国的大转型：从发展政治学看中国变革[M]. 北京：新星出版社，2008.

[165] 张文显.法理学[M]. 北京：北京大学出版社，1999.

[166] 汪子嵩，陈林富，包利民，等.希腊哲学史（第三卷）[M]. 修订本.北京：人民

出版社，2014.
[167] 林尚立，陈林富，包利民，等.政治建设与国家成长[M]. 北京：中国大百科全书出版社，2008.
[168] 陈龙.当代传媒中的民粹主义问题研究[M]. 北京：中国广播影视出版社，2015.
[169] 匡文波.网络传播学概论[M]. 北京：高等教育出版社，2001.
[170] 辛灿.西方政界要人谈和平演变[M]. 北京：新华出版社，1989.
[171] 郑永年.通往大国之路：中国的知识重建与文明复兴[M]. 北京：东方出版社，2012.
[172] 朱光磊，等.当代中国社会各阶层分析[M]. 天津：天津人民出版社，1998.
[173] 杨继绳.中国各阶层的分析[M]. 广州：花城出版社，2006.
[174] 徐晓军.阶层分化与阶层封闭：当代中国社会阶层封闭性专题研究[M]. 武汉：华中师范大学出版社，2013 .
[175] 李培林，李强，孙立平，等.中国社会分层[M]. 北京：社会科学文献出版社，2004.
[176] 陶德麟，汪信砚.马克思主义哲学的当代论域[M]. 北京：人民出版社，2005.
[177] 邓大松，孟颖颖.社会保障风险管理[M]. 北京：人民出版社，2016.
[178] 鄢本凤.社会主义和谐文化建设研究[M]. 北京：人民出版社，2010.
[179] 李寿源.国际关系与中国外交：大众传播的独特风景线[M]. 北京：北京广播学院出版社，1999.
[180] 胡晓明.国家形象：探究・中国国家形象构建新战略[M]. 北京：人民出版社，2011.
[181] 董娅.当代思想政治教育方法发展新论[M]. 北京：中国社会科学出版社，2012.
[182] 韩立红.中国共产党的社会管理创新之道[M]. 北京：人民出版社，2017.
[183] 刘放桐，等.新编现代西方哲学[M]. 北京：人民出版社，2000.
[184] 殷海光.中国文化的展望[M]. 北京：中国和平出版社，1988.
[185] 赵惜群，等.中国网络内容建设调研报告[M]. 北京：人民出版社，2017.
[186] 王灵芝.网络舆情引导与政府治理创新[M]. 北京：人民出版社，2017.
[187] 孙正聿.哲学通论[M]. 上海：复旦大学出版社，2018.
[188] 张一兵.回到马克思经济学语境中的哲学话语[M]. 江苏：人民出版社，2016.

[189] 张一兵.回到列宁——关于“哲学笔记”的一种后文本学解读[M]. 江苏：人民出版社，2018.
[190] 尼葛洛庞帝.数字化的生存[M]. 胡泳，等译.海南：海南出版社，1997.
[191] 卡斯特.网络社会的崛起[M]. 夏铸九，等译.北京：社会科学文献出版社，2006.
[192] 卡斯特. 认同的力量[M]. 曹荣湘，译.北京：社会科学文献出版社，2006.
[193] 卡斯特. 千年的终结[M]. 夏铸九，等译.北京：社会科学文献出版社，2006.
[194] 亨廷顿. 我们是谁——美国国家认同面临的挑战[M]. 陈克雄，译.北京：新华出版社，2005.
[195] 福山. 历史的终结与最后的人[M]. 陈高华，译.桂林：广西师范大学出版社，2014.
[196] 詹金斯. 融合文化：新媒体和旧媒体的冲突地带[M]. 杜永明，译.北京：商务印书馆，2012.
[197] 奎恩.融合新闻报道[M]. 张龙，等译.北京：北京大学出版社，2015.
[198] 奎因，费拉克. 媒介融合：跨媒体写作和制作[M]. 任锦鸾，译.北京：人民邮电出版社，2009.
[199] 泰勒. 自我的根源：现代认同的形成[M]. 韩震，译.南京：译林出版社，2012 .
[200] 阿尔都塞.哲学与政治：阿尔都塞读本[M]. 陈越，译.长春：吉林人民出版社，2003.
[201] 延森. 媒介融合： 网络传播、大众传播和人际传播的三重维度[M]. 刘君，译.上海：复旦大学出版社，2015.
[202] 麦克里兰. 意识形态—西方社会科学基本知识读本[M]. 孔兆政，蒋龙翔，译.长春：吉林人民出版社，2005.
[203] 波斯特.第二媒介时代[M]. 范静哗，译.南京：南京大学出版社，2005.
[204] 弗洛伊德.群体心理学与自我分析[M]. 石磊，译.北京：中国商业出版社，2001.
[205] 汤普森.意识形态与现代文化[M]. 高恬，译.上海：译林出版社，2005.
[206] 吉登斯.现代性与自我认同[M]. 赵旭东，译.北京：北京三联书店，1998.
[207] 齐泽克，等. 图绘意识形态[M]. 方杰，译.南京：南京大学出版社，2002.
[208] 曼海姆. 意识形态与乌托邦[M]. 黎鸣，李书崇，译. 北京：商务印书馆，2000.
[209] 拉赛特，斯塔尔，金塞拉. 世界政治：供选择的菜单[M]. 张传杰，译. 北京：

人民出版社，2018.
[210] 汤普森. 意识形态与现代文化[M]. 高铦，译.南京：译林出版社，2019.
[211] 卢卡奇. 历史与阶级意识[M]. 杜章智，任立，燕宏远，译. 北京：商务印书馆，2018.
[212] 葛兰西. 狱中札记[M]. 曹雷雨，姜丽，张跣，译.北京：中国社会科学出版社，2000.
[213] 贝尔. 意识形态的终结：50年代政治观念衰微之考察[M]. 张国清，译. 北京：中国社会科学出版社，2013.
[214] 亨廷顿. 文明的冲突与世界秩序的重建[M]. 周琪，刘绯，张立平，等译. 北京：新华出版社，2010.
[215] 福山. 历史的终结与最后的人[M]. 陈高华，译. 桂林：广西师范大学出版社，2014.
[216] 尤瓦赫拉利. 今日简史[M].林俊宏，译.北京：中信出版社，2018.
[217] 拉沃什. 2062：终结[M]. 罗静，译. 长沙：湖南科学技术出版社，2020.
[218] 桑斯坦. 网络共和国：网络社会中的民主问题[M]. 黄维明，译. 上海：世纪出版集团，2003.
[219] 萨普特. 被算法操纵的生活：重新定义精准广告、大数据和AI[M]. 易文波，译. 长沙：湖南科学技术出版社，2020.
[220] 卡斯特. 认同的力量[M]. 曹荣湘，译. 北京：社会科学文献出版社，2006.
[221] 格兰蒂茨.2112：一百年后的世界[M]. 张雯静，刘轶，译. 北京：中国友谊出版公司，2020.
[222] 沃特森. 智能化社会[M]. 赵静，译. 北京：中信出版集团，2017.
[223] 奥斯特芬.数据的边界[M]. 曹博，译 · 上海：上海人民出版社，2020.
[224] 索托伊.天才与算法人脑与AI的数学思维[M]. 王晓燕，陈浩，程国建，译.北京：机械工业出版社，2020.
[225] 康德.纯粹理论批判[M]. 邓晓芒，译.北京：人民出版社，2004.
[226] 黑格尔.哲学史讲演录（第四卷）[M]. 贺麟，王太庆，等译.上海：人民出版社，2013.
[227] 黑格尔.小逻辑[M]. 贺麟，译.北京：商务出版社，2015.

[228] 黑格尔.精神现象学（上卷）[M]. 贺麟，王玖兴，译.上海：上海人民出版社，2013.

[229] 黑格尔.精神现象学（下卷）[M]. 贺麟，王玖兴，译.上海：上海人民出版社，2013.

[230] 海德格尔.物的追问——康德关于先验原理的学说[M]. 赵卫国，译.上海：上海译文出版社，2010.

[231] 林泰.问道：改革开放以来的社会思潮与青年思想政治教育研究[M]. 北京：中国社会科学出版社，2013.

[232] 拉雷恩.马克思主义与意识形态：马克思意识形态论研究[M]. 张秀琴，译.北京：北京师范大学出版社，2013.

[233] 阿尔都塞.保卫马克思[M]. 顾良，译.北京：商务印书馆，2010.

[234] 霍尔巴赫.健全的思想[M]. 王荫庭，译.北京：商务印书馆，1980.

[235] 伊格尔顿.历史中的政治、哲学、爱欲[M]. 马海良，译.北京：中国社会科学出版社，1999.

[236] 海德格尔.海德格尔选集（上卷）[M]. 上海：三联书店，1996.

[237] 波普尔.开放社会及敌人[M]. 陆衡，译.北京：中国社会科学出版社，2000.

[238] 休谟.人性论（上册）[M]. 关文运，译.北京：商务印书馆，1983.

[239] 柏拉图.泰阿泰德[M]. 詹文杰，译.北京：商务印书馆，2015.

[240] 柏拉图.理想国[M]. 郭斌和，张竹明，译.北京：商务印书馆，1986.

[241] 高建华. 互联网时代我国意识形态面临的机遇与挑战研究[D]. 天津：南开大学，2012.

[242] 黄冬霞. 网络意识形态话语权研究[D]. 成都：电子科技大学，2017.

[243] 王喆. 新媒体时代主流意识形态安全研究[D]. 长春：吉林大学，2020.

[244] 赵炜. 当代中国网络场域主流意识形态引领研究[D]. 北京：中共中央党校，2018.

[245] 任虹宇. 新时代网络场域社会主义意识形态引领力及其提升机制研究[D]. 济南：山东大学，2020.

[246] 曾贤杰. 大数据时代我国意识形态安全面临的挑战及应对策略[D]. 长沙：湖南师范大学，2016.

[247] 武晶烨. 微时代主流意识形态引领力提升问题研究[D]. 武汉：华中师范大学，2019.
[248] 李小梅. 融媒体视角下高校校园媒体育人功能的实现路径研究[D]. 济南：山东大学，2019.
[249] 雷浩. 新时代运用融媒体强化大学生意识形态教育研究[D]. 兰州：兰州理工大学，2020.
[250] 胡小芳. 融媒体时代高校主流意识形态话语权建设研究[D]. 绵阳：西南科技大学，2020.
[251] 李弦.马克思主义历史认识论研究[D]. 成都：电子科技大学，2019.
[252] 李萍.马克思意识形态理论的历史演进及其当代价值[D]. 天津：南开大学，2011.
[253] 张婷玉.邓小平社会主义意识形态思想研究[D]. 乌鲁木齐：新疆大学，2017.
[254] 董海浪.当代大学生社会主义意识形态教育研究[D]. 重庆：西南大学，2011.
[255] 朱继东.新时期领导干部意识形态能力建设[D]. 北京：中国社会科学院，2013.
[256] 姜地忠. 当前我国主流意识认同问题研究[D]. 长春：吉林大学，2009.
[257] 易俊忠. 基于互联网的主流意识形态传播研究[D]. 郑州：郑州大学，2011.
[258] 舒畅. 当代大学生主流意识形态教育研究[D]. 武汉：湖北工业大学，2011.
[259] 杨洪泽. 当代大学生思想政治教育实效性研究[D]. 长春：东北师范大学，2013.
[260] 刘铮. 大学生认同与践行社会主义核心价值体系研究[D].长沙：中南大学，2012.
[261] 倪敬丽. 网络时代大学生主流意识形态教育问题研究[D]. 济南：山东师范大学，2013.
[262] 雷江凤. “微时代”下大学生主流意识形态认同研究[D]. 重庆：重庆师范大学，2016.
[263] 刘昕. 大学生意识形态安全现状及对策研究[D]. 太原：中北大学，2016.
[264] 杨晓倩. “90后”大学生主流意识形态认同研究[D]. 新乡：河南师范大学，2015.
[265] 周笑宇.新时代公民意识形态安全教育研究[D]. 长春：吉林大学，2022.
[266] 周颜玲.我国主流意识形态建设视域下传承弘扬中华优秀传统文化研究[D]. 济南：山东大学，2019.

［267］王大伟. 新媒体视域下高校意识形态工作研究[D]. 长春：东北师范大学，2022.

［268］朱文琦. 新时代巩固中国共产党意识形态工作领导权研究[D]. 济南：山东师范大学，2021.

［269］李康辉. 智能传播背景下大学生社会主义核心价值观培育研究[D]. 长沙：湖南工商大学，2022.

［270］王海霞.习近平意识形态教育理论研究[D]. 北京：中共中央党校，2019.

［271］王科.社会主义意识形态引领力研究[D]. 成都：电子科技大学，2022.

［272］张尹.马克思主义意识形态创新的利益关切研究[D]. 上海：上海师范大学，2022.

［273］刘尧.习近平社会主义意识形态重要论述研究[D]. 北京：北京交通大学，2019.

［274］孙洲.新时代中国意识形态风险防控研究[D]. 南京：南京师范大学，2021.

［275］张博.新时代习近平关于意识形态工作的理论创新研究[D]. 北京：中国社会科学院研究生院，2019.

［276］庄蕾.新时代高校意识形态安全研究[D]. 沈阳：辽宁大学，2020.

［277］朱秉贤. 智能化背景下提升社会主义意识形态引领力研究[D]. 武汉：华中师范大学，2022.

［278］朱雪莲. “颜色革命”对我国意识形态安全的影响及应对研究[D]. 南京：南京信息工程大学，2022.

［279］武思浩.新时代中国共产党意识形态建设的实践探索与基本经验[D]. 济南：山东大学，2022.

［280］程刚.习近平意识形态重要论述科学体系研究 [D]. 曲阜：曲阜师范大学，2022.

［281］习近平. 新时代党和人民奋进的必由之路[J]. 求是，2023（5）：13.

［282］习近平. 坚持和发展中国特色社会主义要一以贯之[J]. 求是，2022（18）：9–11.

［283］习近平. 新发展阶段贯彻新发展理念必然要求构建新发展格局[J]. 求是，2022（17）：8–17.

［284］习近平. 全党必须完整、准确、全面贯彻新发展理念[J]. 求是，2022（16）：10–13.

［285］陈先达. 论普世价值与价值共识[J]. 哲学研究，2009（4）：3–9，128.

［286］侯惠勤. 我们为什么必须批判抵制“普世价值观”[J]. 马克思主义研究，2009

（3）：5–12，159.
[287] 侯惠勤. “普世价值”的理论误区和实践陷阱[J]. 马克思主义研究，2008（9）：20–25.
[288] 王永贵. 全球化背景下社会主义意识形态功能探析[J]. 社会主义研究，2009（3）：32，44–47.
[289] 黄明理. 论新时代意识形态的批判精神[J]. 马克思主义与现实，2019（4）：49–55.
[290] 孟宪平. 论意识形态的力量[J]. 求索，2017（5）：11–22.
[291] 徐国民，胡秋玲. 新时代高校意识形态风险防控能力的内涵与提升路径[J]. 思想政治教育研究，2020，36（1）：35–42.
[292] 徐国民，胡秋玲. 新时代意识形态风险防控能力提升路径探析[J]. 思想理论教育，2020（10）：42–47.
[293] 吴文新.运用唯物史观防范化解意识形态风险[J]. 人民论坛，2019（26）：109–111.
[294] 杨军，杨玉. 当前我国意识形态风险的防控与意识形态治理[J]. 思想理论教育，2019（11）：35–40.
[295] 侯欣，谢成宇. 国家意识形态安全风险防范能力提升刍议[J]. 思想教育研究，2019（7）：39–44.
[296] 张林. 智能算法推荐的意识形态风险及其治理[J]. 探索，2021（1）：176–188.
[297] 郑敬斌，刘敏. 坚决打好意识形态风险防范攻坚战[J]. 红旗文稿，2019（10）：28–30.
[298] 郑敬斌，孙雅文. 新时代高校意识形态风险与管控路径[J]. 山东青年政治学院学报，2019，35（2）：62–67.
[299] 肖莉. 新时代主流意识形态风险防范与建设路径[J]. 青海社会科学，2020（5）：17–22.
[300] 李建柱. 论中国共产党对防范化解新时代意识形态风险问题的基本认识[J]. 理论导刊，2019（10）：38–44.
[301] 陈金龙.文化交流与当代中国意识形态安全[J]. 湖湘论坛，2010，33（4）：8–11.
[302] 钟明华，黄荟.社会主义核心价值观内涵解析[J]. 山东社会科学，2009（12）：

14–18.
[303] 刘建军. “社会主义核心价值观”的三种区分[J]. 思想理论教育导刊，2015（2）：70–73.
[304] 高国希.社会主义核心价值的理论维度[J]. 思想理论教育，2007（1）：33–38.
[305] 陈志勇.新媒体时代大学生思想政治教育工作的变化及对策[J]. 思想理论教育导刊，2015（10）：127–130.
[306] 徐寓驰.高校思政教育：以新媒体构筑新阵地[J]. 传媒观察，2014（7）：48–49.
[307] 崔海英.算法推荐视域下提升当代大学生网络爱国主义教育实效探析[J]. 思想理论教育，2020（12）：85–90.
[308] 耿旭，刘华云.智能时代下中国主流政治价值观传播：模式、挑战与引领路径[J]. 贵州社会科学，2020（8）：11–18.
[309] 程明，赵静宜.论智能传播时代的信息生产：流程再造与信息连通[J]. 编辑之友，2020（9）:56–61.
[310] 尤红.媒体融合智能化演进中的算法权力与风险防范[J]. 南京社会科学，2019（7）:120–125，134.
[311] 郭哲.反思算法权力[J]. 法学评论，2020，38（6）33–41.
[312] 聂智，邓验.自媒体领域主流意识形态话语权的构成要素及衡量维度[J]. 湖南师范大学社会科学学报，2016，45（5）：69–74.
[313] 曾凡斌，齐鑫，蒋珊珊.人工智能在新闻生产中的应用现状及其影响[J]. 现代视听，2018（11）：5–10 .
[314] 鲍雪松.媒介素养教育与大学文化建设[J]. 辽宁师范大学学报（社会科学版），2007，30（5）：75–77.
[315] 宋石男.互联网与公共领域构建——以 Web2.0 时代的网络意见领袖为例[J]. 四川大学学报（哲学社会科学版），2010（3）：70–74.
[316] 潘思铭，范以锦.智媒时代的传媒业[J]. 新闻战线，2020（3）：47–49.
[317] 宋美杰，徐生权.作为媒介的可穿戴设备：身体的数据化与规训[J]. 现代传播（中国传媒大学学报），2020，42（4）：46–50.
[318] 杨玲丽.共生理论在社会科学领域的应用[J]. 社会科学论坛，2010（16）：149–

157.

[319] 姜地忠. “空间转换”视角下的主流意识形态传播及其风险应对[J]. 理论导刊，2015（4）：27–30.

[320] 杨文华，李鹏昊，李韫伟. 安全学视域下国家意识形态面临的网络风险及防卫对策[J]. 理论与改革，2015（4）：167–170.

[321] 郑元景. 大数据环境下我国意识形态安全风险与治理策略[J]. 中国社会科学院研究生院学报，2016（5）：17–22.

[322] 阚道远. “颜色革命”的新趋势新特征及其政治影响——兼论防范重大政治安全和意识形态风险[J]. 思想理论教育导刊，2019（7）：16–21.

[323] 赵欢春. “总体国家安全”框架下的意识形态安全风险预警探究[J]. 马克思主义研究，2015（11）：92–100.

[324] 薛永龙，汝倩倩. 遮蔽与解蔽：算法推荐场域中的意识形态危局[J]. 自然辩证法研究，2020，36（1）：50–55。

[325] 蒋成贵. 算法推荐对网络意识形态建设的挑战及应对[J]. 思想理论教育，2019（7）：78–82.

[326] 李钢，唐月卫，刘章仪. 推荐算法与网络意识形态风险防范[J]. 当代传播，2020（3）：110–112.

[327] 刘建武. 论反“和平演变”的长期性、艰巨性[J]. 马克思主义研究，2016（8）：121–132，160.

[328] 黄家瑶. 和谐社会构建中的风险及治理方略[J]. 河北学刊，2007，27（3）：84–87.

[329] 李合亮. 意识形态·意识形态控制力·思想政治教育[J]. 马克思主义研究，2011（8）：121–128.

[330] 张娟. 建国以来主流意识形态的变迁及启示[J]. 求实，2006（6）：35–38.

[331] 张三元. 论意识形态风险防控的制度逻辑[J]. 思想理论教育，2020（12）：7.

[332] 韩红星，赵恒煜. 基于裂变式传播的新媒体噪音初探——以微博为例[J]. 现代传播（中国传媒大学学报），2012，34（7）：105–109.

[333] 元晋秋. 从文化到意识形态：文化的意识形态化[J]. 学术论坛，2012，35（9）：153–158.

[334] 杨俊. 新中国成立初期的一场思想政治教育课——关于批判《武训传》事件的研究与思考[J]. 政治学研究，2011（1）：13-23.
[335] 赵灯峰，王习胜. 碎片化传播对大学生意识形态养成的影响及对策——以“抖音 App”为例[J]. 广西社会科学，2019（9）：177-182.
[336] 许振洲. 浅论意识形态及其在当下中国的困境[J]. 国际政治研究，2011，32（4）：60-75，188.
[337] 李淑梅. 中国社会转型的特殊方式与人的发展[J]. 社会科学战线，2005（3）：38-39.
[338] 何小勇. 风险、现代性与当代社会发展——当代西方风险理论主要流派评析[J]. 内蒙古社会科学（汉文版），2007，28（6）：67-71.
[339] 孙洲. 当代中国软性历史虚无主义的审视与批判[J]. 思想教育研究，2019（11）：85-90.
[340] 孙洲. 当代中国历史书写“泛娱乐化”现象的批判与纠治[J]. 思想教育研究，2020（7）：83-88.
[341] 谢晓非，郑蕊. 风险沟通与公众理性[J]. 心理科学进展，2003，11（4）：83-88.
[342] 莫岳云. 抵御境外宗教渗透与构建我国意识形态安全战略[J]. 湖湘论坛，2010，23（4）：11-14.
[343] 赵延东. 风险社会与风险治理[J]. 中国科技论坛，2004（4）：5。
[344] 金苗. 媒介霸权论：理论溯源、权力构成与现实向度[J]. 当代传播，2010（5）：21-24，28.
[345] 王玉鹏. 媒介帝国主义与资本主义意识形态话语权批判[J]. 马克思主义研究，2020（5）：128-135.
[346] 张国祚. 谈谈“底线思维”[J]. 求是，2013（19）：49-50.
[347] 何显明，揭扬. 漂泊的心灵：现代化进程中的文化价值失范现象[J]. 学习与探索，1996（1）：5.
[348] 周勇. 网络传播中的“马太效应”——关于华南虎照片真伪事件的实证研究[J]. 国际新闻界，2008，30（3）：51-56.
[349] 黄世虎. 论当前我国意识形态安全面临的挑战与对策[J]. 理论月刊，2012（7）：125-127.

[350] 阚道远. “颜色革命”的新趋势新特征及其政治影响——兼论防范重大政治安全和意识形态风险[J]. 思想理论教育导刊，2019（7）：16–21.

[351] 杨超. 新时代青年网络意识形态风险的生成理路与化解策略[J]. 思想教育研究，2019（6）：118–122.

[352] 寇鹏飞，陈宪良. 总体安全观视域下的新时代国家意识形态安全的现实考量[J]. 思想政治教育研究，2020，36（6）：60–64.

[353] 唐爱军. 总体国家安全观视域中的意识形态安全[J]. 社会主义研究，2019（5）：49–55.

[354] 林建华. 我国意识形态安全的新时代意蕴和旨归[J]. 当代世界与社会主义，2018（6）：18–23.

[355] 金民卿. 增强意识形态安全意识的时代依据和对策思考[J]. 当代世界与社会主义，2018（6）：24–33.

[356] 史献芝. 新时代网络意识形态安全治理的现实路径[J]. 探索，2018（4）：172–178.

[357] 方世南. 意识形态安全面临的主要问题及应对之策[J]. 理论视野，2017（7）：9–14.

[358] 李辽宁. 当代中国意识形态安全：挑战与应对[J]. 思想理论教育，2014（6）：15–18.

[359] 袁伟时. 中西文化论争终结的内涵和意义[J]. 炎黄春秋，2005（2）：68–71.

[360] 彭迪. 普世价值：求同存异，同舟共济[J]. 炎黄春秋. 2009（3）：47–51.

[361] 霍尔比格，吕增奎. 当代中国的意识形态重构：决定因素、进展和局限[J]. 国外理论动态，2009（12）：5.

[362] 汉森，刘北成. 知识社会中的不确定性[J]. 国际社会科学杂志（中文版），2003（1）：45–49.

[363] 拉什，王武龙. 风险社会与风险文化[J]. 马克思主义与现实，2002（4）：52–63.

[364] 贝克，郗卫东. 风险社会再思考[J]. 马克思主义与现实，2002（4）：46–51.

[365] 赫尔科默，张世鹏. 后意识形态时代的意识形态[J]. 当代世界与社会主义，2001（3）：17–22.

[366] 戴尔，宋伟杰. 娱乐与乌托邦[J]. 当代电影，1998（1）：7.
[367] 江家城，寇清杰. 论社会主义意识形态凝聚力和引领力的提升[J]. 理论导刊，2019（3）：15–21.
[368] 方鹏飞 . 新时代社会主义意识形态凝聚力和引领力建设研究[J]. 重庆邮电大学学报（社会科学版），2020，32（6）：22–30.
[369] 刘锋. 应然与实然：新时代党的意识形态凝聚力和引领力提升路径探究[J]. 理论导刊，2021（1）：71–77.
[370] 郭明飞，孔云飞. 创新推进社会主义意识形态凝聚力和引领力建设[J]. 中南民族大学学报（人文社会科学版），2021，41（3）：1–6.
[371] 贾立政. 关于新发展阶段意识形态领域使命的思考[J]. 人民论坛·学术前沿，2020（24）：25–30.
[372] 姜辉. 建设具有强大凝聚力和引领力的社会主义意识形态[J]. 党建，2018（8）：32–88.
[373] 王娟. 提升新时代社会主义意识形态凝聚力和引领力论略[J]. 思想理论教育导刊，2020（2）：126–130.
[374] 宋翠玉. 新时代加强会主义意识形态引领力建设研究[J]. 重庆理工大学学报（社会科学），2019，33（3）：126–132.
[375] 颜晓峰. 新时代如何防范化解意识形态领域重大风险[J]. 思想理论教育，2021（1）：28–34.
[376] 郑洁，施瑞. 新时代社会主义意识形态建设：成效、风险与对策[J]. 重庆邮电大学学报（社会科学版），2020，32（4）：19–26.
[377] 郑嘉禹，粟迎春.社会主义意识形态凝聚力和引领力建设的三重维度[J]. 理论导刊，2019（12）：73–77.
[378] 孟天广，赵娟.大数据驱动的智能化社会治理：理论建构与治理体系[J]. 电子政务，2018（8）：2–11.
[379] 张志安，汤敏.论算法推荐对主流意识形态传播的影响[J]. 社会科学战线，2018（10）：174–182.
[380] 周良发，韩剑尘. 智能算法助力宣传思想工作精准化[J]. 人民论坛，2020（34）：49–51.

[381] 张志安.人工智能对新闻舆论及意识形态工作的影响[J]. 人民论坛·学术前沿，2018（8）：96–101.

[382] 李钢，刘章仪. 论机器学习赋能主流意识形态传播的价值和路径[J]. 理论视野，2020（3）：48–53.

[383] 蒋博，李明. 人工智能助力意识形态治理现代化建设[J]. 理论视野，2021（2）：69–74.

[384] 胡正荣. 智能化：未来媒体的发展方向[J]. 现代传播（中国传媒大学学报），2017，39（6）：1–4.

[385] 汪怀君，汝绪华. 人工智能算法歧视及其治理[J]. 科学技术哲学研究，2020，37（2）：101–136.

[386] 张林. 智能算法推荐的意识形态风险及其治理[J]. 探索，2021（1）：176–188.

[387] 王贤卿. 社会主义意识形态面对技术异化挑战——基于智能算法推送的信息传播效应[J]. 毛泽东邓小平理论研究，2020（6）：24–31，108.

[388] 王贤卿，彭丽. 技术现象学视域下的舆论引导与主流意识形态引领[J]. 中州学刊，2020（12）：161–166.

[389] 孙伟平. 人工智能与人的“新异化”[J]. 中国社会科学，2020（12）：119–137，202–203.

[390] 范洁，张志丹. 人工智能时代意识形态工作面临的机遇与挑战[J]. 南通大学学报（社会科学版），2020，36（5）：1–8.

[391] 王茹俊，张宁宁. 人工智能的意识形态危机及其治理探究[J]. 社会科学动态，2021（4）：5–11.

[392] 李景平. 人工智能深度介入文化产业的问题及风险防范 [J]. 深圳大学学报（人文社会科学版），2019，36（5）：59–68.

[393] 孙会岩.人工智能技术视野下党的政治安全：机遇、风险与治 理[J]. 毛泽东邓小平理论研究，2019（9）：27–34，108.

[394] 杨爱华. 人工智能中的意识形态风险与应对[J]. 求索，2021（1）：66–72.

[395] 王彦雨. 人工智能风险研究——一个亟待开拓的研究场域[J]. 工程研究——跨学科视野中的工程，2020，12（4）：366–379.

[396] 方正，叶海涛. 智媒时代凝聚社会价值共识的三点思索[J]. 理论探索，2020

（2）：43-48.
[397] 聂智. 智能传播场域舆论引导探析[J]. 思想教育研究，2020（10）：71-75.
[398] 姚翼源. 人工智能时代政府网络舆情治理的逻辑、困局与策略[J]. 西南民族大学学报（人文社科版），2020，41（3）：205-211.
[399] 胡剑. 智能传播时代主流意识形态风险防范制度构建研究[J]. 学术探索，2020（3）：41-46.
[400] 敖成兵. Z世代消费理念的多元特质、现实成因及亚文化意义[J]. 中国青年研究，2020（6）：100-106.
[401] 杨元庆.互联网进入智能互联网时代[J]. 信息技术与信息化，2016（11）：21.
[402] 郑元景. 大数据环境下我国意识形态安全风险与治理策略[J]. 中国社会科学院研究生院学报，2016（5）：17-22.
[403] 彭兰. 智媒化：未来媒体浪潮——新媒体发展趋势报（2016）[J]. 国际新闻界，2016，38（11）：6-24.
[404] 彭兰. 智能时代的新内容革命[J]. 国际新闻界，2018，40（6）：88-109.
[405] 令狐克睿，薛娇.智媒时代的新闻生产：融合、重构与创新[J]. 中国编辑，2021（3）：71-75.
[406] 龙耘，袁肖琨.智媒时代的主流价值引领：内涵、挑战及策略[J]. 新闻与写作，2020（12）：40-46.
[407] 段鹏. 5G时代互联网主流意识形态传播经验与内涵重释[J]. 现代出版，2020（6）：5-9.
[408] 陈联俊，姚硕. 移动网络空间主流意识形态话语的消解与转换[J]. 思想教育研究，2019（11）：79-84.
[409] 陈思. 算法治理：智能社会技术异化的风险及应对[J]. 湖北大学学报（哲学社会科学版），2020，47（1）：158-165.
[410] 樊瑞科，张茂杰. 算法推荐视域下社会主义核心价值观有效传播研究[J]. 社会主义研究，2020（5）：94-101.
[411] 郧彦辉. 数字利维坦：信息社会的新型危机[J]. 中共中央党校学报，2015，19（6）：46-51.
[412] 姚文杰. 自由时间：新时代思想政治教育的新视域[J]. 思想教育研究，2020

（6）：21–25.

[413] 黄晨熹. 老年数字鸿沟的现状、挑战及对策[J]. 人民论坛，2020（29）：126–128.

[414] 郭建锦，郭建平. 大数据背景下的国家治理能力建设研究[J]. 中国行政管理，2015（6）：73–76.

[415] 张爱军，李圆. 人工智能时代后真相现象的消解、再塑及矫治[J]. 中国行政管理，2019（8）：61–65.

[416] 李明德，邝岩. 大数据与人工智能背景下的网络舆情治理：作用、风险和路径[J]. 北京工业大学学报（社会科学版），2021，21（6）：1–10.

[417] 靳思远，秦在东."污名化"与"去污名化"：西方国家对我国的话语攻击及应对[J]. 思想教育研究，2020（9）：80–84.

[418] 仰义方. 执政党社会领导力的内涵、特征及实现路径[J]. 中共天津市委党校学报，2019，21（3）：11–16.

[419] 洪晓楠，王坤平.新时代意识形态安全治理：总体样态、原则遵循和实践方略[J]. 探索，2020（6）：181–192.

[420] 蒋英州.我国意识形态安全的形势研判与维护策略探讨——基于3125 份调查问卷的分析[J]. 学习论坛，2020，36（11）：13–18.

[421] 张明平，潘利敏.自媒体背景下高校主流意识形态教育：价值、困境与创新[J]. 江苏高教，2020（11）：96–99.

[422] 陈勇，马晓燕.新时代高校思想政治理论课维护国家意识形态安全的责任担当[J]. 思想理论教育导刊，2020（9）：145–151.

[423] 李昌祖，骆汉华.高校意识形态安全体系的基本架构和运行特征——基于场域理论的视角[J]. 教育学术月刊，2020（8）：24–31.

[424] 王斌，肖光荣.习近平关于网络意识形态安全建设重要论述的四个维度[J]. 广西社会科学，2020（3）：6–11.

[425] 燕芳敏.列宁意识形态安全思想及其现实意义[J]. 科学社会主义，2020（2）：27–33.

[426] 赵志勋.自媒体对国家意识形态安全影响[J]. 中国出版，2020（6）：24–26.

[427] 黄禧祯.古代生活哲学及其意识形态教育的生活范式[J]. 学术研究，2020

（2）：33–38.

［428］张璨，吴波.意识形态安全与马克思主义话语权的提升[J]．思想理论教育导刊，2019（12）：65–69.

［429］唐爱军．总体国家安全观视域中的意识形态安全[J]．社会主义研究，2019（5）：49–55.

［430］邵彦敏，白兮.文化自信与意识形态安全[J]．理论探讨，2019（5）：32–38.

［431］张本青，李红革.网络意识形态安全教育融入高校思想政治理论课的有效路径[J]．思想理论教育导刊，2019（7）：97–100.

［432］刘颖洁，孟达.易班平台网络意识形态教育中的故事化叙事策略[J]．学校党建与思想教育，2019（13）：84–86.

［433］换晓明.阿尔都塞的解读方法、结论及其对新时代马克思主义意识形态教育的启示[J]．学校党建与思想教育，2019（3）：45–47.

［434］张社强.新时代高职院校意识形态安全教育“四维”格局的构建[J]．教育与职业，2019（2）：108–112.

［435］丁玉峰.关于高校意识形态教育生活化的实践思考[J]．思想政治教育研究，2018，34（4）：45–49.

［436］韩一松，田轶.“微媒体”时代青年意识形态教育的策略[J]．人民论坛，2018（16）：228–229.

［437］王莹，魏寒冰，王瑞军.少数民族大学生主流意识形态安全教育探究[J]．学校党建与思想教育，2018（4）：29–31.

［438］郑洁，徐强.移动互联网时代高校意识形态安全教育研究[J]．学术论坛，2017，40（6）：152–159.

［439］吴永生.意识形态教育中师生的主体间性论析[J]．高教探索，2017（10）：19–24.

［440］余守萍.民主革命时期中国共产党意识形态教育的经验与启示[J]．思想政治教育研究，2017，33（3）：70–74.

［441］陈昌凤，杨依军.意识形态安全与党管媒体原则——中国媒体融合政策之形成与体系建构[J]．现代传播（中国传媒大学学报），2015，37（11）：26–33.

［442］李艳艳.如何看待当前网络意识形态安全的形势[J]．红旗文稿，2015（14）：

9–12.

[443] 王超.大数据时代我国意识形态安全探析[J]. 学术论坛，2015，38（1）：18–22.

[444] 马晓玲，张振华，魏寒冰，等.加强“两课”在少数民族大学生意识形态安全教育中的引领作用[J]. 学校党建与思想教育，2014（21）：40–42.

[445] 张果，崔健，黄蓉生.文化传承与创新视域下的大学生意识形态安全教育[J]. 中国青年政治学院学报，2014，33（4）：41–45.

[446] 张果.论大学生意识形态安全教育机制的建构[J]. 思想理论教育导刊，2014（6）：105–108.

[447] 高峰，艾辰.国家意识形态安全论析[J]. 当代世界与社会主义，2013（5）：114–118.

[448] 张果.大学生意识形态安全教育刍议[J]. 学校党建与思想教育，2013（18）：52–54.

[449] 徐成芳，罗家锋.试论当前中国意识形态安全面临的主要问题[J]. 政治学研究，2012（6）：19–29.

[450] 杨永志，张艳.论新媒体时代我国意识形态安全的维护[J]. 理论与现代化，2012（6）：37–41.

[451] 黄世虎.当前高校意识形态教育的困境与出路[J]. 江苏高教，2012（5）：132–133.

[452] 孔德永.当代我国主流意识形态认同建构的有效途径[J]. 马克思主义研究，2012（6）：91–99.

[453] 石云霞.当代中国文化发展中的意识形态安全问题[J]. 中国特色社会主义研究，2012，3（2）：33–38.

[454] 王杨.国际化视野下大学生意识形态教育问题探析[J]. 思想理论教育导刊，2011（12）：91–94.

[455] 陈雪.中国共产党百年实践中马克思主义意识形态功能发挥的四重向度[J]. 思想教育研究，2021（5）：47–52.

[456] 段虹，武文利.文本症候视角下的阿尔都塞意识形态功能理论论析[J]. 国外理论动态，2020（3）：38–45.

[457] 吕峰，王永贵.新时代我国主流意识形态话语权建构的多重维度[J]. 社会主义研

究，2018（4）：81–87.

[458] 邢盘洲.新时代我国意识形态话语权构建的五大维度[J]. 南京政治学院学报，2018，34（3）：24–29.

[459] 杨润聪，洪向华.基于大数据技术的意识形态话语权提升研究[J]. 山东社会科学，2019（12）：188–192.

[460] 王玉鹏.媒介帝国主义与资本主义意识形态话语权批判[J]. 马克思主义研究，2020（5）：128–135.

[461] 石云霞.马克思恩格斯意识形态理论的历史发展研究[J]. 思想教育研究，2012（11）：25–29.

[462] 徐艳玲，张光哲.列宁意识形态功能思想的生成动因、内容特色及当代价值[J]. 思想理论教育，2020（4）：29–35.

[463] 姜志强.列宁意识形态领导权的实践逻辑及其方法论意义[J]. 马克思主义研究，2017（12）：179–184.

[464] 汪洋.毛泽东意识形态思想及其当代启示[J]. 探索，2018（2）：179–184.

[465] 朱文琦.邓小平意识形态建设思想的逻辑递进[J]. 宁夏党校学报，2020 ，22（4）：57–63.

[466] 汤家玉.习近平意识形态治理思想研究的基本情况[J]. 学理论，2020（7）：1–3.

[467] 陆扬.论阿尔都塞的意识形态理论[J]. 中国人民大学学报，2015，29（1）：133–139.

[468] 刘同舫，史英哲.穿越幻象：齐泽克意识形态批判及其解放态度[J]. 教学与研究，2018（11）：75–80.

[469] 靳玉乐，张良.要认真对待高校课程思政的“泛意识形态化”倾向[J]. 现代教育管理，2021（4）：31–37.

[470] 彭丽.以社会主义核心价值观培育推进我国意识形态建设[J]. 学校党建与思想教育，2020（17）：22–25.

[471] 赵欢春.“总体国家安全”框架下的意识形态安全风险预警探究[J]. 马克思主义研究，2015（11）:92–100.

[472] 吴艳东，霍广涛.总体国家安全观视域下的意识形态安全：内涵、本质与实践遵

循[J]. 三峡大学学报（人文社会科学版），2020，42（3）:1-7.

[473] 吴传毅，金庭碧."百年未有之大变局"的中国意识形态安全战略[J]. 当代世界与社会主义，2018（6）:33-40.

[474] 侯欣，谢成宇.国家意识形态安全风险防范能力提升刍议[J]. 思想教育研究，2019（7）:39-44.

[475] 钱美玲，丁三青.论思想政治教育维护意识形态安全的三重逻辑[J]. 思想教育研究，2021（5）:140-144.

[476] 刘永志，徐思宇.新时代我国网络意识形态安全建设的理论指导和行动指南——学习《习近平关于网络强国论述摘编》[J]. 学校党建与思想教育，2021（8）:4-7.

[477] 刘永志.西方意识形态网络渗透新态势及我国对策研究[J]. 马克思主义研究，2017（12）:96-105.

[478] 刘建华.美国对华网络意识形态输出的新变化及我们的应对[J]. 马克思主义研究，2019（1）:140-149.

[479] 张卫良，何秋娟.应对西方"网络自由"必须维护我国意识形态安全[J]. 红旗文稿，2016（9）:9-11.

[480] 张志丹.新媒体时代我国网络意识形态建设：危局、误读与突围[J]. 河海大学学报（哲学社会科学版），2017，19（1）：1-7，88.

[481] 张社强.新媒体环境下社会主义意识形态安全面临的挑战及应对[J]. 学校党建与思想教育，2020（12）：77-79.

[482] 张世昌.大数据的意识形态性论析[J]. 科学社会主义，2021（2）：70-76.

[483] 蒲清平，范海群，赵楠.基于大数据的网络意识形态安全治理研究[J]. 学校党建与思想教育，2017（10）：22-24.

[484] 王妍卓，潘丽莉.2019 年度重大社会思潮研判[J]. 人民论坛，2019（35）：12-17.

[485] 韩海涛.21 世纪世界社会思潮重大转向演进趋势探究[J]. 思想理论教育导刊，2020（5）：87-92.

[486] 孙熙国，陈绍辉.意识形态安全视域下社会思潮的新发展态势及其批判[J]. 北京行政学院学报，2021（2）：37-43.

[487] 秦在东，靳思远.错误社会思潮对我国主流意识形态安全的威胁及其治理[J]. 世界社会主义研究，2019，4（5）：87-88.

[488] 郑志康.历史虚无主义的话语转向及其应对[J]. 思想教育研究，2021（3）：67-72.

[489] 汪康，吴学琴.网络"泛娱乐化"引发的主流意识形态安全风险及其治理[J]. 思想教育研究，2021（3）：56-60.

[490] 崔健.消费主义的资本逻辑、意识形态属性及其批判[J]. 马克思主义理论学科研究，2020，6（4）146-153.

[491] 张本青，李红革.加强网络意识形态安全教育的三个着力点[J]. 人民论坛，2021（10）：108-109.

[492] 李林.网络微媒体环境下高校辅导员在大学生意识形态安全工作中的挑战与对策[J]. 思想理论教育导刊，2018（11）：156-159.

[493] 刘化军，刘家莊.全媒体时代大学生意识形态安全教育研究——基于云南高校的实证分析[J]. 中国矿业大学学报（社会科学版），2021，23（4）：129-142.

[494] 王永贵，史作廷.新时代加强意识形态安全教育的战略审视和创新路径[J]. 思想理论教育，2021（8）：51-55.

[495] 朱斌.马克思主义意识形态嵌入日常生活的逻辑理路[J]. 科学社会主义，2013（5）：55-58.

[496] 陈锡喜.论意识形态的本质、功能、总体性及领域[J]. 上海交通大学学报（哲学社会科学版），2014，22（1）：5-11.

[497] 宋晓燕.日常生活化：意识形态安全的政治传播学[J]. 上海师范大学学报（哲学社会科学版），2016，45（2）：37-44，66.

[498] 巩克菊，丁燕.人的利益是思想政治教育发生的基础[J]. 思想教育研究，2019（5）：40-43.

[499] 刘建军.关于当代中国马克思主义大众化的若干问题[J]. 思想理论教育，2008（7）：25-30.

[500] 佘双好.习近平关于中国精神重要论述的现实意义[J]. 马克思主义理论学科研究，2019，5（2）：151-160.

[501] 房世刚，梁懿文.新时代中国共产党践行初心和使命的价值意蕴与实践指向[J].

思想理论教育导刊，2021（4）：90–93.
[502] 刘同舫.中国共产党的自我认识彰显与共同意志凝聚——学习《中共中央关于党的百年奋斗重大成就和历史经验的决议》[J]. 思想理论教育，2022（2）：4–10.
[503] 曾斌，林伯海.伟大抗疫精神对革命精神的赓续与弘扬[J]. 思想政治教育研究，2021（5）：136–139.
[504] 姚建军，孟宪平.中国特色社会主义文化发展规律论析[J]. 理论学刊，2021（1）：14–23.
[505] 王延隆，范宏民.增强网络空间社会主义意识形态的凝聚力和引领力[J]. 思想政治教育研究，2021，37（6）：155–160.
[506] 朱继东.把抵制外来意识形态渗透和抓好内部意识形态斗争统一起来——中国共产党百年意识形态建设的一个重要视角[J]. 思想理论教育导刊，2021（10）：66–73.
[507] 张志丹，张尹.定位与优势：坚持马克思主义在意识形态领域指导地位根本制度的哲学思考[J]. 思想理论教育导刊，2022（1）：79–85.
[508] 张乾元，苏俐晖.列宁意识形态建设思想的内在逻辑及其现实性[J]. 马克思主义理论学科研究，2021，7（11）：45–53.
[509] 张龑.网络空间安全立法的双重基础[J]. 中国社会科学，2021（10）：83–104.
[510] 闫玉清，赵兴银.中华民族伟大复兴与当代中国文化国际影响力的生成[J]. 毛泽东邓小平理论研究，2020（9）：1–11.
[511] 赵春丽，王鲁娜.西方学界开展意识形态领域话语权争夺的做法及应对[J]. 科学社会主义，2019（4）：149–154.
[512] 郭明飞，孔云飞.创新推进社会主义意识形态凝聚力和引领力建设[J]. 中南民族大学学报（人文社会科学版），2021，41（3）：1–6.
[513] 闫恒，伍志燕.大众文化对我国主流意识形态的影响及应对[J]. 河南理工大学学报（哲学社会科学版），2021，22（4）：6–13.
[514] 郑洁，施瑞.新时代社会主义意识形态建设：成效、风险与对策[J]. 重庆邮电大学学报（社会科学版），2020，32（4）：19–26.
[515] 李晓阳.新时代我国主流意识形态感性传播的困境与出路[J]. 天水行政学院学报，2020，21（3）：3–7.

[516] 王永友，宁友金.影响主流意识形态大众认同的传播困境及其出路[J]. 三峡大学学报（人文社会科学版），2020，42（3）：8–15.
[517] 杨文华，李鹏昊.新时代国家意识形态国际话语权建构的四维向度[J]. 湖南社会科学，2018（4）：33–38.
[518] 唐爱军.百年未有之大变局中的中国意识形态战略选择[J]. 思想理论教育导刊，2021（4）：78–84.
[519] 唐爱军.意识形态领导权建设的三重阐释[J]. 南京师大学报（社会科学版），2019（6）：93–102.
[520] 张志丹.人类命运共同体视阈中的中国意识形态国际话语权[J]. 河海大学学报（哲学社会科学版），2018，20（2）：46–51.
[521] 张志丹.论提升我国意识形态国际话语权[J]. 理论学刊，2019（3）：114–121.
[522] 范洁，张志丹.人工智能时代意识形态工作面临的机遇与挑战[J]. 南通大学学报（社会科学版），2020，36（5）：1–8.
[523] 郑剑.舆论复杂多变，正确导向不能变[J]. 中国报业，2020（17）：5–6.
[524] 彭庆红，崔晓丹.深刻理解与认识新时代[J]. 思想教育研究，2017（12）：3–7.
[525] 凌锐燕.增强主流意识形态话语权的四个维度[J]. 理论研究，2020（5）：40–44，58.
[526] 马丙合，商爱玲.中美意识形态交锋：焦点、本质规律及应对策略[J]. 重庆社会科学，2021（3）：104–116.
[527] 杨鲁慧.百年变局下的国际格局调整与中国引领新型周边关系[J]. 理论探讨，2021（1）：38–45.
[528] 张传泉.意识形态斗争正未有穷期[J]. 红旗文稿，2018（15）：36–38.
[529] 阚道远. “颜色革命”的新趋势新特征及其政治影响——兼论防范重大政治安全和意识形态风险[J]. 思想理论教育导刊，2019（7）：16–21.
[530] 刘须宽.新时代意识形态的发展态势及对策[J]. 马克思主义研究，2019（4）：39–47.
[531] 金民卿.增强意识形态安全意识的时代依据和对策思考[J]. 当代世界与社会主义，2018（6）：24–32.
[532] 吴传毅，金庭碧. “百年未有之大变局”的中国意识形态安全战略[J]. 当代世界

与社会主义，2018（6）：33-44.

[533] 张蕴岭.高度重视全球化发展的新调整及影响[J]. 国际问题研究，2020（3）：39-43.

[534] 徐国民，胡秋玲.新时代意识形态风险防控能力提升路径探析[J]. 思想理论教育，2020（10）：42-47.

[535] 吴艳东，廖小丹.意识形态国际话语权的生成机制与提升路径——基于马克思主义利益观的视阈[J]. 广西社会科学，2020（10）：24-29.

[536] 樊欣.列宁对建构马克思主义意识形态理论的贡献及其当代价值[J]. 理论视野，2020（5）：17-23.